中国社会科学院创新工程学术出版资助项目

总主编：史 丹

东非能源资源
——机遇与挑战

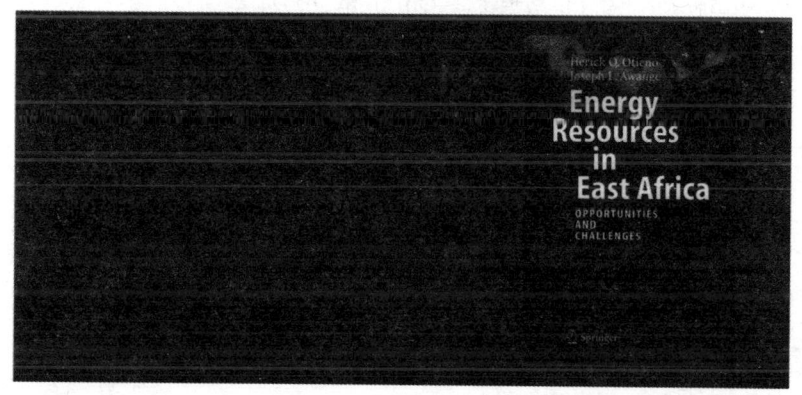

【肯尼亚】霍维克·奥蒂诺 著
约瑟夫·阿旺

解淑青 孔聪 陈宁 译

经济管理出版社
ECONOMY & MANAGEMENT PUBLISHING HOUSE

北京市版权局著作权合同登记：图字：01-2013-4778

Energy Resources in East Africa: Opportunities and Challenges By Herick O. Otieno and Joseph L. Awange ⓒ Herick O. Otieno and Joseph L. Awange 2006
First Published 2006 by Springer-Verlag GmbH
Chinese Translation Copyright ⓒ 2014 by Economy & Management Publishing House
This Translation of Energy Resources in East Africa: Opportunities and Challenges, The Edition is Published by Arrangement with Springer-Verlag GmbH

图书在版编目（CIP）数据

东非能源资源：机遇与挑战/(肯尼亚) 奥蒂诺（Otieno），(肯尼亚) 阿旺（Awange）著；解淑青等译. —北京：经济管理出版社，2013.8
ISBN 978-7-5096-2631-3

Ⅰ.①东… Ⅱ.①奥… ②阿… ③解… Ⅲ.①能源发展—研究—东非 Ⅳ.①F442.062

中国版本图书馆 CIP 数据核字（2013）第 202924 号

组稿编辑：璐　栖
责任编辑：杨　雪
责任印制：黄章平
责任校对：张　青

出版发行：经济管理出版社
　　　　　（北京市海淀区北蜂窝 8 号中雅大厦 A 座 11 层　100038）
网　　址：www.E-mp.com.cn
电　　话：(010) 51915602
印　　刷：三河市延风印装厂
经　　销：新华书店
开　　本：720mm×1000mm/16
印　　张：16.5
字　　数：278 千字
版　　次：2014 年 6 月第 1 版　2014 年 6 月第 1 次印刷
书　　号：ISBN 978-7-5096-2631-3
定　　价：58.00 元

·版权所有　翻印必究·
凡购本社图书，如有印装错误，由本社读者服务部负责调换。
联系地址：北京阜外月坛北小街 2 号
电话：(010) 68022974　　邮编：100836

《能源经济经典译丛》专家委员会

主 任：史 丹

委 员：（按姓氏笔划排序）

马玉含　孔　聪　毛剑梅　王秀娟　王海运　冯永晟
田立新　吕　俊　孙耀唯　齐　晔　何建坤　吴剑峰
张中祥　张希良　李俊峰　杨　光　杨世伟　苏　明
邱永辉　闵　宏　林伯强　姚京春　赵　冰　赵永辉
曹绍纯　黄晓勇　曾　明　董红永　董秀成　蒋莉萍
锁　箭　韩文科　韩冬筠　解树江　解淑青　谭艳琳
魏一鸣

经过不断的努力和付出，这本书最终得以成功完稿。书稿完成后，我们曾一次次地读给我们的妻子——Beatrice Othieno 女士和 Naomi Awange 女士，请她们给予建议，这也占用了她们大量的家庭生活时间，在此表示感谢。

Herick O. Otieno, Joseph L. Awange
2006 年 3 月

序言
Prologue

能源已经成为现代文明社会的血液。随着人类社会进入工业文明，能源的开发利用成为经济活动的重要组成部分，与能源相关的生产、贸易、消费和税收等问题开始成为学者和政策制定者关注的重点。得益于经济学的系统发展和繁荣，对这些问题的认识和分析有了强大的工具。如果从英国经济学家威廉·杰文斯1865年发表的《煤的问题》算起，人们从经济学视角分析能源问题的历史迄今已经有一个多世纪了。

从经济学视角分析能源问题并不等同于能源经济学的产生。实际上，直到20世纪70年代，能源经济学才作为一个独立的分支发展起来。从当时的历史背景来看，70年代的石油危机催生了能源经济学，因为石油危机凸显了能源对于国民经济发展的重要性，从而给研究者和政策制定者以启示——对能源经济问题进行系统研究是十分必要的，而且是紧迫的。一些关心能源问题的专家、学者先后对能源经济问题进行了深入、广泛的研究，并发表了众多有关能源的论文、专著，时至今日，能源经济学已经成为重要的经济学分支。

同其他经济学分支一样，能源经济学以经济学的经典理论为基础，但它的发展却呈现两大特征：一是研究内容和研究领域始终与现实问题紧密结合在一起。经济发展的客观需要促进能源经济学的发展，而能源经济学的逐步成熟又给经济发展以理论指导和概括。例如，20世纪70年代的能源经济研究聚焦于如何解决石油供给短缺和能源安全问题；到90年代，经济自由化和能源市场改革的浪潮席卷全球，关于改进能源市场效率的研究极大地丰富了能源经济学的研究内容和方法，使能源经济学的研究逐步由实证性研究转向规范的理论范式研究；进入

21世纪,气候变化和生态环境退化促使能源经济学对能源利用效率以及能源环境问题开展深入的研究。

需要注意的是,尽管能源经济学将经济理论运用到能源问题研究中,但这不是决定能源经济学成为一门独立经济学分支的理由。能源经济学逐步被认可为一个独立的经济学分支,主要在于其研究对象具有特殊的技术特性,其特有的技术发展规律使其显著区别于其他经济学。例如,电力工业是能源经济学分析的基本对象之一。要分析电力工业的基本经济问题,就需要先了解这些技术经济特征,理解产业运行的流程和方式。比如,若不知道基本的电路定律,恐怕就很难理解电网在现代电力系统中的作用,从而也很难为电网的运行、调度、投资确定合理的模式。再如,热力学第一定律和第二定律决定了能源利用与能源替代的能量与效率损失,而一般商品之间的替代并不存在类似能量损失。能源开发利用特有的技术经济特性是使能源经济学成为独立分支的重要标志。

能源经济学作为一门新兴的学科,目前对其进行的研究还不成熟,但其发展已呈现另一个特征,即与其他学科融合发展,这种融合主要源于能源在经济领域以外的影响和作用。例如,能源与环境、能源与国际政治等。目前,许多能源经济学教科书已把能源环境、能源安全作为重要的研究内容。与其他经济学分支相比,能源经济学的研究内容在一定程度上已超出了传统经济学的研究范畴,它所涉及的问题具有典型的跨学科特征。正因为如此,能源经济学的方法论既有其独立的经济方法,也有其他相关学科的方法学。

能源经济学研究内容的丰富与复杂,难以用一本著作对其包括的所有议题进行深入的论述。从微观到宏观,从理论到政策,从经济到政治,从技术到环境,从国内到国外,从现在到未来,其所关注的视角可谓千差万别,但却有着密切的内在联系,从这套经济管理出版社出版的《能源经济经典译丛》就可见一斑。

这套丛书是从国外优秀能源经济著作中筛选的一小部分,但从这套译著的书名就可看出其涉猎的内容之广。丛书的作者们从不同的角度探索能源及其相关问题,反映出能源经济学的专业性、融合性。本套丛书主要包括:

《能源经济学:概念、观点、市场与治理》(Energy Economics: Concepts, Issues, Markets and Governance)和《可再生能源:技术、经济和环境》(Renewable Energy: Technology, Economic and Environment)既可以看做汇聚众多成熟研究成果的出色教材,也可以看做本身就是系统的研究成果,因为书中融合了作者的许多真知灼见。《能源效率:实时能源基础设施的投资与风险管理》(Energy Efficiency: Real Time Energy Infrastructure Investment and Risk Management)、《能源安全:全球和区域性问题、理论展望及关键能源基础设施》(Energy Security: International and Local Issues, Theoretical Perspectives, and Critical Energy Infrastructures）和《能源与环境》（Energy and Environment）均是深入探索经典能源问题的优秀著作。《可再生能源与消费型社会的冲突》（Renewable Energy Cannot Sustain a Consumer Society）与《可再生能源政策与政治：决策指南》（Renewable Energy Policy and Politics：A Handbook for Decision-making）则重点关注可再生能源的政策问题，恰恰顺应了世界范围内可再生能源发展的趋势。《可持续能源消费与社会：个人改变、技术进步还是社会变革？》（Sustainable Energy Consumption and Society：Personal，Technological，or Social Change?）、《能源载体时代的能源系统：后化石燃料时代如何定义、分析和设计能源系统》（Energy Systems in the Era of Energy Vectors：A Key to Define，Analyze and Design Energy Systems Beyond Fossil Fuels）、《能源和国家财富：了解生物物理经济》（Energy and the Wealthof Nations：Understanding the Biophysical Economy）则从更深层次关注了与人类社会深刻相关的能源发展与管理问题。《能源和美国社会：谬误背后的真相》（Energy and American Society：Thirteen Myths）、《欧盟能源政策：以德国生态税改革为例》（Energy Policies in the European Union：Germany's Ecological Tax Reform）、《东非能源资源：机遇与挑战》（Energy Resources in East Africa：Opportunities and Challenges）和《巴西能源：可再生能源主导的能源系统》（Energy in Brazil：Towards a Renewable Energy Dominated Systems）则关注了区域的能源问题。

对中国而言，伴随着经济的快速增长，与能源相关的各种问题开始集中地出现，迫切需要能源经济学对存在的问题进行理论上的解释和分析，提出合乎能源发展规律的政策措施。国内的一些学者对于能源经济学的研究同样也进行了有益的努力和探索。但正如前面所言，能源经济学是一门新兴的学科，中国在能源经济方面的研究起步更晚。他山之石，可以攻玉，我们希望借此套译丛，一方面为中国能源产业的改革和发展提供直接借鉴和比较；另一方面启迪国内研究者的智慧，从而为国内能源经济研究的繁荣做出贡献。相信国内的各类人员，包括能源产业的从业人员、大专院校的师生、科研机构的研究人员和政府部门的决策人员都能在这套译丛中得到启发。

翻译并非易事，且是苦差，从某种意义上讲，翻译人员翻译一本国外著作产生的社会收益要远远大于其个人收益。从事翻译的人，往往需要一些社会责任感。在此，我要对本套丛书的译者致以敬意。当然，更要感谢和钦佩经济管理出版社解淑青博士的精心创意和对国内能源图书出版状况的准确把握。正是所有人的不懈努力，才让这套丛书较快地与读者见面。若读者能从中有所收获，中国的能源和经济发展能从中获益，我想本套丛书译者和出版社都会备受鼓舞。我作为一名多年从事能源经济研究的科研人员，为我们能有更多的学术著作出版而感到欣慰。能源经济的前沿问题层出不穷，研究领域不断拓展，国内外有关能源经济学的专著会不断增加，我们会持续跟踪国内外能源研究领域的最新动态，将国外最前沿、最优秀的成果不断地引入国内，促进国内能源经济学的发展和繁荣。

丛书总编　**史丹**
2014年1月7日

致谢
Acknowledgments

在为本书收集整合资料的过程中，我们得到了许多来自个人或机构的帮助。在此，向 Maseno 大学为书稿筹备工作提供良好工作环境及大力支持致以真挚的感谢。Herick O. Otieno 教授于 2005 年 2~12 月期间在巴布亚新几内亚科技大学应用物理系完成了书稿的撰写，他希望向 Maseno 大学物理与材料科学系的同事们致以谢意，感谢他们在完成自身繁重教学工作的同时也承担了 Herick 教授在完成本书期间的教学任务；同时，他也非常感谢巴布亚新几内亚科技大学所提供的科研条件以及精神支持。

十分感谢来自肯尼亚、乌干达、坦桑尼亚对本书撰写给予各方面帮助的合作伙伴们，特别感谢 Maseno 大学英语系的 Judith Miguda Attyang 博士对书稿所做的校对工作。同时，Herick O. Otieno 教授也很感谢他的妻子 Beatrice Othieno 和三个孩子 Judith、Nicholas、Walter 在其书稿撰写过程中对他的理解与支持。

Joseph L. Awange 教授则感谢澳大利亚 Curtin 科技大学空间科学系提供的资源与环境方向研究员职位，感谢该系 Will Featherstone 教授及其团队的热情欢迎以及为本书成稿提供的良好的工作环境和指导帮助。同时还要感谢他的妻子 Naomi Awange 和一双女儿 Lucy、Ruth 在本书写作过程中的理解、支持和鼓励。

本书的材料收集与整理工作凝结了许多人的努力与付出，由于篇幅所限，无法将他们一一列出，在此对他们的杰出贡献致以感谢与敬意。

前言
Preface

商业性能源（如石油制品与电能等）消费量的测定是一个相对简易的过程。就石油燃料而言，某一地区的所有石油制品都要通过固定的渠道进入并集中储存，因此其数量及品质均可测定。另外，石油制品的消费量还可根据收入日报表加以精确测算，与之类似，电力产品的消耗量则可根据发电记录获得。与上述能源不同，生物质燃料消耗量的测算则十分复杂，目前所有的消耗量都由估算得来。这主要是因为此类燃料的生产与再生周期很长，而且该过程涉及大量相对独立的个体与组织机构，为精确测算带来了困难。

同时，生物质燃料的销售较为分散，价格波动较大。而且大多数使用生物质燃料的农村家庭用户并不直接从市场上购买此类产品，而是由个人通过不同的渠道获得，其消费量很难监测。本书中出现的关于各种能源价格的相关数据来源于我们大量的调研以及与能源部门相关专家的交流沟通。但是，即使是相同的数据来源，不同时期所获取的数据仍会出现较高的不一致性。因此，本书中所引用的数据与其他的同类数据会有所偏差，尤其是在可再生能源部分，但是商业性能源的此类差异并不显著。

对能源相关问题进行探讨需要通过不同的视角，因此本书各章节中存在一些不可避免的重复。例如，在阐述影响能源消费的各种因素时涉及能源的分布、成本、生产限制、政策法规、生活状况以及土地所有权等各方面。可以看出，我们在阐述某一问题时需要从多个方面考虑，而非只从某一方面入手加以分析，我们在编写过程中已注意将此类重复降至最低。有一点需要注意，本书中某些关于能源开发的论述看似相互矛盾，这是由于短期与长期能源结构偏好有所差异造成的。例如，生物质能的消费是不可避免的，但涉及环境的退化，因此需要对其再生进行支持，但无论从经济还是从环境角度考虑，在逐步向可替代能源转换的过程中也应减少煤油等化石能源的使用。在理解此类看似矛盾的论述时，需考虑到长短期能源结构的差异。另外还需要注意的是，由于能源问题错综复杂，本书所含章节的顺序安排也许无法满足所有读者的要求。

本书共分为八章。第一章对东非的基本情况加以介绍，从能源的获取、成本以及影响能源选择的因素等方面对该区域能源管理进行了详细阐述，并将其与全球其他区域的能源管理进行了比较。第二章对东非地区能源资源进行介绍，包括该地区生产和进口各类资源的情况以及东非各国的资源储量情况。第三章概述了东非地区潜在的可用能源，介绍了其现有开采水平以及创新性应用技术等。第四章则提出了东非地区能源开发中存在的问题以及面临的挑战。第五章是本书的主要部分，对东非地区可再生能源开发中的技术与经济问题进行了重点论述。第六章介绍了东非地区可再生能源技术的现状。第七章探讨了能源开发政策相关问题。第八章就可用能源的经济性开发提出了一些指导建议。

我们将对本书所涉及的信息的准确性负责，也希望我们可以抛砖引玉，为东非地区能源开发及管理政策的深入研究提供一定的参考。

Herick O. Otieno　Joseph L. Awange

2006 年 8 月

于肯尼亚 Kisumu 和澳大利亚 Pergh

目录

第1章 东 非 ·············· 001
- 1.1 引言 ·············· 001
- 1.2 东非概况 ·············· 003
- 1.3 东非能源概述 ·············· 009
- 1.4 家用能源的应用与管理 ·············· 015
- 1.5 商业能源管理 ·············· 018
- 1.6 能源选择因素 ·············· 024
- 1.7 制度约束 ·············· 030
- 1.8 全球能源形势 ·············· 032
- 1.9 结语 ·············· 034

第2章 东非能源现状 ·············· 035
- 2.1 引言 ·············· 035
- 2.2 天然气 ·············· 037
- 2.3 煤炭 ·············· 038
- 2.4 地热 ·············· 039
- 2.5 石油燃料 ·············· 040

2.6 水能 ······ 041
2.7 火力发电 ······ 045
2.8 热电联产 ······ 047
2.9 太阳能及风能 ······ 048
2.10 生物质能 ······ 051
2.11 结语 ······ 052

第3章 东非能源潜力 ······ 055
3.1 引言 ······ 055
3.2 水能 ······ 057
3.3 热电联产 ······ 063
3.4 便携式发电机 ······ 066
3.5 天然气、煤炭及地热能 ······ 066
3.6 太阳能 ······ 067
3.7 风能 ······ 069
3.8 生物质能 ······ 071
3.9 结语 ······ 073

第4章 能源计划与供应 ······ 075
4.1 引言 ······ 075
4.2 改革：当前的挑战 ······ 079
4.3 结语 ······ 085

第5章 东非替代能源技术 ······ 087
5.1 引言 ······ 087
5.2 太阳能热利用技术 ······ 088
5.3 太阳能发电技术 ······ 098
5.4 风能 ······ 112
5.5 小型水力发电技术 ······ 123
5.6 生物质能技术 ······ 129

5.7 东非生物质能应用：以乌干达为例 ·············· 157
5.8 结语 ·············· 173

第6章 东非可再生能源概况 ·············· 175
6.1 引言 ·············· 175
6.2 可再生能源的研究与开发 ·············· 181
6.3 能源使用的环境影响 ·············· 184
6.4 结语 ·············· 191

第7章 选择与挑战 ·············· 193
7.1 人力资源开发 ·············· 195
7.2 生物质面临的挑战 ·············· 199
7.3 太阳能应用制约 ·············· 205
7.4 风能应用障碍 ·············· 209
7.5 小型水力发电系统存在的问题 ·············· 211
7.6 城市废弃物 ·············· 214
7.7 政策问题 ·············· 215
7.8 结语 ·············· 222

第8章 未来之路 ·············· 223
8.1 指导方针 ·············· 229
8.2 结语 ·············· 237

附录 ·············· 239

参考文献 ·············· 241

第 1 章 东 非

1.1 引言

东非在传统意义上是指包括肯尼亚、乌干达和坦桑尼亚在内的区域，人口共计超过9000万。主要受班图族与尼罗特族影响，这三个国家在民族和文化上有很多相同之处。多年以来，班图族和尼罗特族遵循非洲传统通过联姻等方式扩展家系，加之已有多年的通商历史，两民族在这三个国家都有分布并且能不受国界限制而相互影响。尽管在殖民统治时期被分而治之，但由于这三个国家之间这种根深蒂固的联系，独立后它们成立了东非共同体，并希望其最终能发展为一个政治联盟。共同体下设东非议会，用以管理整合共同体的一些重要服务事项，其总部经精心规划，建设位于坦桑尼亚的 Arusha，具有会议厅及员工住所等完备的秘书处设施，以期最终发展为政治联盟。但是这并未成为现实，东非共同体于1977年解体，其后又经重组（后文中再作讨论）。这些制度变动、政局的内在不稳定性以及人为的外部因素对东非地区能源部门的发展都产生了不利影响。另外，由于发展中国家的政治领导人似乎并未意识到能源在国家发展进程中的重要作用，也导致能源部门的发展受到抑制。

同其他发展中国家相同，在东非地区，能源也被划分为商业性能源与非商业性能源两类。商业性能源指电力与石油燃料，此类能源的获取和分配对经济具有显著的影响，并且能够直接影响社会上层阶级，因此得到国家政府部门的重视。非商业性能源则主要包括木材、木炭、动植物残渣等生物质能源。尽管木炭甚至木材已经可以在当地市场上进行交易，但大多数使用者通常通过免费途径获取此类能源。其中，木炭的生产已由家庭生产逐渐向分散式的工业化生产过渡并逐渐成为一项创收活动，但由于其生产与销售形式特殊，参与的人员大多并不专门从事木炭生产，具有很大的变动性，因此仍将木炭归为非商业性能源。就能源消费结构而言，非商业性能源在东非地区的能源总消费中所占比重超过 80%，而政府投入占 GDP 很大比例的商业性能源却只占该地区能源需求的不到 20%。非商业性能源较不清洁，易于危害到使用者的健康，使用过程中也会污染环境造成环境退化。非商业性能源的获取通常由女性来完成，这是由于长期以来在传统上由女性负责外出捡拾木柴、干草等作为燃料，这也严重限制了女性参与其他经济活动以及接受教育的权利，进而使女性成为了社会生活中的弱势群体。现代能源政策的愿景之一是使人们的家用能源由传统的非商品性能源向如电能、液化石油气等更加现代化、更清洁方便的商品性能源转变。但从东非地区的情况看来，如果不能够通过政府的努力为居民提供清洁且价格合理的商业性能源，不能够大幅提高农村地区居住条件，那么这种转变只能是一个美好的愿望。许多国际性研究指出，鉴于生物质能源的易获得性和可再生性，在未来数年中，仍会有大部分人口继续依赖生物质能源。举例来说，肯尼亚的经济发展水平远高于坦桑尼亚与乌干达，但在肯尼亚，对生物质燃料的需求也在稳定增长。东非地区的生物质能源来源于现存的生物质而非可持续的产出，这种情形已持续了多年却并未引起政府的足够重视，随着农村地区生物质能源的短缺，通过这种途径获取生物质能源已经出现了困难。

生物质资源的短缺对土地质量及居民福利都有巨大的影响，因此，加快向现代能源的转变将有利于缓解土地及林地的压力，进而维持良好的土壤质量，提高粮食产量，从而提升人民生活水平，减少贫困。许多已有研究指出能源使用需要实现稳定持续的升级，例如由生物质燃料升级到煤油，到天然气，再到电力，但此规律并不严格适用于所有情境。单纯的阶梯型转变并不一定意味着实现能源结构的升级，因为对特定的用户来说，最优的能源使用方案更多地在于采用合理的能源组合而并非在于使用特定的能源种类。

东非三国的能源部门都旨在持续为国内经济发展及居民生活提供经济划算、质优价廉的能源服务，各国政府也意识到社会经济及工业发展将在很大程度上取决于能源部门的表现，尤其是能源的开发及多样化发展。能源在经济社会发展中扮演着至关重要的角色，但东非各国支持能源发展的相关举措却十分有限，因此，要为东非地区能源供应打下坚实基础，还有许多问题亟待解决。主要的挑战在于如何解决落后的生产、运输、销售各环节基础设施及相关政策对能源部门发展的抑制问题。这些问题以及过高的能源成本不仅不利于投资，而且危害到普通能源消费者的利益，东非地区的人均能源消费也因此处于非常低的水平，许多人不得不使用如生物质燃料等未加工能源。东非地区未来要实现能源自给主要依赖生物质能、太阳能、风能及小型水电等形式的可再生能源，而由化石类能源向可再生能源转变同时也是全球能源使用的发展趋势，基于此，本书将着重详细介绍以上几类可再生能源及其转化技术，其他类型的能源也会加以介绍，但并不涉及其具体的转化技术。

1.2　东非概况

为了更清晰地理解东非地区的能源状况，对该地区的一些基本背景事实加以了解是十分必要的，如地理状况、自然资源禀赋和主要经济活动等。在历史上，东非地区曾包括四个国家：肯尼亚、乌干达、坦噶尼喀和桑给巴尔。1964年，坦噶尼喀和桑给巴尔合并成为现在的坦桑尼亚联合共和国，东非地区也因此由四个国家减至三个国家，其中，肯尼亚和坦桑尼亚毗邻印度洋，而乌干达则为内陆国家。

维多利亚湖——世界第二大淡水湖，位于三个国家的交界处，为了争夺对湖泊资源尤其是渔业资源的控制权，三个国家经常出现一些争端，但并未严重到需要进行国际调节与仲裁的地步。1961年以前，东非三国均处于英国的控制与管理之下，其中，坦桑尼亚开始处于德国的控制之下，"二战"后经联合国委命由英国对其进行管理。1961年后，东非三国先后脱离英国的统治，实现独立。东非三国独立之初，当地居民强烈希望成立一个东非地区联邦制国家，但并未实现,这部分可归因于三个国家实现独立的时间不同,进而导致各国政治领导人各具政治企图,难以形成一个共同的政权。然而东非三国共同的历史传统和民众间紧密的社会经济联系驱动三个国家的领导人共同组建了总部位于坦桑尼亚阿鲁沙的东非共同体。共同体在结构上具有一些弱化的联邦制特征,三个国家通过东非共同体联合管控一系列的公共服务,如邮政、通信、发电、输配电、港务、铁路、高校、中学考核体系等,而相对敏感的领域,如安全、经济管理、政治领导权、实际执行权等仍分别掌握在各个国家手中。因此,东非共同体实则十分薄弱,难以经受住时间的考验,1977 年,乌干达的独裁者 Idi Amin 与其他两国领导人尤其是坦桑尼亚领导人 Julius Nyerere 产生分歧,共同体就此解体。

肯尼亚与坦桑尼亚由于政治意识形态上的差异而存在一些敌对问题,但总体上两国还处于相对和平、稳定的政治环境。而乌干达则经历过较多动乱,Idi Amin 独裁政府在 1971~1979 年杀害了约 30 万平民,在其他政治领导人时期,也有近 10 万人因游击战以及当局对人权的蔑视而丧生。直至 1986 年 Yoweri Kaguta Museveni 执政后,乌干达才走到相对和平的发展道路上。东非三国也深刻认识到东非共同体解体的原因,1999 年 11 月再次签署了重建共同体的条约。此时,清楚认识到存在一系列策划引致前东非共同体失败的外部因素,各国领导人也更加重视共同体的重建工作。条约于 2000 年 7 月生效,自此,新的东非合作组织宣告成立,新东非合作组织的当务之急就是确定共同经济利益区作为东非区域经济增长的核心地带。基于一系列合理因素,维多利亚湖流域被指定为先锋经济增长区,旨在培育形成地区社会经济的凝聚核心。为增加对该区域的投资,使其真正转变为东非的经济增长区,各国均应对维多利亚湖流域加以特别关注,拟通过关于维多利亚湖流域相关问题的各类项目,使当地社区、沿岸各国以及东非合作组织等各方发展伙伴形成广泛的合作关系并不断强化合作发展。这些合作项目强调消除贫困、当地社区的参与以及基于环境保护认知的可持续发展实践,其中也包括促进能源发展的投资机会,考虑到能源发展的重要性,能源发展也成为维多利亚湖流域发展的当务之急。在此必须指出的是,三个东非伙伴国家都制定了各自的能源总体规划,足以覆盖其各自的湖区而且提供了大量的可再生能源发展方面的投资机会,具体的投资领域包括但不限于:能源生产与供应,改善强化石油产品输配基础设施、生物质能源开发以及生物质燃料处理炉具的生产与销售等。为统筹管理投资相关问题,东非合作组织根据可持续发展协议成立了位于肯尼亚沿维多利亚湖港口城市基苏木的维多利亚湖流域委员会，作为处理该流域发展问题的管理机构。认识到参与式理论对发展项目的重要性，委员会乐于为由当地社区以及国家政府发起的项目提供支持。维多利亚湖流域将成为未来东非地区发展的中心焦点，虽然拥有巨大的水电潜力和可观的渔业资源，但该流域目前却也是东非区域贫困最严重、电气化水平最低的地区之一。因此，十分有必要深入了解该流域的资源禀赋、能源潜力以及它在推动东非地区发展中所能起到的作用。

自古以来，位于东非地区中心的维多利亚湖就是东非各民族获取自然资源的重要来源，东非地区的经济活动很大程度上也都围绕着维多利亚湖开展。湖区分布着从农业到工业的各类经济活动，其居民也分布于不同的社会阶层。乌干达首都坎帕拉、坦桑尼亚第二大城市姆万扎以及肯尼亚第三大城市基苏木都位于维多利亚湖流域，因此，为了更好地理解东非地区的能源分布问题，有必要对该流域的相关背景信息加以简单介绍。[①]

维多利亚湖水面面积为 68870 平方公里，集水面积达 181130 平方公里，是世界第二大淡水湖（面积上仅次于北美洲的苏必利尔湖），在发展中国家及地区中则是最大的淡水湖泊。湖岸线长约 3500 公里，其中 550 公里位于肯尼亚境内，1150 公里位于乌干达，其余 1750 公里则位于坦桑尼亚境内。维多利亚湖，位于北纬 0.7°至南纬 3°，东经 31.8°至 34.8°，其北部横跨赤道。湖泊相对较浅，平均深度仅为 40 米，最大深度为 80 米。维多利亚湖地区通常是指超过其集水面积的涉及坦桑尼亚（44%）、肯尼亚（22%）、乌干达（16%）、卢旺达（11%）和布隆迪（7%）约 193000 平方公里的整个流域，该地区养育了约 3000 万人口，也就是说，东非地区 30%的人口都居住在仅占东非总面积 10%的区域内。而仅就维多利亚湖本身而言，它仅分布于肯尼亚、乌干达和坦桑尼亚这三个沿岸国家，它们分别拥有 4113 平方公里、31001 平方公里和 33756 平方公里的湖泊面积（见表 1.1）。

渔业资源是维多利亚湖的重要资源，该流域也是非洲内陆渔业产量最高的地区之一。维多利亚湖一度拥有超过 5000 个本土鱼类品种，但随着该地区工业活动的日益频繁，沿湖聚居的人口逐渐增加，导致环境污染日益严重，湖中鱼类大幅减少。虽尚无确切证据证实，但当地人还认为外来物种（特别是尼罗尖吻鲈）

---

① 读者可以通过参考文献 [4，5，7，35，36] 对维多利亚湖的具体情况进一步了解。

表1.1 维多利亚湖流域相关数据

国家	水面面积（平方公里）	占比（%）	集水面积（平方公里）	占比（%）	湖岸线（公里）	占比（%）
肯尼亚	4113	6	38913	21.5	550	17
乌干达	31001	45	28857	15.9	1150	33
坦桑尼亚	33756	49	79750	44.0	1750	50
布隆迪	—	—	13060	7.2	—	—
卢旺达	—	—	20550	11.4	—	—
合计	68870	100	181130	100.0	3450	100

的引入也是导致湖内鱼类品种减少的原因。尽管鱼类品种在减少，但年均50万吨的捕捞量带来了3亿~4亿美元的外汇收入，渔业仍然是当地外汇收入的重要来源。但如果不对湖泊加以保护，减少污染和过度捕捞，维多利亚湖的经济价值将大幅降低。

多年以来，基于许多因素维多利亚湖的渔业产量呈现动态的波动，但近年来，产量逐渐呈现持续减少的趋势。乌干达的渔业产量由1980年的10万吨增长到1989年的13.24万吨，此后捕获量逐年减少，到1995年已降至10.6万吨并继续保持下降的趋势。就坦桑尼亚而言，渔业年捕获量从1988年的14.6万吨迅速增长至1990年的23.16万吨，1990年后则逐年下降。肯尼亚的渔业捕获量从1989年到1993年有小幅的增长，由18.6万吨增至19万吨，此后也一直减少。分析以上变化趋势的原因可以发现，由于20世纪80年代渔业捕获量显著增加，维多利亚湖沿岸新建了许多大规模的鱼类产品加工厂，主要供应欧洲、亚洲等地区国际鱼产品市场，对鱼类的需求量随之大增，导致出现了过度捕捞的现象。由于颇具实力的鱼类产品加工商有寻租行为，这种过度捕捞很难得到控制。此后，该地区的鱼产品加工产业稳定在34家加工厂的规模上，而这34家工厂几乎平均分布在三个沿湖国家：肯尼亚和坦桑尼亚各有12家，乌干达有10家。具有讽刺意味的是，尽管维多利亚湖流域自然资源，尤其是渔业资源丰富，但生活在该区域的居民却是东非最贫困的一部分人，这种情况在肯尼亚和坦桑尼亚尤为突出，据估计，该区域有超过50%的居民生活在贫困线以下。由于贫困现象严重，虽然维多利亚湖流域具有巨大的经济发展潜力，但是国内外企业对该区域的投资水平仍然很低。许多学者的研究已经证实贫困与环境退化之间存在一定关系，而维多利亚湖区域已陷入两者相互作用的恶性循环中，对地区的发展带来了严重的负面影响。森林退化、湿地的破坏与退化、低水平农耕以及将未处理的（或未完全处理的）工业和城市生活垃圾直接排入湖内等原因都对维多利亚湖流域带来了巨大的环境冲击。除了大量使用生物质燃料以外，人们也逐渐认识到，能源利用技术水平低下也是森林退化的主要成因之一。

在维多利亚湖众多的自然馈赠之中，渔业资源受到了最多的关注。除了近期引入的外来种群，湖内的大多数鱼类生活在距今 1 万~200 万年前东非大陆上向西奔流的江河中，后来这些河流在洪水的作用下形成了现在的维多利亚湖，由河流转变为湖泊之后，湖内经历了爆发式的物种形成过程，尤其是丽鱼科鱼类，据估计由超过 300 个鱼类物种组成。相似的现象在其他湖泊也有发生，但维多利亚湖中的这种爆发式的物种形成距今时间更短，历史更少，而且出现由于栖息环境不同而产生生态隔离的概率更小。

20 世纪 60~90 年代，在当地一度最具经济价值的罗非鱼除在周边的小湖泊中尚有少量的发现外，几乎从维多利亚湖内消失，而包括洄游性鱼类以及丽鱼科鱼类在内的其他鱼种也急剧减少。与此同时，尼罗尖吻鲈和尼罗罗非鱼却在湖内大量繁殖，至今已成为维多利亚湖最具经济价值的鱼种，被当地人称为"dagaa/omena/mukene"的本地沙丁鱼种现在也成为一种重要的经济鱼种。

由于林地退化，维多利亚湖的流域面积在逐渐减少。沿湖居住人口的增加导致对耕地、木材、木柴（生物质能源）以及居住用地的需求增加，对湖区流域的林地形成威胁。林地退化以及破坏性的农耕方式使沿湖流域土壤质量下降、水土流失、泥沙沿入湖河道堆积，导致流域面积减少。林地退化、水土流失、居民及牲畜数量增加使当地土地使用格局发生了改变，加上农用化肥、工业废水以及来自市中心区、沿湖村落、渔民居住区生活污水的排放污染，导致湖内营养负荷增加，进而导致了湖内水体的富营养化，使湖内藻类大量繁殖，湖内深水层含氧量减少，为水葫芦等有害植物的生长提供了有利环境。

对流入湖内水源起到过滤作用的湿地也同样面临破坏。一部分湿地经改造开发被用作耕地、工业生产或人居用地，有些则出于减少人类疾病传播的考虑被抽干，湿地中的芦苇等植被也受到过度收割用以制作席垫、藤篮、藤椅等。很多湿地受到严重的污染已无法有效地起到过滤作用，因此，污染物未经湿地这一屏障直接排入湖中，加剧了湖水水质的恶化。另外，由于许多鱼类物种的繁殖地就位于湿地地区，显然湿地的破坏也是湖内鱼类种群数量骤减的原因之一。

维多利亚湖流域地区的贫困现象十分严重,就肯尼亚方面的统计数据来看,贫困度有上升的趋势。例如,1997年,尼亚萨湖区的粮食匮乏达到58%,远高于平均水平,Kisumu地区的粮食匮乏由1994年的44%上升到1997年的53%,其整体贫困水平则由1994年的48%上升到1997年的64%,贫困情况至今仍未得到缓解。

贫困问题可以从微观与宏观两个层面来看。微观上,贫困问题是以人为本的问题,因此,每个人都应该发挥其在群体中的正面作用来改善自身以及整个社会的生活条件。宏观上,贫困问题涉及若干部门,而东非三国政府应该起到主导作用,为减少贫困创造条件和环境。表1.2总结出了东非地区一些重要的背景事实。

表1.2 东非概况

	肯尼亚	乌干达	坦桑尼亚
陆地面积(平方公里)	569250	199710	886037
水域面积(平方公里)	13400	36330	59050
耕地(%)	8	—	4.5
独立时间(年)	1963	1962	1961
前统治者	英国	英国	英国(代表联合国)
2004年人口(百万)	30.4	26.5	36.6
贫困线以下人口(%)	56	35	36
主要自然资源	碳酸钠、萤石、石灰岩、黄金	铜、钴、盐、石灰岩	锡、磷酸盐、铁矿石、煤炭、镍、天然气
主要农产品	咖啡、茶、甘蔗、除虫菊、渔业	咖啡、茶、棉花、烟草、渔业	咖啡、剑麻、棉花、茶、除虫菊、丁香、烟草、腰果
地形	维多利亚湖、印度洋海岸、肯尼亚峰、东非大裂谷、小型湖泊	维多利亚湖、尼罗河、东非大裂谷、小型湖泊	乞力马扎罗山、维多利亚湖、坦干依喀湖、尼亚萨湖、东非大裂谷、小型湖泊、印度洋海岸
气候	位于热带干旱区,每年两雨季、两旱季	东北部位于热带半干旱地区	高原地区位于热带至温带地区
道路(公里)	8900	2000	3700
燃油管道(公里)	483(石油)	—	将延至29(天然气) 866(石油)
自然灾害	洪水、干旱	—	—
环境问题	水污染、森林采伐、水土流失、非法狩猎	森林采伐、水土流失、非法狩猎、破坏湿地、过度放牧	森林采伐、水土流失、珊瑚礁破坏、非法狩猎

1.3 东非能源概述

"能量"(energy)一词通常用来界定活力的水平。例如，如果一个人抱恙无法讲话或行走，我们会说这个人很虚弱，没有"力气"(energy)说话、走路；如果足球队员在比赛后程的跑动乏力，我们会说他"筋疲力尽"(run out of energy)了。物理学家则将"能量"简单地定义为"做功的能力"。不管我们赋予"能量"(energy)怎样的定义，它在本质上都是万事万物发生运行的动力，所有的活动都与能量密不可分。归根结底，能量是一切活动的原动力，不对能源加以探究就无从谈及事物以及活动的发展。能量是一切系统发生状态改变的动因，例如从贫困到富足、经济从低迷到强劲、生产力从无到有、安全等级由低到高等等。因此，人均能源消费经常也适于被用作衡量一个国家发展水平的重要指标。

我们在物理学中曾经学习过能量既不能生成也不能灭失，它只能由一种形式转化为另一种形式。如前所述，由于能源消费是衡量社会经济发展的重要指标，这也意味着当今世界各国都处于各自的发展阶段，如果能够将可获能源有效地转化为可用能源并加以合理利用，各国都具有进一步发展的潜力。但问题在于，低品位能源储量充足而高品位能源却很稀少，举例来说，一方面，生物质能源、太阳能、风能等能源在地球上随处可见，但它们都属于低品位能源，将其转化为电能等高品位能源的成本通常较高；另一方面，石油、核能等相对而言是高品位能源，但它们分布有限。因此，由低品位能源向优质能源转化的技术成为决定能源选择的主要因素。如果在能源最终使用中并不需要复杂的能源转化技术，能源的易获性则成为决定能源选择的重要因素。就此而言，工业用能与家庭用能的能源选择都应基于其最终能源利用形式，通常分为热能和电能两类。

我们先来考虑家用能源的需求方面，首要的家庭用能需求来源于厨用所需的热能，其次是照明用能，两者均可从多种能源中获取，比如石油、电能以及生物质能源。这三种能源都可以提供用于多种用途的热能，但只有石油和电力可以提供高质量的照明用能。与此同时，石油与电能的成本也高于生物质能源，因为后者在多数农村地区一般都可以免费获取。因此，一个中等收入的家庭在城区生活与郊区休假期间的用能来源可能有很大的差别。选择何种形式的能源不仅仅出于经济因素的考虑,而是综合经济性、可获性及易用性等各方面因素加以选择,这也同样适用于对工业用能的选择。基于以上各因素,在城区生活的低收入家庭可能只会选择电能用于家用电器,而厨用和供暖用能就会选择其他类型的能源;高收入家庭则可能会采用电能作为厨用、照明及电器用能,而仅仅使用木柴等作为供暖用能。

工业用能的选择也会考虑一系列问题,其中包括生产中所需原材料的因素。以制糖厂为例,制糖炉的加热需要大量热能,在生产中产生的大量甘蔗渣自然成为一种锅炉用热的燃料来源;另外,锅炉会产生大量蒸汽,其中一些热能会随蒸汽散失到周围的环境中,制糖厂其实可以对蒸汽这种副产品加以余热回收或利用蒸汽进行发电以供自用。对只需要电能维持设备运行的产业来说,他们对现有电网的电力供应则更敏感。例如,砖厂可以采用木柴对砖窑进行加热,而仅在其支持性系统中使用电力,因此对电力供应的敏感度相对会低一些。综上所述,除成本以外,能源类型的选择还基于许多其他因素的考虑。

在全球范围内,一般来说,一个国家工业、经济的发展水平决定了其主要的能源来源和可用能源的范围。目前世界上使用的多数能源都是可耗竭能源并且储量在逐渐减少,与此同时,能源消耗的速率却在持续提高。在近2000年来人类所消耗的能源中,有超过50%是于最近100年内消耗的,在此期间,世界能源结构和主要能源类型也经历了很大的转变,而这种转变在那些经历了工业革命的国家中尤为明显。如图1.1所示,1950年煤炭是世界主要能源来源,而石油作为第

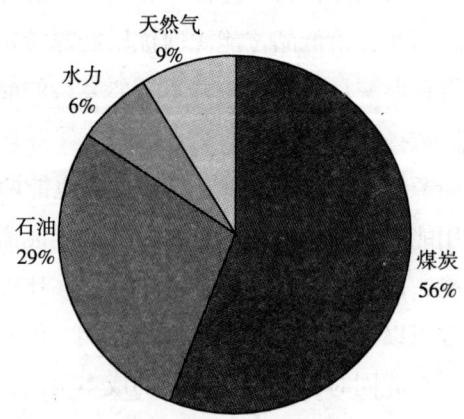

图1.1 世界商业性能源供应结构(1950年)

二大能源来源，其所占比重远小于煤炭。

从图 1.2 中可以看出，经过近 20 年，到 1968 年时，石油的能源贡献度显著提高，煤炭在能源结构中所占的比重则出现了大幅下降。石油、天然气迅速取代煤炭成为供暖、发电、交通运输以及厨用能源的主要来源。自从石油和天然气成为交通工具以及其他机械设备的主要能源之后，以煤炭供能的蒸汽机等技术的应用开始减少，核电等新能源技术开始发展。这些变化在工业化国家尤为明显，比如在美国，1920~1980 年，石油的使用由 14%增长到 50%，煤炭的使用由 78%下降到 18%，同时核能的兴起也抑制了大型水力发电站的进一步发展。到 1980 年，石油与天然气在美国的能源消费结构中的贡献度已超过了 75%。这种能源结构的变化主要是由于工业技术的发展极大地促进了经济水平的提高，使得越来越多的人有条件使用清洁能源，对清洁能源的需求也持续增加。工业化发展导致了清洁能源消费的增加，反之亦然，两者相互依存，互为因果。如图 1.3 所示，当今发展中国家尤其是撒哈拉以南非洲地区（包括南非在内）对生物质燃料的大量消费，与工业化国家在之前对煤炭大量消耗的情形非常相似。如果不将南非考虑在内，生物质能源在非洲中东部地区能源结构中的平均贡献度可高达 80%。对主要包括煤炭在内的固体燃料的消费大多来自南非，另有少量来自津巴布韦、博茨瓦纳、莫桑比克等邻近国家。对生物质燃料的大量使用并不局限于非洲地区，在全球范围内其能源贡献度也是相当高的，全球超过 50%人口的能源消费仍主要来源于生物质能源。一般来说，生物质能源仅用于供暖所需，由于其能效较低，在照

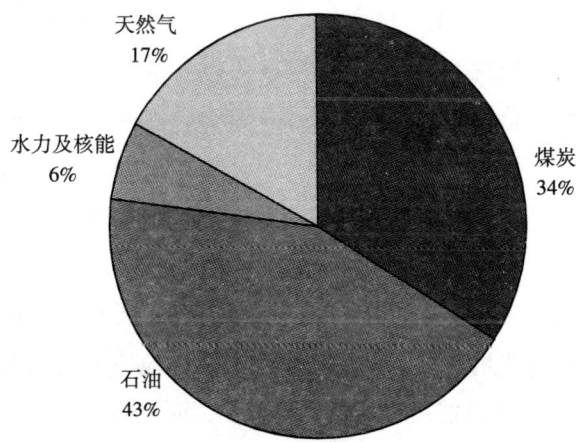

图 1.2　世界商业性能源消费结构（1968 年）

明或其他用途上并不适用，这很自然地限制了生物质能源的消费。虽然超过50%的贫困人口仍依赖生物质能源生存，但他们的能源消费量仅占到全球能源消费的不足20%。为了更好地理解这一点，十分有必要考虑全球能源消费结构并将其与发展中国家的典型能源消费结构加以比较，下文中将以坦桑尼亚为例进行比较分析。撒哈拉以南非洲地区的能源消费情况参见图1.3。

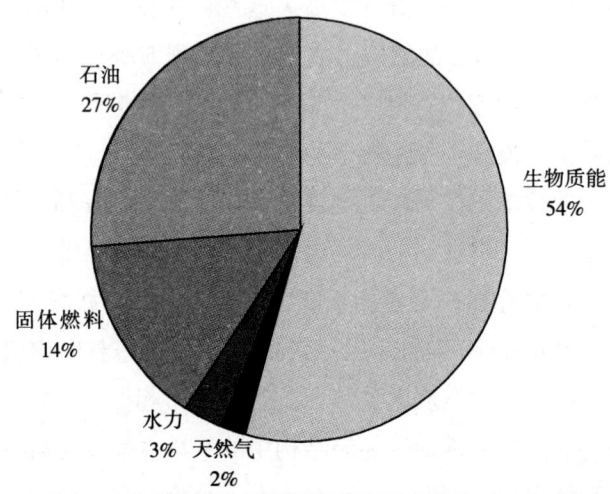

图1.3　撒哈拉以南非洲地区能源消费结构（1990年）

撒哈拉以南非洲地区蕴涵着多种能源资源，包括主要分布于尼日利亚、安哥拉、南苏丹共和国等中西部地区的石油储量，南非的大量煤炭资源，一些国家也富含天然气，埃塞俄比亚和肯尼亚还具有丰富的地热资源。另外，非洲南部的一些主要河流拥有巨大的水电潜力，如尼罗河、尼日尔河、沃尔特河、刚果河、赞比西河、林波波河、奥伦治河等。由图1.3可以看出，与生物质能源相比，上述能源种类只占该地区总能源消费量的很小一部分，实际上，该地区石油消费中的大部分都来自进口，而水力的开发尚不及其探明储量的10%。我们首先来看一下按资源种类分的世界能源消费情况，以更好地理解生物质能源所发挥的作用。

图1.4显示的是2000年的世界能源消费情况，当年的能源消费总量达到99亿吨石油当量。由图1.4可以看出，尽管所有现有的能源资源都被考虑在内，但很显然生物质能源仍然是一项很重要的能源来源。地热及其他类型能源占能源总消费的0.5%，其中，地热能所占比例为0.46%，而包括风能、太阳能、潮汐能在内的其他能源仅占0.04%。东非地区的能源消费状况与世界其他地区有着很大的

不同，为了更清晰地认识这种区别，我们将考察坦桑尼亚的能源消费作为东非各国能源消费一般情况的代表。坦桑尼亚在2000年的能源消费总量为1500万吨石油当量，各部门的能源分配情况如图1.5所示。前面曾多次提到，发展中国家农村地区人口所占全国人口总量的比例可高达95%，而他们普遍依赖于生物质能源。因此，除了交通、工业部门多使用商品性能源外，生物质能源仍为最重要的能源来源。由于生物质能源在工业、农业和其他非家庭部门也有使用，因此其消费量大于家庭用能消费，如图1.6所示，坦桑尼亚所有部门的生物质能源消费总和达到能源总消费的93.6%。虽然政府对其他类型能源投入了大量资金促进其发展，但其发展却远低于预期，在能源总消费中占极少部分，这同时也说明坦桑尼亚工业建设和交通系统仍处于很低的水平。化石能源包括石油制品、煤炭和天然气。坦桑尼亚是东非三国中唯一有天然气和煤炭储量的国家，乌干达和肯尼亚都缺乏这两种资源，但由于化石能源对坦桑尼亚所起到的作用很小，因此其能源消费模式与乌干达和肯尼亚仍具可比性。但肯尼亚的工业、农业部门相对发达，对这两个部门的能源投入也相对较多。肯尼亚在2000年的能源消费总量与坦桑尼亚相近，也约为1500万吨石油当量，其中生物质能源占79%。家庭部门能源消费低于坦桑尼亚，占总量的68%，交通、工业、农业部门能源消费分别占总能源消费的12%、11%和7%。水电仅占约1.8%，进口的化石能源相对较多，达到

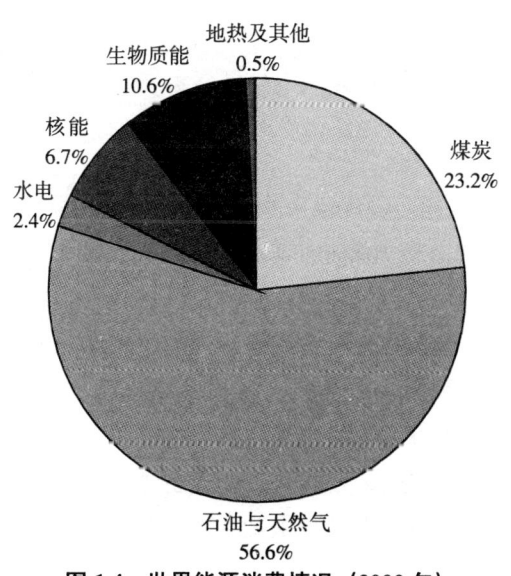

图1.4 世界能源消费情况（2000年）

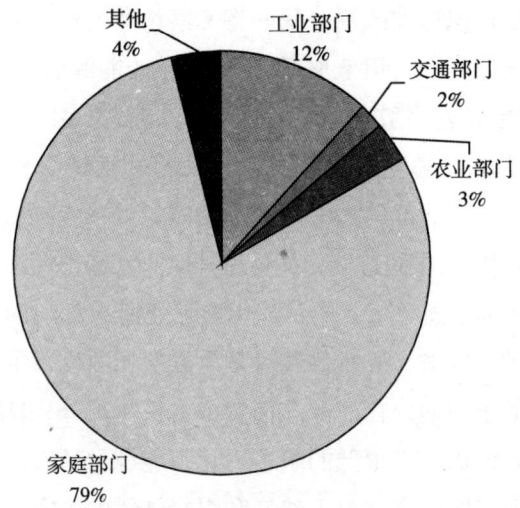

图1.5　坦桑尼亚各部门能源消费情况（2000年）

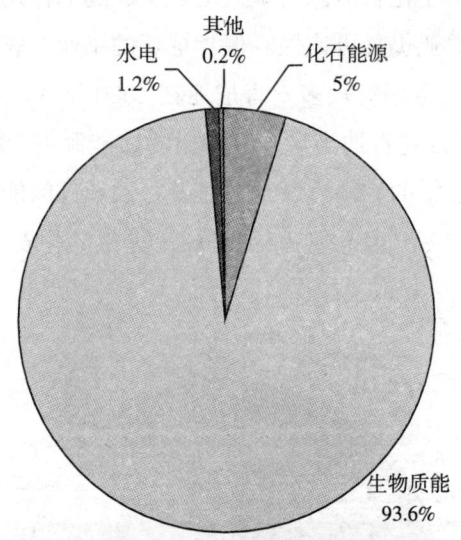

图1.6　坦桑尼亚能源消费结构（2000年）

19%。可以看出，除在按部门分的能源消费上略有差别外，肯尼亚与坦桑尼亚在能源消费结构、模式上基本相似。

东非地区普遍对生物质能源的高度依赖说明东非三国政府并未对能源开发给予足够的重视，这也许是该地区发展速度缓慢的原因之一。由于对生物质燃料的持续使用会对土壤肥力以及环境造成不利影响，因此，除政府外，这一现象也应引起环保工作者的高度重视。

对生物质能源平均占到总能源消费 85% 的东非地区来说，能否像美国和西欧地区一样，向使用清洁能源转变是其面临的重要问题。由于东非地区缺乏石油、天然气等资源，这两种能源的使用只能依赖进口，而在目前阶段，东非地区经济发展的不确定性较大，进口所需的外汇储备不足，那么是否具有可行的其他可替代能源呢？

1.4 家用能源的应用与管理

能量可以从两方面讨论：它的应用以及它的来源。对于它的使用方面，人们会遵循某种先后顺序，尤其是在家庭使用方面，人们都会把烹饪放在最重要的地位，接着就是照明，除此之外对能源的使用就要取决于每个家庭收入的高低了，由于商业能源都会进行精心管理，所以家庭能源的需求和使用则更加复杂，而且经常会被一些超出政府控制的因素所影响。在东非，家庭能源需求大约占全国能源总需求的 80%，所以对家庭能源应用和来源进行全面的理解则变得至关重要。东非国家所在地区所呈现的地理、人文风貌各有千秋，其收入水平和自然资源也参差不齐。由于家庭收入水平的高低和传统饮食习惯的不同，有些家庭可能每天需要烹饪四顿饭，这些主要包括茶、粥以及其他快餐。然而有些食物的烹饪可能需要四个小时，但有些仅需极短的时间。东非国家有大约 95% 的农村人口完全依赖于木材进行烹饪，而他们主要使用的是传统的三石壁炉，还有一些家庭使用的是改良的三石壁炉，这些壁炉的燃烧区用泥土隔离，以减少热量的损失；一小部分家庭使用更高效的陶土炉灶，这些主要是近 20 年由非政府组织引入和传播的。木柴是这些炉灶中的主要燃料，当然在木材紧缺时，人们也会使用牛粪和农产品废弃物来代替。木炭则是第二种用于烹饪的重要燃料，它主要用于城市贫困家庭，不过最近农村地区使用木炭的频率也有所见长，尤其是在那些木材供给量远不如需求量的地区。木炭主要是在简单的金属炉或改良的陶瓷炉中燃烧，可以实现更高的燃烧效率。对于这两种炉灶，当地工匠都会制作。煤油的应用比较广，但是由于它比生物质燃料的价格高出许多，而且需要更昂贵的灯芯炉，所以人们只会在需要快速完成食物时才会使用它。同时，即使那些承担得起煤油燃料价格的人也很少使用它，因为煤油的使用会带来极大的安全隐患，而且用煤油炉烹饪食物时可能产生大量的烟被食物吸收，这样极大地损坏了食物原有的鲜美。液化石油气在乌干达的使用则非常有限，一方面是由于它的成本很高，另一方面是由于它在农村地区的供给相当不充分。电力同样也在家庭烹饪用能上扮演着微不足道的角色，这主要由于它的高成本和有限的可利用性。无论是在乌干达还是肯尼亚，它们几乎都没有任何煤炭存储量，因此它不会出现在家庭能源使用中，但是国家仍会进口一定数量的煤炭用于工业。在坦桑尼亚南部确实有一些煤矿，但在那里煤炭之所以没能变成一种普遍的家用能源，主要是因为缺少市场和设备来使用它。由此，我们可以很明确地得出结论，生物质能源（木材、木炭、农产品废弃物和牛粪）才是东非地区家庭用于烹饪的最主要的能源形式。

照明则是能源需求中第二大使用方向。尽管可满足此类需求的能源大多都很昂贵，但农村家庭仍然是有能力支付其中一小部分的，而且照明时间普遍都较短。大部分家庭每天所需的平均照明时间大约为 3 小时。除此之外，使用木柴进行烹饪时也可以为烹饪区域附近提供少量的光照，这样，如果整个家庭都围坐在火焰周围的话，基本上就不需要额外的照明了。在有月光照射的夜晚，烹饪可以在室外完成，这样也减少了对光照的需求。大部分家庭都会使用煤油来作为照明能源，然后使用不加挡风玻璃的灯芯油灯来燃烧。这类灯对煤油的消耗量极低，因此得到了大部分农村家庭的青睐，其中有超过 95% 的农村人口都会使用此类煤油灯，尽管煤油本身的价格可能对他们来说过于昂贵。同时，使用更加昂贵的干电池也非常普遍，但是对干电池的使用仅限于人们在想要找东西时对手电筒的使用上。一些铅酸干电池可以用于照明和娱乐，但它们的使用同时受到高成本和缺乏充电设备的限制。类似地，太阳能光伏系统还没有给农村照明能源的形式带来任何影响，原因有很多，其中自然包括最初成本过高。所有其他的家庭能源需求，如收音机使用、空间取暖和水加热等，都会受到贫困的限制，因此都不会进入大部分低收入家庭的考虑范围。

能源的具体形式将会在第二章进行详尽的讨论，但这里仍需要简单提及，以帮助人们大概认识家庭能源供给的潜在问题。东非地区的能源形式各种各样，它们应用的领域也各有千秋，然而东非对不同能源的使用大部分都会受到贫困的限制。总体来看，东非有大约 45% 的人口日收入还不足 1 美元，而大约 90% 的人口日收入不足 3 美元。这就意味着大部分东非居民收入都无法满足他们最基本的生活需求,如像样的饭菜、体面的穿着、正当的医疗保健、充足的能源和清洁的居住环境。他们不得不挣扎着尽可能地满足以上需求,既需要利用自己的生产策略,同时也需要极大地利用自然产物,尤其在能源和医疗保健方面(对生物质能源和草药的使用)。这就是为什么以木材、牛粪和农产品废弃物作为补充材料,成为东非农村地区唯一一个最为重要的烹饪能源,而同时木炭则成为农村贫困人口尤为重要的能源形式的原因。大部分农村家庭(大约90%)都会从周围地区收集木材,进而无须任何支付,而其他家庭则可能既收集木材又购买木材。另一方面,城市家庭不得不购买他们所使用的木炭和少量的木材,而且两者都是由农村运输到城镇的,在城镇又会有很多批发商,主要分布在居民区内。木炭和木材的价格可能各不相同,但都会维持在低收入家庭可支付的范围内。农作物残渣和动物粪便仅用于农村,尤其是在它们产生的地方,这样可以直接用于自家农田和宅地里。它们都是免费获得的,因而也不会被考虑作为商品出售。在某些部落的习俗中,销售牛粪和农产品废弃物甚至被认为是一种禁忌,这好似意味着任何人都可以以任何方式获得这些一样。

表1.3 基本家庭能源年消耗量

单位:百万吨

	木材	木炭	煤油
肯尼亚	4.1	0.6	0.30
乌干达	11.0	1.5	0.02
坦桑尼亚	5.3	2.3	0.04

表1.3列出了家庭普遍使用的能源形式以及它们在不同国家的相对使用量。尽管这些消耗量会因国家人口数量的不同而不同,但很明显,肯尼亚对木材和木炭的使用量要远小于乌干达和坦桑尼亚的使用量,但它的煤油使用量却远高于这两个国家。其中一些可能的原因是:在肯尼亚煤油提纯的可利用性较高,肯尼亚政府对煤油的税收较低,以及农村地区的分配网络可能更加完善。肯尼亚的人均电力消耗量同样也很高,这表明肯尼亚在商业能源使用方面也同样优于其他两个东非国家。

关于商业能源的管理主要由国家监管,但现在却没有任何宏观政策或协调政策可以用于管理家庭能源使用的。不仅如此,就连有关家庭能源消耗的统计数据都不够详细,而主要是由国家统计局收集来作为每十年所进行的人口普查的一个索引。除此之外，有关能源混合的比率、其中所出现的问题以及限制因素，都没有得到收集。当然，所有三个东非国家的政策确实都有考虑到家用能源的需求与供给，但它们之所以这样做，仅仅出于一种责任，而非承诺。所有政策的重点以及相应的措施都集中在商业能源上，有些也会考虑生物质能源的可持续发展问题，但几乎没有任何措施可以用于保证清洁的家庭能源的成本降低到可支付水平上。乌干达是东非唯一一个曾经考虑过能源对农村家庭的可支付问题的国家，并制定了相应的措施，以试图提高能源对农村家庭的可利用性。其中一些措施包括使用"智能补贴"、预付费电度表、普及限制器以及光伏系统的租赁业务等。然而，在所有这些都还对肯尼亚居民很陌生时，坦桑尼亚的消费者已经在使用预付费电度表了。总体来看，有关农村家庭能源究竟应该由谁来管理的问题是在国家资源管理规划时引发的，它好像把家庭能源管理的问题分散给了不同的政府部门。以肯尼亚为例，生物质问题主要由环境部门和农业部门管理，而在一定程度上能源部门也有参与，但每个部门可能都没有对生物质能源及其各种功能进行仔细分析过。

1.5 商业能源管理

石油燃料和电力是两大重要的能源，它们都与东非的商业和政治利益密切相关。石油燃料涵盖了柴油、汽油、煤油、航空燃料和液化石油气，是一种多功能的能源形式，还可以用于产生其他形式的能源，如进行发电。坦桑尼亚有一定的煤炭存储量，极具商业价值，但就目前来看，它对国家能源业的贡献仍然十分有限，因此我们将不会对它进行细致的讨论。到 2005 年为止，在肯尼亚、乌干达和坦桑尼亚这三个东非国家还没有发现任何可开采的石油储备，但有关石油勘测的工作将会一如既往地进行下去。这些工作在多个跨国石油公司与政府的协议下进行着。东非是非洲唯一一个地区原油净进口国，而肯尼亚又是这三个国家中石油消耗量最多的国家，在整个非洲的排名中位居第 9 位。因此，该地区所进口的石油基本上都来自中东阿拉伯联合酋长国。1988 年，一家石油公司在肯尼亚伊西奥洛地区地深 4000 米的地方发现了石油，但对它的开采工作在经济上是基本不可行的。用于满足商业和工业目的的能源使用是通过一个有组织的供求系统进行全面管理的，这个系统主要由政府和作为主要利益相关方的个体部门所控制。在对石油进行市场化销售之前，即前面所提到的在20世纪90年代后期兴起的所谓能源部门市场化问题，石油在以原油的形式进口至该地区后，首先要在肯尼亚的蒙巴萨岛和坦桑尼亚的沿海城市进行提纯。有关煤油的进口工作主要由国家的石油公司所控制，它们既负责石油的进口工作，又负责其分配工作。坦桑尼亚的炼油厂之后倒闭了，在专家的建议下，转型成了石油的存储厂。乌干达为陆地所包围，没有任何炼油厂，因此不得不依靠对肯尼亚的精炼石油产品的进口。肯尼亚的石油精炼厂每天可以加工9万桶石油，但坦桑尼亚的石油精炼厂每天只能加工1.49万桶石油。然而，这两个精炼厂每天不仅是在它们的能力范围内工作的，还不得不面对管理与财政上的问题。设备报废则是肯尼亚精炼厂要面对的另一个问题，对它们来说，这些设备亟待高水平的全面检查。肯尼亚石油精炼厂同时还受到能源部门市场化这一趋势的极大影响，因为那样就可以允许石油公司从石油生产国直接进口用以提炼的石油了。随着三个东非国家在重新建立的东非共同体的影响下关系变得更加紧密，它们也签订了一些协议，以促进能源部门的发展。例如，乌干达和肯尼亚已经同意将肯尼亚的石油运输管道从肯尼亚西部的埃尔多雷特镇延伸至乌干达的首都坎帕拉（总长320公里），以提高为乌干达及其邻国——如卢旺达、布隆迪、刚果民主共和国东部和坦桑尼亚北部进行服务的效率。坦桑尼亚同样也将疏通一条石油管道，从达累斯萨拉姆石油存储点一直延伸至赞比亚恩多拉市的印丹尼炼油厂，总长1710公里，这条管道每年可以传输110万吨石油，其中坦桑尼亚政府拥有33%，赞比亚政府拥有67%。另外还有一项计划将疏通另一条石油运输管道，从达累斯萨拉姆一直到坦桑尼亚北部、维多利亚湖区的姆万扎县（总长1104公里），用于服务乌干达、卢旺达、布隆迪和刚果民主共和国。由于该地区的煤油消耗量正在平稳上涨，肯尼亚以其当下的石油精炼能力根本无法满足该地区的需求。即使它有望提升本国的炼油能力，但仍将无法满足将来日益增长的需求。目前东非地区每天大约消耗9万桶石油，其中肯尼亚是主要的消费者，每天约消耗6万桶石油。尽管乌干达的石油消耗量还不足肯尼亚的1/4，然而该国家对石油的进口金额约占进口总金额的12%；而肯尼亚对石油的进口金额约占其进口总金额的20%，所以总体上来说，这三个国家对石油的进口都给它们的经济发展带来了极大的压力。表1.4列出了三个国家与石油相关的统计数据——消耗量、对国家能源的贡献率和在进口总金额中所占的比率。

表1.4 东非地区某些与石油相关的统计数据

	石油消耗量（百万桶/年）	在各类能源中所占比率	进口总金额中所占比率
肯尼亚	20	26	20
乌干达	3	7	12
坦桑尼亚	5.5	7	n.a

20世纪80年代以来，从总体上来讲石油产品和商业能源的价格具有显著的提高，这同时促进了其他商品价格的上涨。这给东非地区带来了一定的社会经济问题，因为越来越多的中等收入家庭不得不退回到贫困线以下。煤油是低收入家庭使用的主要能源形式，而它的价格自1980年开始已经上升了170%，而木炭的价格也上升了60%，这不得不迫使低收入家庭重新回到了贫困线底层。与此同时，液化石油气和电力的价格也分别上涨了75%和70%。这些增长都是以美元进行计算的，而美元的值在这段时间内似乎一直保持不变。有关石油的价格波动在所有商业能源中最为明显，因为国际市场和国内政治都会对其带来一定的影响。对这一领域必须进行认真的思考，因为它很可能成为国内严重的石油危机的开端。举例来说，20世纪90年代，石油的价格急剧上涨，一方面，政府认为这可能是跨国公司暗中勾结，肆意抬高价格，以提高它们的利润率；另一方面，石油公司则认为这是政府试图将公众的注意力由它们不完善经济管理转向经济行业本身的一种手段。这种矛盾直接导致了肯尼亚和坦桑尼亚政府建立当地监管委员会，用以监管整个石油行业。为了评估这些监管体系的工作效率，我们可以看一个2005年的案例，当时肯尼亚政府重新安排了对进口石油支付税费的方法，同时又保持税费水平不变。这种新的税费支付方法要求石油公司提前支付税费，石油公司当然不会支持这一政策，所以立即提高了石油的零售价格，这样，尽管当地的货币值与美元相比有明显的提高，但开车的居民需要花更多的钱在日常石油消耗上，如此便降低了石油公司的进口金额。这是一个用来展示石油公司的垄断联盟是如何利用它们自身的力量来对抗政府的监管制度，实现利益最大化的典型案例。这种现象之所以发生，主要是因为本国有限的石油存储能力无法保存足够的石油来满足长时间的使用，因此政府根本不可能促使石油公司降低石油进口。相反，政府仍然可能被石油公司的垄断联盟所威胁，因此该能源子行业的监管机制应该进行重新审查，以保证政府不会在困难时期再次出现一片混乱。另一项有

趣的观察发现，精炼厂附近的石油零售价有时会比距离精炼厂800公里以外的石油零售价还高，这让人不禁怀疑如运输费用等价格因素的影响了。尽管政府对任何可能影响到该地区石油供给的事件很敏感，或对可能给石油价格带来负面作用的事件很敏感，但它们在控制当地此类情形上却显得束手无策。正是以上这些原因，才导致国内石油价格的波动经常会引起进口和分配石油的跨国公司与国家政府之间激烈的矛盾。由此，全球潜在的石油危机在2005年以后可能还将继续存在，此类事件应该得到东非政府严肃的关注，并提前做好应对的准备。

然而，尽管围绕自身的利益，政府和石油公司会出现间歇的矛盾，但它们一直在加工和分配与石油相关的产品上紧密合作着。肯尼亚炼油公司（KPRL）由肯尼亚政府控制着50%的股权，其余股权则由石油公司控制（壳牌石油公司和英国石油公司分别控制着17.1%，而雪佛龙控制着15.8%）。2005年，政府宣布投放2亿美元来提升石油的提炼技术，其中使用到了加氢技术，以产生大量的低热值燃油产品和少量的高热值燃油产品。当时所提到的加强技术将有助于工厂生产更多的无铅燃料。显然，这其中的一些费用将通过对当地市场的汽油燃料进行合理的定价而转嫁到消费者身上——这一转移将进一步恶化经济困难，这些困难主要由价格的上涨而引起的，而价格的上涨主要由全球对石油需求量的日渐增长而引起的。为了理解石油这一主要的能源在东非的管理工作，让我们首先来看一下它是怎样在肯尼亚发展的。

肯尼亚国内对石油产品的消耗量大约维持在平均每年260万吨的水平，而且所有这些消耗量都依赖进口。对石油进口的数量控制主要掌握在肯尼亚炼油公司（KPRL）的手中，而这主要在肯尼亚东南部、印度洋海岸上的蒙巴萨岛的港口进行。这个炼油公司主要由壳牌石油公司和英国石油公司于1960年合并而来，但真正投入市场是在1963年。之后越来越多的公司开始购买此公司的股份，并且于1971年，肯尼亚政府收购了该公司50%的股权。这个炼油公司所使用的技术可以产生大量的低热值燃油及数量相对较少的高热值白油。这些产品从炼油公司开始，首先运输到大约500公里以外的内罗毕城市，这主要通过直径为35.55厘米的输油管道来实现；之后再运输到肯尼亚西部的基苏木和埃尔多雷特，这次则使用更细的输油管道来运输。所有输油管道将运输大约60%的石油产品，而肯尼亚铁路和一些公路运输者则负责其余石油的运输。有关石油的分配则通过农村经批准的加油站网络来实现，而这些加油站也主要由注册的石油公司所拥有。其中的一些石油产品还会出口至邻国。在进行所谓的能源部门市场化之前，石油产品的价格都是由财政部门在能源部门的指导下制定的，之后再下达至石油公司执行。一系列因素，如采购成本、加工成本、税费、运输成本以及利润率，在制定此类价格前都会给予考虑。然而整个定价系统被市场认为是不透明的，而且似乎没有对各类经济因素给予全面的考虑，因而被认为是政府操控需求以实现供需平衡的一种手段。这可能给政府和石油交易者之间带来了大量的猜忌和仇恨。因此，肯尼亚有必要发展一种长期的定价结构，可以促进石油公司获得充足的汇报，以用于进一步的投资和扩张。正是这些问题才迫使石油公司呼吁加强该行业的市场化改革，这样便可以由市场供求关系决定石油的市场价格了。当这些改革最终于20世纪90年代中期完成时，政府则要求这些石油公司在国内存储的石油数量可以持续供给30天，液化石油气可以持续供给10天。除了其他条款外，政府还允许这些公司自行选择是从国外进口已加工的石油，还是在国内提纯的石油。所有有关政府垄断的方面就此消除了，这同样鼓励新的投资者可以对石油工业进行投资。尽管一些资格老的公司仍然控制着大约75%的国内使用分配和零售市场，但至少已经有10家新型公司进驻该行业，并活跃于石油产品的进口和分配贸易了。然而，市场化的改革却似乎提高了供给的不稳定性，降低了政府对该行业的控制。

关于电力部门的管理工作与石油部门的管理工作或多或少有些不同。在三个东非国家获得独立之前，该地区都是由英国政府控制的，因而乌干达和肯尼亚主要的电力能源都是由位于乌干达金贾市的水力发电站提供。在这几个国家获得独立时，有一项协议要求乌干达必须继续为肯尼亚提供至少5%的电力，即使在肯尼亚发展到可以独立生产电力的时候也不例外。到目前为止，肯尼亚仍然会从金贾的水力发电站获得少量的电力，尽管已有迹象表明乌干达可能会随着国内电力需求量的增加而考虑终止这一安排。除此之外，这三个国家都是由本国拥有和管理的水力发电站进行主要供电的。除了水力发电外，肯尼亚还可以从坐落在大裂谷省的地热发电设备中获得部分电力。其他的电力资源还来源于大型移动式发电机，其中的一些主要安装在独立的电力商中，而这些生产商都在能源部门市场化之后获得了生产许可。同样还有一些规划适合于应急电力生产商（EPPs），它们主要在长期干旱后国家出现临时供电危机时进行供电，它们主要使用化石燃料带动发电机。当下许多独立的生产商都是在1997年的严重干旱时出现的，当时肯尼亚迅速引进应急电力生产商补充当地日益减少的常规供电。经过在该国四年的供电后所有应急电力生产商都离开了。这里需要提及的是有关能源部门市场化的想法并不是出自当地政府，而是《结构调整计划》的一部分，这项《结构调整计划》是由主要的国际发展组织——世界银行和国际货币基金组织发起并实施的。

几乎所有的电力生产商都对国家电网供电做出了一定的贡献，而电网的电力分配都是通过一个由政府部分控股的电力公司实现。在肯尼亚，主要是肯尼亚电力与照明公司（KPLC）来管理电力的销售和分配工作的；而在坦桑尼亚和乌干达，则分别是坦桑尼亚电力公司（TANESCO）和乌干达电力委员会（UEB）分别管理电力的产生和分配的。这些公司，或叫国有企业，在过去都曾面临过严峻的管理和财政问题，其中主要的原因：一方面是由于政府的干预，尤其是政府对电力公司向非能源发展提供资金支持的干预；另一方面则是由于草率的政治决定对能源行业管理所带来的负面影响。其中的问题不仅包括就业过度，同时还包括对非称职人员在此行业的雇用。这些问题主要都是由政府在政治方面对某一群体的倾向性所引起。同时以上所提及的电力公司的垄断状态也会给发展其他独立的电力生产带来负面的影响。

有关市场化项目的提议同时暗示电力公司需要被拆分开，这样电力的产生和分配则分别由不同的公司所管理，同时也可以在一定的协议下赋予独立的电力生产商一些权利。此类提议可能会给电力部门带来一些改革，但它们不大可能会解决管理问题。然而，政府仍然采取了一些措施来贯彻这些提议。在这一方面，肯尼亚电力生产公司（KenGen Co）从肯尼亚电力与照明公司中分离出来，独立处理肯尼亚的电力生产问题；乌干达同样也作出了一些改变，它创建了一些其他的公司来共同分担乌干达电力委员会的责任，其中乌干达输电公司（UETC）负责电力的输送工作，而乌干达发电委员会（UEGC）则负责发电工作；在坦桑尼亚同样出现了类似的趋势，坦桑尼亚电力公司被拆分成了三个不同的公司，分别监管发电、输电和分配工作。然而，不同于石油行业，国家仍然希望能大力控制电力行业。需要牢记的是，当下一些发电设备之所以能建立起来，主要都是来自由政府参与的贷款和规划工作。因此，无论该行业进行怎样的适应性调整，政府仍然在电力行业中扮演着重要的角色。

除了设立不同的委员会监管不同的能源管理工作外，所有商业能源的管理工作还受到一个专门的政府部门的监管。经过频繁的改变，此类政府部门的数量有增有减，不同商业能源的监管工作在这些年来也由一个部门转移到另一个部门，或由其他部门共同负责。然而，有一件事非常明晰，那就是这三个国家都意识到了这两种能源的重要性，而且始终都会有一个政府部长控制着所有的管理工作。尽管经营这两种能源的公司都有权利根据自己的利益决定本公司相关的事务，但政府仍然希望它们可以高效地为人民提供最好的服务和商品，并且可以定价"合理"。正是以上这种相互关系，才使一些公司，尤其是电力公司，很难同时满足它们的经济和管理愿望。结构调整和市场化的原则要求政府能够创造环境，保证个体部门可以独立处理自己的服务。然而，能源行业既敏感又重要，所以政府部门并不愿意放弃它在这个行业所有的控制。这种进退两难的状况也是为何此类行业在当地至今都没有实现预期发展的原因之一。潜在的投资者一直以一种怀疑的眼光看待政府的参与。从历史角度看，这三个控制着东非电力生产和分配的公司，其前身是东非电力与照明公司（EAP & LC），它独自控制着整个东非地区的电力生产与分配工作。这个公司是在20世纪70年代东非共同体分裂之前存在的，它曾经对该地区的电力生产、传输和分配享有完全的垄断地位。随着东非共同体的分裂，每个国家建立起了它们自己的电力公司，但都基本继承了前东非电力与照明公司的管理结构和垄断政策。正是因为这一历史背景，这三个国家在电力行业的监管机制仍然呈现出惊人的相似。在任何情况下，监管机构都是根据议会法案所设立的，因此必然给予了政府对电力生产和管理的大量干预。这项政策同时刻意打消了任何独立的运营商参与电力投资的积极性，因此它们几乎不可能成功卖出电力。在一些发达的经济体中，如美国和欧洲，它们的政策则完全不同，在那里，任何人都允许发电和向现存电网售电，前提是他们使用的方法安全且环保。这可以表明，如果一项优良的政策可以有效投入实施的话，它必定能做出巨大的贡献。

1.6 能源选择因素

作为发展中国家，肯尼亚、乌干达和坦桑尼亚为了满足本国人民的基本需求，还有大量的工作要做。2005年的统计显示，该地区大约有9000万人口，而其中有80%的人口还居住在农村地区。然而，这些地区还存在一些面积狭小但人口众多的地区，被称作集市或贸易中心，这里有望被最终发展成为城镇。这些地区部分集中于主要公路网络的旁边，这主要是因为在旅行者身上所存在的巨大贸易前景。然而，它们已被认为是农村组织中的一部分，因为它们并没有任何完善的服务供应体制，比如对水、卫生和基础设施的要求。不仅如此，这里的居民的生活方式基本上也属于农村性质。

通常情况下，国家供电网络更倾向于紧随主要道路的网络，这样更有利于维护，并可以保证安全，因此这些集市的居民便更有机会接触到电力了，尽管如此，他们中大部分家庭还是没能使用电力。这不禁让我们思考，消费者在选择能源形式时究竟会考虑哪些因素。基本供电设备的质量差注定电力分配的效果也差。改善设备的工作对政府来说非常昂贵，因为农村的居住环境实在太分散了，这样任何传输系统网络的安装都只能既复杂又昂贵。这里人口的密度可以低到每平方公里20人，而且在有些地方还可能更低。这种人口密度过低的状况，与困难的地形一起，致使将电力网络扩展到大部分农村地区的工作变得极其昂贵，而在集中发电的情况下更是如此，这也正是东非目前的情况。关于以石油为基础燃料（汽油、柴油、煤油和液化石油气）的分配同样也受到低质量基础设施的限制。然而，它经过精炼后的可运输性则可以促进不同的贸易者参与其商业分配，进而提高了它在不同阶段的成本，同时能提供给人们更多的机会在每次需要时购买一些。但它对于很多农村地区居民来说是很昂贵的，这些农村地区的居民收入不仅很低，在很多情况下也很不规律。因此，关于能源供给方面的问题由此远远超出于关于某种能源的可用性问题，而是包含了整个农村地区从此类能源中获益的能力和准备性问题。这可以通过根据农村地区的经济环境和能源需求制定合理的能源包来实现。如果人们根本无能力支付，那再谈到能源的可用性问题就变得毫无意义了。

从传统上来讲，为农村地区的家庭提供能源是女人的责任，她们至多可以让自己的孩子一起帮忙。之所以会这样是因为主要的能源形式都是生物质材料，如木材、牛粪和农产品废弃物，它们大部分都可以免费获得。这些材料通常都是立即可用的，所以人们只需先收集起来，然后直接带回家。然而，正是收集木柴、打水、为家庭准备食物、照顾孩子、打扫房间、清洗衣服等这些简单的家务活动，给女人们带来了过多的负担，以至于在一定程度上她们根本无法完全参与许多社会经济发展活动，如教育。导致的结果就是：尽管妇女在处理家庭琐事上承担着相当重的责任，但她们仍然挣扎于社会的最底层，没有任何社会福利可以提供给她们或由她们支配。其中，花费在收集能源材料上的时间是造成这一切结果的主要因素。

尽管政府实施了一系列有关促进经济发展和保障两性平等的政策，但农村社区有关能源使用的局面却没有得到丝毫的改善，仍然是妇女和儿童的一个重担。生物质能源仍然是东非地区大部分人口用于烹饪和照明的主要能源。在这些地区，农村电力化的覆盖率平均不到2%。如果将肯尼亚所有城市和农村人口都考虑在内，那也只有10%的人口有机会使用电力，而同样的情况在乌干达只有6%。这一情况在不久的将来不太可能发生改变，而且随着生物质能源数量的日益减少，该地区可能即将面对一次严重的能源危机。

几十年以前，大量的森林资源为人们提供了木材燃料，基本可以满足所有的家庭能源需求。随着人口的增长，为了居住，人们对土地的需求量也开始增长，与此同时，食物的产量也会因此增长，这样自然森林的覆盖率开始下滑。妇女们只能跨越更长的距离以获得木材燃料，于是人们开始认识到有必要为了满足家庭的能源需求而专门植树了。于是关于木材的供给与保护的议题很快引起了广泛的关注。由此，在各种发展机构的大量支持下出现了许多有关农林间作方面的推广服务，这些项目对有关木材燃料需求的各个方面都进行了考虑，其中包括提高木材燃料和木炭炉的效率等。这些活动导致的结果就是设计新颖且效率更高的炉灶开始出现在市场上。尽管经过以上所有的努力，木材燃料作为农村能源的主要形式的现状仍未发生改变，但是农村地区对木炭炉的使用却有了明显的提高，这主要是由于一种改良的陶瓷炉灶的成功应用，它首先是在肯尼亚被研发出来的。然而，总体来看，东非这三个国家的能源分配基本上是相似的，而且在未来也不可能发生变化，除非一些重大的甚至具有改革意义的措施可以在能源行业开展。生物质能源仍有望成为东非地区的主要能源（详见表1.5）。肯尼亚人均电力消耗量之所以这么高，主要归结于当地相对较高的工业发展以及商业能源分配，尤其是对煤油的分配所占的比率较高。其他形式的能源，如风能和光伏太阳能，在该地区的可利用性很强，而且都可以为农村地区提供电力，但实际上只在当地的能源分配中占据极小的一部分。

表 1.5　东非能源分布的统计比率

能源/类型	肯尼亚	乌干达	坦桑尼亚
电力	3	1	1.5
石油	26	7	7
生物质能	70	92	91
其他	<1	—	0.5（煤炭）
全国家庭用电普及程度	13	6	8
每年人均电力使用量（千瓦时）	125	50	60

尽管生物质能源经常与农村家用能源密切相关，但其中很大一部分同样用于以农业为基础的工厂，如制糖厂、茶叶加工厂、卷烟厂以及制砖厂。农村的学校和医院同样会利用大量的生物质能源来烹饪和照明。

煤油对农村居民来说可能过于昂贵，但许多农村家庭仍然毫无例外地会使用煤油照明，当然每天不到 3 小时，这样每月对煤油的使用量才能尽量被压低。这一情况其实掩盖了一种无法满足的需求，即农村居民渴望使用高质量的照明设备。举例来说，当农村家庭有机会使用沼气或电力时，他们的照明时间和夜间娱乐活动的时间都会相应地增加，于是也就有助于提高他们的生活福利了。尽管农村家庭都能意识到煤油的成本较高，但他们仍然会选择使用少量煤油，这进一步肯定了有关制定合理能源包将有助于消费者每次在需要时获得少量能源的计划。液化石油气在农村的使用则十分有限，它只局限于部分高收入家庭，他们有能力支付，而且可以通过稀疏分布在几个农村的加油站获得。

东非地区无论在地形、文化、民族还是收入水平上，都呈现出一种多样化的局面。人们的生活方式和对能源的偏爱主要取决于家庭的收入水平，当然这不是唯一的决定因素。总体来看，家庭对能源的需求主要表现在两个方面，即烹饪和照明。当这两种需求得到充分满足时，如果家庭还有能力，那么还可以获得更多的能源用于家用电器，如收音机、手电和小电视机。表 1.6 列举了不同能源在整个能源分配中所占比率，以及它们在农村和城市使用的常见形式。这些例子源自肯尼亚，在那里，总体上看，生物质所占比率大概为 80%，石油和电力所占比率则分别为 18% 和 1.4%。考虑到所有能源的使用情况，农村家庭对能源的消耗比率为 57%，而城市家庭和商业部门的消耗量分别占全国能源消耗总量的 16% 和 27%。乌干达和坦桑尼亚的情形与表 1.6 中所列出的基本一致，因此这些数字基本可以反映整个东非地区对能源的使用情况。

表 1.6　能源在不同行业的分配百分比（2000 年）

	木柴 36.3%	木炭 38.1%	工业木材 0.3%	木材废料 0.5%	农业残渣 5.3%	电力 1.4%	石油 18%	总计 100%
农村家庭	89	46	62	100	5	3	57	—
城市家庭	2	36	—	38	26	5	16	—
其他（运输业、商业、农业）	9	18	100	—	—	69	92	27
总计（%）	100	100	100	100	100	100	100	100
总计（千兆焦耳）	252000	264000	1750	3520	37000	9800	125000	693070

关于能源用于哪一方面的选择将取决于此能源的可支付性和可利用性。选择能源用于烹饪必须放在首位，因此此类能源必须随时可用。照明对家庭来说也是必需的，但倘若没有能源可以照明，那么家庭也是可以几天不照明的。然而同时，木材燃料确实可以为火周围提供一定数量的空间照明，这样有时额外的照明能源可能根本不需要了。通常情况下，家庭都是使用一种能源烹饪，另一种能源照明的。以城市地区为例，这里的能源搭配方式分三种，高等收入家庭可能选择液化石油气（用于烹饪）和电力（用于照明），或只选择电力（用于烹饪和照明），而中等收入家庭则可能选择木炭或煤油（用于烹饪）及电力（用于照明），但城市中的穷人只能选择木炭（用于烹饪）和煤油（用于照明）。一些城市的精英还可能使用木柴来取暖，但这绝不是出于经济的考虑。在农村的机构中，供给能源的可用性和安全性是重要的考虑因素，因此大部分机构都会选择木材和煤油分别用于烹饪和照明。煤油更适合于照明，而且每晚仅使用 2~3 个小时，所以它的使用量非常低，对它的花费自然也就非常低了。目前已有一些尝试用于引进不同尺寸的液化石油气储存和使用设备，以提高它的可用性，但这对大部分极其贫困的农村人口来说，还是十分受局限的，而且也有不少人质疑在它用光时是否还能继续可用。能源对人类来说如此重要，所以人们总希望选择以后能源能取之不尽用之不竭。表 1.7 列出了一些东非地区不同行业对所有能源的消耗情况，同时展示了在不同用途中优先的能源混合形式。

表 1.7　东非三大能源使用领域各能源混合形式所占百分比（2000 年）

使用领域	木柴	木炭	工业木材	木材废料	农业残渣	电力	石油	总计
农村家庭	56	32	—	0.5	10.0	1	0.5	100
城市家庭	5	90	—	1.0	0.1	2	1.9	100
其他部门	12	27	0.5	1.5	20.0	36	3.0	100

"其他部门"在这里包括了所有不能归类于家庭领域的使用者，如乡村产业（制砖厂、制糖厂、水产品熏制厂、小型面包厂、牛奶加工厂等）、交通运输业、农业、商业和工业。家庭外木炭的使用主要可见于乡村产业，如快餐厅和乡间饭店，而学校、医院、卷烟厂和茶叶加工厂则主要使用木柴。农场残渣主要包括制糖厂在蒸汽生产时使用的甘蔗渣进行热电联产。以上百分比的计算是根据所选领域中能源消耗的焦耳数来计算的。例如在农村家庭中木柴的消耗量大约为7亿千兆焦耳，在其他部门中石油和电力的消耗量则分别为1.9亿千兆焦耳和1500万千兆焦耳。

东非普遍使用的三大主要能源类型（电力、石油和生物质）主要通过一定的技术获得，正是这种技术水平的高低将决定这些能源在该地区的使用领域。其中的选择在一定程度上主要依赖于经济活动的种类，以及所需的最终能源形式。两种需求量最大的能源形式是热能和电能。由此关于某种形式能源的使用广泛程度也将由它向其他形式能源的转化程度和相关的应用领域决定。例如，一方面，电能主要用于为工厂机器和家用电器供电，同时也可以立即转换成热能和光能；类似地，以石油为基础的燃料可以立即转换成热能和光能，却不适合于为家用电器供电。另一方面，固体生物质材料可以转化成热能和光能，但其光照的质量非常低，而且生物质的消耗速度也会非常快；当然我们还有可能从生物质材料中提取石油和煤气，但这些技术在当下还并不常见。考虑到能源的以上性质，电能凭借它的多功能性将会成为最佳的能源选择，其次是石油，接着是生物质。如果价格属于决定性因素，而且对能源的最终使用形式将与热能有关，那么显然生物质将会成为最佳选择，接着才是石油和电力。作出这些决定时都是假设能源的价格只包括对燃料本身和它的使用设备的经费投资，并没有考虑此燃料给环境和使用者带来的非金钱成本。最后，如果是根据能源可用性和生活方式来做出选择的话，那么农村地区会依次选择生物质、石油和电力，而城市人口则会选择电力、石油和生物质。我们可以看出，在任何假设条件下，石油始终是第二选择，而电力和生物质则根据当地环境的不同会发生选择位置的改变。这些简单的特征经常被一些能源规划者所忽略，但它们对终端使用者来说，却是决定他们能源形式选择的重要因素。因此，假设东非经济一如往常地停滞不前，那么表1.5、表1.6、表1.7所列出的情况将会在未来几年始终保持不变。这是因为人们在做选择时，始终要与他们的经济、社会和地理环境相吻合。另一个经常被忽略的因素就是干电池和可充电铅酸电池作为农村居民电力能源所扮演的角色。对这些能源，个人可以具有高度的拥有权和使用控制权，因此它对农村地区来说具有极大的吸引力。由此我们可以看出，如果农村家庭可以将干电池和可充电电池同少量的煤油和生物质一起使用的话，那么他们不仅能在一个可支付的水平上满足所有的能源需求，同时可以自行控制能源的分配和应用。事实上，尽管干电池、铅酸电池和煤油为大多数贫困居民所使用，但在照明时它们的成本要远高于电网供电。因此我们有必要注意到，贫困居民之所以最终不情愿地选择更昂贵的能源形式，主要是因为这些能源可以小数量地获取，而且他们也可以自行控制这些能源的使用。以干电池为例，它主要用在手电筒照明上，所以仅仅一对干电池就可以至少持续使用一个月。生物质被认为是唯一一种可以免费获得的能源形式，而且它还可以保证能源安全，但是如上所述，尽管已有大量努力付诸于保证它的供给安全和提高它的使用效率上，但生物质的数量仍然岌岌可危。使用生物质能源的隐形成本还包括妇女在获取和使用生物质能源时需要付出大量的时间和劳动力，同时使用生物质能源还会给厨房带来大量烟雾，进而给身体健康带来负面影响，而这在农村地区又是非常常见的。

1.7　制度约束

我们已经发现，所有工厂和家庭，无论贫困或富有，都需要热能或电能或两者兼之，以用于不同用途。对电能进行优先选择是因为它的多功能性，而且它对于工厂机器来说，又是一种高质量的能量，但其他形式的能源可能无法实现相同的目的，或即使可以实现，成本也是相当得高。然而石油却可以在运输部门一直扮演着它至关重要的角色。对商业能源的投资主要基于国家基金、扩展贷款以及授权，但是由于一系列原因，此类能源将会持续稀缺下去，而且这一趋势已经越来越成为限制当地能源发展的重要因素。这些制约经常可以说服国家政府接受在国外出现一些政策变革，这样才能继续接受来自国家发展伙伴的发展贷款或授权。此类新政策的目标都是为了把管理责任由政府转向个体部门，这样才有利于政府更加专注于营造有利的电力商业环境，而非直接服务群众；但是，此类政策很可能导致政府的能源管理受到个体部门的极大影响，即使一些对国家有利的政策也不例外。在东非能源部门实施市场化的政策就是此类政策变革的结果，然而很不幸的是，这种改变恰好发生在大部分农村社区仍需要依赖于木材来作为主要能源的时候。

过度依赖于大型集中式水力发电设备并没有为此类问题提供一个良好的解决方案，尽管如此，政府也只做出了极少的努力去研发其他可利用的能源技术，结果导致电力的产生和分配成本并没有出现明显的下降，以满足人们的经济条件。据统计，在人口密度稀疏和地形困难的条件下扩展电网的平均成本可以高达每公里1万美元。在这种环境下，对电网进行扩展的成本效益极低，而且如果此时仍没有任何可行的电网扩展政策的话，那么就需要考虑使用其他供电系统了。东非有各种各样的电力扩展政策，但一般情况下，消费者更希望能有一种政策可以帮助他们满足电网扩展的需求。除此之外，还有一些支付方式，如无论消费与否，消费者每月都必须支付的最低费用，这是不合理的。农村贫困人口无力支付这些费用，因此关于提倡加大农村电力化的任何尝试也就不会在这里实施。这一政策似乎发出了一个错误信号，甚至给那些有能力支付这些费用的人，而且除非这些政策可以根据消费者的利益进行修改，否则即使该地区有发展水利水电的潜力，大部分东非居民也不可能使用电力，因为电费实在太贵了，他们宁愿继续依赖于木材燃料。由此，继续使用当下昂贵的集中式大型水力发电站的计划并不是代替生物质能源的可行途径。不仅如此，大型水力发电站还产生了很多生态矛盾，而且经常迫使当地大量人口迁居；同时长期产生淤泥，每当雨季来临的时候这些淤泥就可能堵塞水坝，降低水电站的发电能力；这种在完全发电能力以下发电的情况还会出现在长期的干旱季节。这些问题都会伴随着分配问题同时存在，进而经常引起断电事故。仅在肯尼亚，每月就会报道大约1万例此类断电事故。相关部门应该继续探索其他的方法或更利于使用者的发电和分配电力的政策，同时制订相应的计划。分散式发电系统可以赋予使用者更多责任维护和控制电力的使用，因而也会更便宜，而且可能吸引更多的农村人口。

石油，另一种主要的商业能源形式，同样面对着类似的支付性问题。但由于消费者可以自行根据需要、在支付范围内进行少量购买，所以越来越多的人开始有能力使用它了。这是一个很好的例证来说明这些贫困人口为何最终还是选择更加昂贵的商品，是因为这些商品可以实现少数量的获得。然而全球石油需求量的持续增长以及石油存储量的急剧下滑的局面，可能把石油价格再次推到贫困的农村地区无法承受的水平。与此同时，由于煤油是农村人口主要的照明能源，而人们对它的需求量的增加也可能迫使它的价格上升，进而降低它使用的普遍程度。由此人们可能会质疑，究竟政府提倡的大规模使用煤油的政策是好还是不好。需求量的增长可能会引发价格的上升，由此可能给农村贫困人口带来极大的打击。统计数据已表明东非有50%的人口还生活在贫困线以下，所以如果这一能源价格上升过快的话，他们会既没有能力支付电力，又没有能力支付煤油。由此农村能源供给的问题将再次变成既与可用性有关，又与可支付性有关，所以我们在估计需求水平时，绝不可忽略了能源成本所带来的影响。如果有关使用煤油来作为农村家庭照明能源计划仍想继续成功，那么必须继续依赖于上述可以帮助居民获得少量煤油的分配计划。如果此类方法对低收入群体非常有吸引力的话，那么在电力消费计划中也十分值得借鉴。

1.8 全球能源形势

能源的供给与消耗，如果从全球角度看的话，正呈现出一种非常有趣的无规律模式，而且这一模式显然对某些国家是有利的。全球主要的能源形式包括石油、煤炭、天然气、核能、水能、地热能、太阳能、风能以及生物质能，然而对终端使用者来说，他们所需要的能源形式主要是电能和热能。在这两种能源形式中，电能又更具多功能性，一方面，因为它不仅可以提供光和热，还可以为工厂机器设备以及家用电器供电，所以这些都能在终端使用者那里见效。另一方面，如果没有复杂的转换设备，热能恐怕无法满足以上需求，因而在终端使用者那里是无法实现的。石油主要用于交通运输业。事实上所有能源都可以用来发电，只是其中的成本会随着能源形式的不同而不同。考虑到这一因素以及居民所需的发电能力，通过核能、水能和地热能进行发电，则要比以其他形式的能源进行发电时在经济上更加可行。另外，一些在经济上同样可行但成本略高的能源包括石油、煤炭和天然气，所有这些可用于发电的能源在地球上都能找到，只是在每个国家的分布情况不同罢了。有些国家可能没有石油、煤炭、天然气以及核能，那么它们只能从其他幸运的国家进口这些能源了。水能和地热能无法进行运输，因此如果有些国家没有这些能源的话，只能束手无策了。然而所有的国家都可以声明本国富含太阳能和风能，只是数量可能会有差异。这一情况可以表明富有的国家更容易满足本国的能源需求，即使是它们本国不含有大量合适的能源也不例外。然而贫穷的发展中国家只有两个合理选择：发展本国可利用的可再生能源的转化技术或从其他国家购买能源及材料。无论选择哪一种方案，都需要充足的资源、繁荣的经济以及完善的资源管理紧密的结合，而这些在发展中国家都很缺乏，结果导致世界上有20亿以上人口无法接触到电力，而其中大部分都来自发展中国家，尤其是撒哈拉以南的非洲地区。全球有关保护环境的宣传同样没有改善这一情况，因为能源的生产与消耗本身就是一个最大的环境污染源。同时，出于安全和环境的考虑，核能技术的发展也受到了极大的限制。尽管如此，使用已被认可的能源进行大型的电力生产对于大多数发展中国家的贫困经济来说实在过于昂贵。这一情况似乎扼杀了帮助这20亿以上的人口接触电力的前景，这就意味着他们不得不被世界上的其他地区所遗弃，因为他们会因此而无法使用现代技术，如电子交流系统这个使地球变得像个村庄的先进技术。但是这个地球村如果没有这20亿个兄弟姐妹又是不完整的，而这些兄弟姐妹正苦苦挣扎在贫穷与黑暗中。由此产生的结果是贫困地区的人均能源消耗量始终低于工业化国家，而且任何试图为这些国家提供电力的努力都将一如既往地被它们的贫困所阻碍。目前没有任何迹象可以表明将来电力可以免费提供给这些贫穷社区，所以在这里我们可以看到一个恶性循环很难被攻破。但这并不意味着将来就毫无希望了，当然还会有其他能源选择可以适合在农村贫苦环境下发展，但如果想要成功，那么贫穷国家的政府就必须实施创新措施，认真解决贫困地区那些独特的社会文化和经济困境。一个有趣的观察发现，在那些工业化国家里发电可以通过多种渠道实现，如核能发电、大型水力发电和家庭化石燃料发电等，而且它们仍在努力探索更多的发电形式。尽管使用化石燃料和核能进行发电可以为国家电力生产做出巨大的贡献，但是有关此类发电设备的发展已经在大幅度降低了，甚至对新型大型水力发电设备的投资也在急剧下降。作为全球最大的能源消费者，美国已经意识到可再生能源的巨大潜力了，这些可再生能源包括太阳能、风能、酒精或生物柴油以及氢气燃料，它们可能会在未来能源发展中扮演着重要的角色，而且美国已经开始鼓励对这些能源进行创新研究和开发了，尽管它们的成本要比传统的能源更高一些。这只是政府为降低本国对国外石油进口的依赖、进而实现国内经济和国家安全的战略规划的一部分。这一计划还有另一个优势，即降低污染物以及温室气体的排放。利用氢气带动交通工具的技术已经在全球航空项目上有所体现，这一技术本身是非常可行的，但如果将其普及，则可能需要投入大量的成本，不仅如此，目前还没有发现可以把氢气合理分配给消费者的方法。在欧洲，对可再生能源技术的投资只增不减，尤其在对风能的投资上，它被认为是全球能源产业中增长最快的一部分。目前已经有计划要投入至少30亿美元在欧洲建立一系列风力发电站，其中一座选在了泰晤士河河口、不列颠海岸旁边，如果这座发电站建成的话，发电能力有望达到1000兆瓦。这样一个规划如果成功的话，每年可以减少大约200万吨二氧化碳气体的排放。其他可再生能源（氢气、生物燃料以及太阳能）同样也纳入了发展的考虑范围。我们可以设想，到2005年可再生能源可以占据全球能源混合总量的1/4~1/3的水平，而且任何致力于相关战略实施的公司都将从这些商业机会中获利颇多。在目前全球所利用的5万兆瓦风能中，有3.4万兆瓦都是来自欧洲的，而且预计到2010年，将会有10万兆瓦风能被利用，当然其中可能需要成百上千万的投资。到目前为止，欧洲国家是主要的风能利用国，但有先进的太阳能和风能技术的发展中国家正在发生着变化，一些国家，如中国和印度，都是快速崛起的可再生能源发展区域。在非洲大陆上，尽管这里有大量发展太阳能、风能和生物燃料的潜力，但有关它们发展的辩论却始终不断，就好像在谈到可再生能源发展时，非洲国家已经做好落后于世界上其他国家的准备了，尽管它们还有机会在某些能源的发展上占据领先地位。

1.9 结语

本章提供了很多关于东非情况的重要信息，同时强调了很多关于商业及非商业能源中现有的能源管理计划和能源选择因素。东非的能源使用模式可以与全球的能源消耗模式进行对比。①

---

① 更多信息可参考书后参考文献［8，9，11，20，44，50，53，54，55，57，60，61］。

第 2 章　东非能源现状

2.1　引言

尽管在东非地区没有勘探出任何可开采的石油储备，但是该地区却生产一系列其他能源，而且还未经过完全开发。这里有大量的河流，有大型的也有小型的，它们都可以用于水力发电，但却仍然未被完全利用。同时，在该地区已经发现储备了大量的煤炭、天然气和热能资源，而且部分开采工作已经展开了。关于生物质能源的可用性，它可以作为主要的热能源，同样是一个需要考虑的重要方面。这个地区无论是植物还是动物，都是物种繁多，其植被覆盖面包含了热带雨林、热带草原植被以及干旱与半干旱特征植被。这里同样也存在多山地带，如乞力马扎罗山、肯尼亚山和埃尔贡山，那里既有寒冷的气候，也有大量的降雨。总体上来说，整个东非地区的年降雨量大约为 1500 毫米，足以为植被的再生提供充裕的条件，因此这里有大量的生物质能源潜力。同时，由于该地区横跨赤道，每天可接受大量的太阳光直射，其峰值功率可达每平方米 800 瓦，如图 2.1 所示。当然这种光照形式会随着时间的不同发生些许的变化，尤其是在 11 月、12 月和 1 月以及 5 月、6 月和 7 月，此时太阳分别靠近南回归线和北回归线。

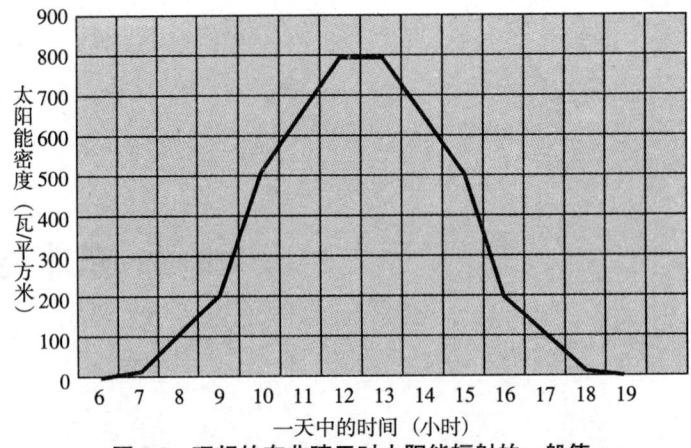

图 2.1 理想的东非晴天时太阳能辐射的一般值

　　风能较太阳能有更明显的地域差别，而且风力发电机的运行同时存在最小风速限制，所以尽管每个地区都有风，但在某些地方它的速度根本无法满足带动风力发电机运行的最低速度。在东非，尤其是在肯尼亚，其海拔分布可能从东海岸线的水平高度一直到该国家中心地带的水平 1500 米。该地区同样分布着一些高地，那里的高风速为风能的有效利用创造了适宜的条件。目前已发现，在肯尼亚的内罗毕、东部、东北部以及沿海城市都具有实现风力发电功率达到每平方米 345 瓦的潜力。在维多利亚湖区、高地和肯尼亚北部同样享有平稳的风速，可以用于带动风力发电机。所有的这些能源（水能、地热能、生物质能、天然气、煤炭、太阳能以及风能）都应该与它们的应用潜力同时考虑。尽管以化石为基础的燃料，如汽油、柴油、液化石油气以及煤油都在为该地区的经济发展，尤其为运输行业和农村照明行业的发展做出了巨大的贡献，但我们在这里就不对它们进行详细的讨论了，因为所有这些能源都是从国外进口的。关于煤油的进口和分配工作几乎无一例外地由个体部门控制，同时国家政府会给予关心和支持。政府的关心主要在于他们需要确保这三个国家可以始终保持充足的石油供应，他们不会直接干预石油贸易，但会通过提供并管理石油储备设备、制定相应的进口请求文件来实现这一目标。然而也有一些石油公司被国家政府控制着相当一部分股份，这样，一旦公司出现经济危机，政府就可以直接参与石油的进口贸易了。事实上，所有三个东非政府在几年前就已经针对以上目的建立并实施了相应的法律法规体系。目前，主要有两种能源可以促进该地区的工业和经济的发展，它们分别是水能和进口的化石燃料。水利水电设备产生的电力既可用于家庭，又可用于工厂，而化石燃料主要用于支持运输部门以及小型发电设备。当然还有其他的能源，如地热能、天然气以及煤矿，它们都可以用于补充这两种主要的商业能源。表2.1列举了东非三个国家的商业性能源分布情况，其中生物质能源虽然是该地区的主要能源，但它不被认为是一种商业能源，因此没有出现在表中。

表 2.1　东非商业性能源分布

	电力 （设备容量/兆瓦）	石油消耗量 （每日装桶量）	天然气储量 （十亿立方米）	煤炭（千吨）
肯尼亚	1030	57000	0	0
乌干达	380	9000	0	0
坦桑尼亚	860	17000	33（松戈岛） 21（姆纳兹湾）	200（年产业）

现在我们可以明显看出，东非地区真正拥有的能源主要包括太阳能、风能、水能、生物质能，以及少量的地热能、煤炭能和天然气。最近在坦桑尼亚既发现了煤炭又发现了天然气，但对该地区的能源构成还没有带来太大的影响。因此，该地区应该将更多的精力放在太阳能、风能和小型水能系统的发展上。有关这些能源可作为可替代能源的具体信息和相关技术将在第5章进行详尽的描述。

2.2　天然气

坦桑尼亚是东非唯一一个已证实储备着大约300亿立方米的天然气的国家，其中一个天然气田的存储量大约有200亿立方米，它位于印度洋的松戈岛，在坦桑尼亚的前首都、沿海商业城市达累斯萨拉姆市的东南方向，另一个大概存储着5亿立方米天然气的气田则位于姆纳兹湾。对于这些天然气，最初实行的计划是将它作为燃料来支持本国现存的燃油发电机，同时将其中的一些进行提纯，以直接用于国家电网项目。其中一项比较特殊的应用是达累斯萨拉姆市的地热发电机，尤其是相对大型的乌本戈地热发电机（平均功率约112兆瓦），不得不使用天然气进行发电。为了在花费最低运输成本的前提下保证此类机器的正常运行，需要构建大约 340 公里的天然气管道以将这些天然气直接传送到达累斯萨拉姆市的一个仓库里，在那里这些天然气再被分配到不同的发电机上。储存在姆纳兹湾的天然气主要用于为姆特瓦拉镇以及达累斯萨拉姆市供给 15 兆瓦的电力。除此之外，这些天然气还可以用于为家庭或出口市场生产肥料，以及替代工业和运输行业的液体燃料。坦桑尼亚政府已经和国外公司达成一致，准许它们负责天然气的生产工作。通常情况下，在开发类似于天然气的高价值能源时，政府通常需要某些发展伙伴的帮助，引进一些更有经验的公司来参与。同时在此次协商中，坦桑尼亚政府与某家大型国家发展伙伴在有关天然气生产和分配的后勤安排上也曾出现过分歧，这最初导致了发展计划的延后，但最终还是成功解决了。肯尼亚和乌干达则没能在它们的领土范围内发现任何可再生天然气的迹象。然而，尽管在坦桑尼亚存在可利用的天然气，但它作为一种能源似乎没有带来太大的贡献，因为它的使用似乎只能限制在大型发电上，而这样做的目的只是为了减少国家在石油进口上的预算。

2.3 煤炭

伴随着这些地区对煤炭一如既往的期许，它们对煤炭的相关研究似乎从未停止过，其中以肯尼亚最为突出，其精力主要放在 Mwingi 和 Kitui 区的 Mui 和 Mutito 地带。在坦桑尼亚，商业煤炭的生产于 20 世纪 80 年代由 Mbeya 区的 Kiwira 煤矿开始，原煤年平均产量大约有 15 万吨，其中大约有 9300 吨可用于精加工。同样，在坦桑尼亚的西南部，接近尼亚萨湖的北端有一个叫 Mchuchuma 的地区，那里同样也有一定的煤存储量。但由于坦桑尼亚产出的煤炭质量较低，且运输成本相当高，所以煤炭一直都没有成为家庭能源使用的主要选择，这大大降低了煤产量。不过，一旦该地区的煤产量可以得到充分的发展，它将有望增加供电能源多样化以及满足工业热能需求，这不仅将应用于坦桑尼亚，同样将应用于肯尼亚和乌干达。然而现在还不清楚的是，煤炭在将来是否会给该地区的家庭热能供给带来任何影响，因为空间取暖毕竟不是当地家庭最主要的需求。

2.4 地热

地热能是东非地区迅速发展的一项能源，此类能源主要是由存储在地壳中的岩石与水资源中的自然热能获得。由于此类能源是通过钻井的方式从地下加压热水和贮气池中获取，所以所钻的井必须足够浅，保证生产此类能源经济上的可承担性。蒸汽通过管道传输，最终带动涡轮机转动，由此带动发电机生产电力。肯尼亚是该地区首个使用地热能的国家。相应的发电厂主要位于奈瓦夏湖南岸的奥卡瑞地区（见图 2.2）。这三个蒸汽机一共可以产生 45 兆瓦功率，其中第一个于 1981 年开始运行，而最后一个于 1985 年投入实施。目前一共钻了大概 33 个矿井为这些设备提供蒸汽。在地热能发展的第二个阶段，即奥卡瑞Ⅱ在竣工时，将提供 64 兆瓦的功率。第三个地热能站——奥卡瑞Ⅲ现在完全由一家独立的发电公司拥有并发展，同样在竣工时会再提供 64 兆瓦的功率。到 2003 年初为止，这一新的设备已经生产了 13.5 兆瓦的功率，而且有望在 2005 年竣工时整个奥卡瑞地区所产生的功率值可达 109 兆瓦，这一数值同时在奥卡瑞Ⅱ完全投入使用后将有望增加至 173 兆瓦。这个拥有奥卡瑞Ⅲ发展权的独立的能源生产公司是第一个使用空气冷却转换器保证表面零放电的个体部门，该技术目前是肯尼亚最新、最环保的发电技术。该公司主要把其产生的电力销售给肯尼亚电力与照明公司（KPLC），以用于全国的电力分配。然而，尽管建造了如此高端的设备，但是肯尼亚地热能的发展仍然不足所有估计地热潜力的 10%。据估计，肯尼亚地热能的发展潜力可以达到 2000 兆瓦。当所有规划的发电设备投入使用时，地热发电将占据全国电力供给总量的 16%~20%。东非大裂谷把肯尼亚分成了两个几乎完全独立的部分，据说这里非常适合发展地热能，同时肯尼亚政府也在这里积极选址，以建立更多的地热能发电站，将来，可能还会出现更多独立的能源生产商参与到地热能发电的发展中来。在乌干达，几年前就有评估表明这里的峡谷地区的地热能潜力约为 450 兆瓦，从此政府做了大量研究，以探索在当地是否还存在更大的地热能潜力，尤其是在那条盘曲于该国与刚果民主共和国分界线的峡谷区。在乌干达政府渴望降低对水能的依赖，对能源进行多样化的推动力下，为地热能发电选址的研究工作一直在如火如荼地进行着。根据地质特征的分析，可能存在一定潜力的地区包括 Katwe、Kibiro 和 Buranga，同时临近于乌干达西南部峡谷以及北部的一些地区，尽管展现了某些火山的地质特征，但同样也有某些地热能出现的可能。目前已经在这些地区发现了合适的地下岩石温度，大约在 120℃~200℃。但是到目前为止，乌干达仍然没能充分利用这些已被发现的地热能。在坦桑尼亚，尽管它的中心地带就处在东非大裂谷——这个十分有利于发展地热能的地理环境附近，但目前仍然没有任何努力付诸地热能的探索工作。在该地区，对地热能的唯一开采工作就是肯尼亚政府对东非大裂谷进行的相关工作。

图 2.2　肯尼亚奥卡瑞地热能发电站

2.5　石油燃料

到目前为止，在东非仍未发现任何大规模的石油储备，但每个国家政府依然投入了大量人力和财力在本国的石油勘测工作上，这些都是在政府部门的合作下完成的，尤其是在监督石油行业所进行的相关活动上。举例来说，在坦桑尼亚，坦桑尼亚石油开发公司（TPDC）会负责石油工业的各类活动，这包括从石油的开采、生产、提纯、储存到分配；在肯尼亚，则主要由肯尼亚国家石油公司负责以上活动，而肯尼亚管道公司（KPC）则主要负责将所有以石油为基础的燃料分配到主要的存储设施。在石油分配子行业里，个体部门的参与十分频繁，而且这将成为石油通过的地区的加油站及整个石油输送网将石油燃料供给终端使用者的中坚力量。尽管大部分的石油公司都是跨国公司，但最近几年它们已经把大部分的股份卖给了当地公司，这样更有助于加强它们对当地能源的控制。在该地区有超过15家不同的石油分配公司，其中包括美孚石油公司（MOBIL）、英国石油公司（BP）、美国德士古石油公司（CALTEX）、荷兰皇家壳牌石油公司（SHELL）、法国道达尔公司（TOTAL）、法国埃尔夫公司（ELF）、法国菲纳石油公司（FINA）、肯尼亚石油公司（KOBIL）以及意大利阿吉普石油公司（AGIP）。一些新的石油公司最近也进入了该地区的石油市场，而且正在拓宽它们的销售网络，争取覆盖整个地区，而这些公司主要都是东非本地的石油公司。它们大部分首先选择进军乌干达和坦桑尼亚市场，进而打开整个东非市场，因为这两个国家的市场不如肯尼亚市场竞争激烈。在不同程度上以石油为基础的燃料（柴油和汽油）都是运输行业主要的能源，而煤油，另一种以石油为基础的燃料，则是主要的照明能源，这在农村地区和城市地区的中低收入群体中更为突出。

2.6　水能

水能是该地区主要的发电能源，而且尽管超过90%的农村人口无法使用电力，但一系列的工业生产却主要依赖于此类能源。电力因此可以被认为是工业化进程中的主要驱动力，扮演着至关重要的角色，亦如石油在运输行业的角色一样。无论是石油还是电力，它们都是任何国家极具商业价值的能源类型。通常情况下，当谈到发展中国家的国家能源计划和战略时，必要提及的便是石油和电力能源。事实上，在东非地区，能量这个词就是指电力，而燃料或能源就是指石油。尽管该地区的电能使用还不足所有能量消耗的4%，而石油也不足20%，然而它们对政府来说却是最重要的能源商品。石油由国外进口至该地区，不需要任何特殊的发展计划，但是水能却主要在本国发展，所以需要详细的生产规划。由此，对电力子行业进行认真的分析变得尤为重要，这其中自然包括水能资源在农村能源供给战略中的潜在重要性。在肯尼亚，电力主要通过水能、地热能和由燃料支撑的发电机产生。目前该国家的发电能力大约是 1085 兆瓦，但大部分设备的发电能力低于这一水平，导致这一结果的原因可能包括由于长期干旱而导致水坝里出现间歇的低水位，这样有效的发电功率仅有 1032 兆瓦，然而居民对峰值功率的需求也比较低，平均只有 890 兆瓦左右。整个国家的电力分配主要由政府所控制的肯尼亚电力与光照公司（KPLC）所垄断。当然水能并不是用于发电的唯一能源，还存在其他形式的能源，如热电联产或一些燃油发电机，这些都不包含在公布的设备容量上，因为它们中很多都无法用于公共消费。如果将所有能源都考虑在内，那么发电能力将达到大约 1200 兆瓦，但其中变数仍然很多，故此发电能力有时也会由于各种因素而低于需求量，这不得不迫使分配者对电力实施定量分配。一年内的降雨量如果小于预期值，则这一年被认为是干旱年；但如果雨水过多造成水坝被淤泥堵塞也会造成水量降低，进而导致发电量降低。肯尼亚水力发电的一个重要方面就是其大于一半的设备容量都是由塔纳湖这一条湖泊产生。（见表 2.2）依靠塔纳湖进行发电的主要发电站包括马辛加水电站、Kamburu 水电站、Gitaru 水电站、达鲁马水电站以及凯姆贝尔水电站，它们一起被称为七岔口水力发电站，发电总量可达 563 兆瓦，占肯尼亚发电总量的 60% 左右。这几个发电站不仅仅是沿着一条河排列开来，它们同样与临近的水库相互串联起来，这样每个水库就可以利用其他水库首先产生的水压了。马辛加水电站的水坝同样也是主要的水库，在干旱的季节为其他水电站提供水资源。几个水电站这种串联的形式以及它们仅依靠一条河流发电的情况则大大降低了它们抗干旱的能力，如此最可能出现的后果就是在这条河流及流域经历干旱期时，整个国家很可能面临间歇的电力短缺，即使其他地区的雨量充裕也不例外。事实上，这些电力公司已经经历了好几次不得不与独立的紧急电力生产商进行仓促的协商，以弥补短期的电力短缺情况了。为了降低电力短缺的风险，一些规划正在投入实施，争取通过发展新设备和改造旧设备，实现到 2008 年为止设备容量增长 392 兆瓦。关于这些规划，独立的电力生产商也有望参与进来，它们可以通过签订有效期 20 年的电力购买协议，到 2008 年为止投放 80 兆瓦的电力。有关从坦桑尼亚通过阿鲁沙利用 330 千伏的传输线向内罗毕引入电力的计划也可能纳入考虑范围之内，因为乌干达很可能会因为国内电力需求的增加而降低对肯尼亚电力的出口。然而，以上所有发展措施都不可能降低电力成本或增加普通农村居民对电力使用的可能，此方面我们将在第 8 章进行详细的讨论。关于这些规划，可能唯一有意义的方面就在于它可以增加电力供给的多样化，而不仅仅局限于七岔口水力发电站的发电能力上，由此增加电力供给的保障。

表 2.2 肯尼亚发电情况（大型水力发电站）

发电站	位置（区/河流）	发电能力（兆瓦）	投入使用时间	蓄水能力（百万立方米）
马辛加水电站	塔纳湖	40	1981 年	1560
Kamburu 水电站	塔纳湖	94.2	1974 年	地下发电站，由马辛加水坝供水
Gitaru 水电站	塔纳湖	225	1999 年	水流通过 2.9 公里地下管道从 Kamburu 水电站导入
达鲁马水电站	塔纳湖	44	1968 年	水流通过 5 公里地下管道从 Gitaru 水电站导入
凯姆贝尔水电站	塔纳湖	144	1988 年	585（由 Kamburu 水电站供水）
特克韦尔河发电站	西波克	106	1991 年	1600
大型水力发电站产生的总装机容量		653.2		

七岔口水力发电系统的串联结构非常有意思，它之所以能得到赞赏，可能主要由于它的建筑成本非常低。除了能将水流从一个发电站引导到另一个发电站外，所产生的电力在某些情况下也可以传输到另一个发电站，然后再传输到肯尼亚的首都内罗毕。举例来说，在马辛加水电站产生的电力可以首先传输到 Kamburu 水电站，接着再传输到内罗毕；类似地，Gitaru 水电站产生的电力也可以首先传输到 Kamburu 水电站。这表明由七岔口水力发电系统产生的电力，如果要传输到内罗毕，仅能通过 Kamburu、达鲁马以及凯姆贝尔这三个水电站。除了七岔口水电站和特克韦尔河发电站外，肯尼亚还有一些小型水力发电站，其中一些至今已有 50 年历史，而且仍然在继续使用。一些欧洲的移民者在 20 世纪前叶和中叶曾经向肯尼亚引进许多小型的水力发电机，但一方面由于政府对小型水能的利用缺乏兴趣，另一方面由于这些机器的维护费用随着使用年限的增加而不断增加，很多此类发电机已经不再继续使用了。表 2.3 详细介绍现在仍在继续使用的水力发电站。小型水力发电系统的发电能力分布在 400~800 千瓦，主要用于一些种植茶叶的高地，在那里，一些欧洲定居者仍然在经营农场。在同一个地

区的 Tenwek 医院，现在就在使用 400 千瓦的小型水力发电设备为照明提供电力。肯尼亚最早从 1919 年开始利用小型水能，而且通常情况下，与零件或维护知识匮乏等类似条件下使用的其他类型的发电技术相比，它的表现已经相当出色了，至少它们中还有一些现在仍能使用。一个有关肯尼亚小型水能发展潜力的调查表明现在还有 100 多家小型水力发电站可以用于 10 千瓦以上的发电。

表 2.3 肯尼亚小型水力发电站

发电站	位置（区/河流）	发电能力（兆瓦）	投入使用时间
梅斯克发电站	马拉瓜	0.38	1919 年
Ndula 发电站	锡卡	2	1924 年
塔纳湖发电站	塔纳湖上游	14.4	1940 年（3 机组）（1953 年新增 2 机组）
萨加纳发电站	塔纳湖上游	1.5	1952 年
Gogo 发电站	Migori 湖	2	1952 年
Sossiani 发电站	Sosiana 湖	0.4	1955 年
Wanjii 发电站	马拉瓜	7.4	1955 年
由小型水力发电站产生的总装机容量		28.08	

坦桑尼亚的水力发电量不如肯尼亚，但其分布较广。该国家的所有水力发电业务目前由一家国有企业垄断，即坦桑尼亚电力公司（TANESCO），政府目前已在制订计划改变这一状况。坦桑尼亚全部的水力发电能力有 561 兆瓦，如表 2.4 所示。基达图发电站是坦桑尼亚最大的水力发电站，其设备容量可达 204 兆瓦；其次是基汉奇发电站，其设备容量为 180 兆瓦；其他发电站的发电能力一共还不到 100 兆瓦，其中以 Nyumba ya Mungu 发电站的设备容量最少，仅 8 兆瓦。另外还有一小部分水力水电能是从赞比亚和乌干达等邻国引进的，分别为 3 兆瓦和

表 2.4 坦桑尼亚水力发电量

发电站	设备容量（兆瓦）
基达图发电站	204
基汉奇发电站	180
Mtear 发电站	80
潘加尼发电站	68
黑尔水电站	21
Nyumba ya Mungu 发电站	8
合计	561

10兆瓦，这些电能主要用于满足临近这些国家的地区居民的电力需求。

在乌干达，此类发电属于东非地区规模最小的，一部分原因是因为乌干达确实面积小、人口少，但另一部分原因则是20世纪80年代由于连年的国内战争而导致了几项发展项目停滞不前。尼罗河确实能给当地带来大量的水能潜力，带动当地小型水利水电设备的发展，但由殖民主义者或当下以教会为代表的非政府组织引进的相关设备也仅有一些。自20世纪80年代国家恢复和平状态起，当地就发现了一些适合发展小型水利水电技术的位置，从此开始制订相关计划，动用当地专家和设备，开始发展小型水力发电站。到20世纪90年代中期，在西尼罗河地区展开的调查表明已有大约80个小型水力发电站有待被建立，其发电能力也将达到2~600千瓦不等。而关于大型水力发电站——Nalubale水电站，坐落在欧文瀑布东南角，位于尼罗河之上，是该地区最古老的大型发电设备，长期以来它的发电能力一直保持在180兆瓦左右，而最近随着Kiira发电站的规模扩大，其发电总量可达到300兆瓦左右。这一扩大于2001年开始，当时预期可以增加200兆瓦的电产量，但最终只有120兆瓦用于国家电网发电了。这两座位于尼罗河上金贾市附近的发电站是乌干达最主要的水力发电源。同样，这些水电站的管理工作目前仅由乌干达电力委员会负责，这一点同肯尼亚和坦桑尼亚的垄断方式十分相似，但最近引发的改革也旨在改变该地区的此种局面。

2.7 火力发电

坦桑尼亚作为东非地区面积最辽阔的国家，目前正在经历着比其他两个姊妹国更加严峻的电力分配问题。由此，该国家选择使用火力发电的方式来为其分散城镇和村庄供电。其中一些发电公司可能与国家电网连接供电，其余则作为单独的供电设备直接供电。那些与国家电网连接的火力发电公司主要出现在大城镇或城市，所以我们经常可以在达累斯萨拉姆市、姆万扎县、塔波拉区、多多马区、穆索马区以及姆贝亚区看到此类公司。它们的发电能力大约可达80兆瓦，但由于某些操作的原因，在实际中只能产生50%的电量。而独立的火力发电公司主要服务于人口稀疏的偏远地区，使用此类发电机的地区主要是姆特瓦拉区、基戈马区、恩戎贝河区、林迪市、通杜鲁、马菲亚、姆潘达、Ikwiriri 区、利瓦莱、松盖阿市、基尔瓦马索科以及马塞区，其发电能力可达 31 兆瓦。坦桑尼亚的火力发电情况非常特殊，而且受到了坦桑尼亚政府的一项社会经济政策的大力支持，这项政策自 1961 年国家独立起就一直在实行。该政策鼓励人们集中居住在公用的村庄里，而且政府有责任支持社区习得基础设备使用的努力，而这也是小城镇得以获得它们的发电机的主要途径，但是许多这类发电机随着时间的推移正面临着各种问题。除了这些古老的火力发电机以外，最近投入国家能源行业的一些独立的电力生产商还发现了一些更加经济方便的火力发电机。由此，其中一家电力生产商——坦桑尼亚独立电力公司（ITPL）已经生产了 100 兆瓦电力，并全部销售给了坦桑尼亚电力公司用于分配。另一家独立的生产商——坦桑尼亚发电公司（SONGAS），现在已经产电 120 兆瓦了，而这一公司主要使用坦桑尼亚可用天然气进行发电。其他一些独立的电力公司还包括坦噶尼喀瓦特公司（TANWAT），其发电能力有 2.5 兆瓦；基畏那煤电有限公司，其发电能力为 6 兆瓦。这两个公司都是使用火力发电机发电的。

　　同坦桑尼亚情况相同，肯尼亚也有很多火力发电公司，但它们大部分由肯尼亚电力公司（KEGEN）控制，然后它再把电力销售给电力分配公司——肯尼亚电力与照明公司（KPLC）。其中，最大的火力发电系统是坐落在印度洋蒙巴萨岛上的凯皮乌市的一个发电系统，该系统有三大不同的发电方法：火力发电、柴油发电和燃气轮机。第一个凯皮乌火力发电机于 1955 年投入使用，到 1976 年为止已经发展到七台机器了，而且这些发电机都是利用燃烧石油的筒式锅炉进行发电的。这几个机器中，前五个已经由于使用时间长而渐渐被淘汰了，而其余两个则仍然以发电功率为 63 兆瓦的发电能力继续运行着。第一个凯皮乌燃气轮机于 1987 年投入使用，其设备容量可达 31 兆瓦，而第二个燃气轮机则与 1999 年投入使用，设备容量可达 32 兆瓦，这样所有燃气轮机的设备容量就可达到 63 兆瓦。而凯皮乌柴油发电机是在 1999 年投入使用的，具备 73 兆瓦的设备容量。同时，在内罗毕，还有另一个燃气轮机，其投入使用时间为 1972 年，设备容量则可达到 13.5 兆瓦，为内罗毕南部供电。所有这些火力发电公司都与国家电网相连，但同时还有三个独立的火力发电公司坐落在偏远的城镇，它们分别是：具有 2.4 兆瓦设备容量的加里萨发电厂，为肯尼亚东北部偏远的加里萨镇提供电力；为位置独立的拉姆岛提供电力的拉姆发电厂；马尔萨比特火力发电厂。马尔萨比特是位于肯尼亚北部一个独立的城镇,那里有大量的危险分子,使建设国家电网变得相当困难。当然也有一些独立的电力生产商也在使用火力发电,但它们对肯尼亚整个火力发电行业来说,没有太大的影响。其中一个此类电力生产商是查沃电力公司,具备 74 兆瓦的设备容量,其他的火力发电商大多分布在 Lanet 小镇 (55 兆瓦)、埃尔多雷特 (55 兆瓦)、恩巴卡西 (105 兆瓦) 以及 Ruaraka (105 兆瓦)。肯尼亚所有的电力生产商,包括由政府控制的肯尼亚电力公司 (KNGEN) 在内,都会把电力销售给唯一的电力分配商肯尼亚电力与照明公司 (KPLC)。

东非的另一个国家乌干达则是从水力发电站获得本国大部分电力的,由火力发电系统产生的电力还不足 5 兆瓦。这可能是因为与坦桑尼亚和肯尼亚相比,乌干达的面积更小,因此由集中的大型水力发电站分配电力可能并没有那两个国家那么困难;除此之外,乌干达的电力产量较其他两个国家也相当低。乌干达最近在电力部门的改革旨在吸引一些独立的电力生产商,此外他们可以加强使用火力进行发电。如果这一改革可以达到预期效果的话,那么乌干达在火力发电方面的能力一定会大幅度提高。

当下的政治将会把三个国家紧密联合在一起,这同样也有助于其他两个国家可以利用坦桑尼亚生产的煤矿和天然气实现更多的火力发电。

2.8 热电联产

在使用热电联产进行产电时,不仅会产生电力,同时还会在同一设备中产生其他产品,如过程热。同时,此过程中产生的电力也被认为是继该设备所需生产的核心产品之后产生的二级商品。举例来说,木材厂需要电力运行机器,同时它们还会产生大量的木材废渣,而这又可以用来生产电力;类似地,制糖厂也需要电力,但生产的却是蔗糖,它们需要大量的热量为锅炉供热,而这些热量主要是通过燃烧甘蔗废料(甘蔗渣)来获得的,同时来自锅炉的蒸汽又可以带动涡轮机发电,由此它们的主要产品是蔗糖,但生产蔗糖时产生的蒸汽也可以用于为自身发电。此类发电技术在全球都得到了认可,而且许多工厂多年来一直在使用此类技术,只是由于法律对电力部门的控制,禁止利用这些电力营利。这对于一些国家来说是非常不利的，因为在这些国家里，大部分社区对生物质能源的依赖程度非常的高。因此，热电联产尽管极具吸引力，又十分廉价，但却没能在东非被完全开发出来使农村人口受益。在坦桑尼亚，热电联产主要通过锯木厂实现，如圣希尔和坦噶尼喀瓦特公司；同时也会在蔗糖加工厂实现，如坦噶尼喀种植公司（TPC）、基隆贝罗制糖公司、姆蒂布瓦蔗糖园以及喀格拉河蔗糖公司。其中一些公司，如坦噶尼喀瓦特公司，已经在充分利用以上技术向坦桑尼亚电力公司（TANESCO）销售电力以用于全国销售了。然而，政府现在已经越来越倾向于将电力生产作为商业产出的一部分，同时考虑将它出售以加快国家经济的发展。在肯尼亚，也有大量的制糖厂以及其他以农业为基础的公司，它们同样有能力提高其热电联产的水平，但同样没能对公共电力供给做出任何贡献。这些制糖厂包括索尼糖业、恩佐制糖、文鸟制糖、凯梅里尔制糖、穆霍罗尼制糖、农药和食品公司以及基苏木蜜糖工厂。所有这些工厂都坐落在肯尼亚的西部，而且也有能力为当地提供大量的电力。它们都与维多利亚湖十分接近，而且与坦桑尼亚的喀格拉制糖公司以及乌干达的卡基拉制糖公司一起分布在湖区附近，可以有效地为湖区附近的居民服务。卡基拉制糖公司已经在筹划将其产电能力提高到15兆瓦或以上，以实现将剩余电产量销售给乌干达电力委员会的目标。这些公司试图通过积极进行热电联产以实现商业分配的想法非常先进，因此应该得到各自国家政府的鼓励与支持。肯尼亚的这7个制糖厂平均可以产生大约180万吨的蔗糖渣，而这其中有56%可以用于热电联产，实现25兆瓦的车间用电设备容量。剩下的废渣不得不处理掉，而这可能会给公司带来一些损失，但如果出台一些合理的能源政策和激励机制的话，它们也可以用于发电，在为公司带来额外的收益的同时，也可以提高整个国家的发电能力。

2.9　太阳能及风能

太阳能可以直接用于提供热能和电能，而风力中的动能也可以通过发电机转换为电能，或再通过适当的机械连接转换成机械能。所有这些最终形式的能量在任何现代国家的需求量都极高。有关太阳能和风能的转化技术已经取得了充分的发展，而且它们的效率和可持续使用的特征也在全球得到了证实。东非地区恰好位于赤道两侧，因而全年都有充足的光照可以用于太阳能转换。这里同样有一定的地理和气候特征，保证其风能也能转换成有用的能源。然而这些能源在该地区都没有得到充足的开发，其原因主要在于目前的国家能源政策和所实施的战略都没能给予这些能源应有的关注。尽管有关能源政策的文件都涵盖了这些领域，但是相关的战略实施仅限于对相关能源的进口方的实施税率减少，或最终仅以华而不实的政治口号而告终。

在过去的几年，当地制造太阳能热水器的能力得到了极大的提升，但相关的宣传工作却没有得到任何支持。这一现象在肯尼亚和坦桑尼亚都存在，在那里，当地制造的太阳能热水器已经广泛应用于个体消费者和医院、宾馆等机构。以坦桑尼亚为例，姆万扎县的 Bugando 医院、辛吉达区的 Makiungu 医院、莫罗戈罗宾馆、阿鲁沙市的 77 家宾馆、乞力马扎罗基督医疗中心以及辛吉达区的马尼奥尼教堂等，都只是使用太阳能加热系统机构中的典型代表。总体来说，在坦桑尼亚安装有超过 600 台太阳能热水器。同时，这些地区还安装有一些光伏太阳能系统用于发电。一些风力机主要用在农村地区抽水工程上。在坦桑尼亚的丘尼亚天主教大教堂有一个享有盛名的风力发电机，它可以为教堂提供 400 瓦的电力，当然这些电力主要用于照明。

无论在太阳能热水器的使用数量上，还是所安装及使用的光伏电池板的数量上，肯尼亚在这几个地区中都处于领先地位。一些机构，如医院、学校和宾馆，都在使用大型的太阳能设备，而小型的太阳能设备则主要用于服务城市附近或农村的家庭。据统计，肯尼亚目前安装并使用着超过 5 万台光伏电池板，用于不同水平的发电。一些大型的国有企业，如邮政和电信企业还会将太阳能光伏电池板用于它们自己的通信系统，以提高其通信服务在全国的覆盖率，甚至可以涵盖那些无法使用国家电网进行供电的偏远地区；负责野生动物保护的国家组织同样也会使用太阳能光伏电池板，它们主要用在给防护栏加电上，进而将动物限制在规定的狩猎区。肯尼亚的市场非常适合发展此类设备，但是同样一个问题仍然出现，那就是政府的支持仍然限于税收优惠上。在肯尼亚，目前有两个风力发电机的生产商，而且它们生产的大部分涡轮机都只用于抽水。然而，在肯尼亚电力公司（KENGEN）运行着的两个风力涡轮机，它们可以为内罗毕附近的恩冈地区提供 350 千瓦的电力。这两个机器是在欧洲国家的帮助下从国外进口而来的，那些欧洲国家当然有更丰富的操作大型风力发电机的经验。同时，这两个风力发电机的成功运行也证明了该地区确实有充足的风力可以用来发电。第三个风力发电机同样位于马萨比特地区北部偏远的城镇，但这一个有些特殊，这是因为它是该国家唯一一个混合动力/风力涡轮系统，其功率可达 200 千瓦。这些都只是肯尼亚用于发电的风力发电机中比较有名的几个。然而，肯尼亚仍然有大量使用风力发电机的潜力，因为一方面肯尼亚的风速普遍较高，有 50% 以上的地区每年平均的风速可以达到 3 米/秒，另一方面肯尼亚有两个本土的风力发电机生产商，信誉可靠，而且可以提供包括零部件在内的一系列售后服务，这两个生产商已经在当地生产并销售了许多风力发电机，而这些风力发电机主要用于本国内不同地区的抽水工作。

在坦桑尼亚，目前已经有很多的精力放在可用于抽水的风力发电机的发展上了，但仅有相对较少的精力放在风力发电机上。例如 20 世纪 80 年代，政府相当支持安装风力抽水机来为以辛吉达地区为主的一系列村庄提供水资源，一些车间也在政府的支持下建立起来以促进典型风力抽水机的生产。这类生产车间主要分布在乌本戈、达累斯萨拉姆适用技术工程大学的工学院（现属于农业机械化与农村技术中心的一部分）。这些车间尽管取得了一定的发展，生产并测试了一系列的风力发电机，但是这些机器的高成本却极大阻碍了它们在整个国家的广泛发展。

乌干达的情形与以上略有不同，因为政府并没有对风力发电机的发展提供充足的支持。那些正在运行的风力发电机主要是由一些非政府组织安装的，如罗马天主教教会和乌干达教堂。其中一个政府机构——卡拉莫贾开发局，尽管安装了一些风力抽水机，但它只是乌干达地区唯一一个使用实例。

有关风力发电机在整个东非地区的应用已经可以清楚地表明，无论是在风力发电机的应用，还是在当地风力发电机的生产上，该地区都表现出了极大的潜力，不仅如此，该地区确实有很多地方可以为发电提供充足的风力。

2.10　生物质能

生物质能源包含一系列广泛的材料，这其中包含了气态的、液态的和固态的，如沼气、发生炉煤气、酒精、木炭和木材。在东非地区的城市贫民窟、半城市化地区以及农村地区，木材是主要的能源，尽管它对国家经济几乎没有任何贡献，但我们仍将对它进行细致的讨论。长期以来，人们可以从居住的环境周围获得木材，因此很难想象会有人买来木材然后作燃料。但当下，木材数量急剧下降，很多木材燃料也开始作为一种商品在当地市场上销售了，即使在农村地区也不例外。然而，与其他能源比，木材燃料的价格仍然很低，而且很多人仍然可以不通过买卖的形式获得它。木材同样还是一种非常值得研究的能源形式，很多能源专家发现即使在现在，要想知道木材作为能源的具体数量，也是十分困难的，因为这里没有标准可以用来决定它的具体能源性质，不仅如此，木材也没有固定的性质。除了木材品种多种多样外，每一种木材也可能根据它的水含量的不同而具备不同的能量价值。尽管木材中的水可能没有热能值，然而它却可以减少每单位重量的木材的净热能值，因为它具备热容量以及蒸发时可能发现的潜伏热，这些都会在温度升高至燃烧点时从木材中摄取能量。表2.5列举了一些在水含量不同时，木材中不同的能含量。木材同样十分笨重，而且根据水含量的不同，重量也会发生变化，所以如果考虑到它所产生的能量的话，它的运输成本普遍很高。木炭则由木材加工而来，虽然含有原木材大约50%的能量，但却只有原木材重量的25%左右，而且与木材相比，木炭存储时间可以更长，它的发热值甚至可以与

表 2.5　木材和木材产品的能值

	水含量	能含量（兆焦/千克）
木材	100%~120%	8.3
	15%~20%	16.4
	8%~10%（bone dry）	19.3
木炭	5%~10%	29.0
木煤气	—	7.0

某些工业级的煤炭相比。这些特征都保证了它成为城市低收入人口中非常受欢迎的一种能源，因为他们的存储和烹饪空间很少，如果使用木材则会十分困难；另一个优势就是它在燃烧时不会产生太多的火焰，以避免给使用者带来危险和不适，它在燃烧时只会发热，然后产生所需热量。

在肯尼亚，生物质能源在全国能源消耗中所占的比例已经从20世纪80年代的80%降低到了目前的72%；而在乌干达和坦桑尼亚，它仍然能为全国能量消耗贡献大约90%。这可以直接表明这些地区的城市人口仅占总人口的很小一部分。关于在肯尼亚生物质能源的消耗量过低的原因，可以归结于所谓农村贸易中心数量的迅速增加导致这里的小型贸易者都在努力推出他们自己的生意，这样居住在贸易中心的居民开始倾向于使用煤油进行烹饪和照明了。正如第1章所讨论的，这些贸易中心的发展同样会随着国家电网的扩展而加快，所以一些成功的贸易者开始使用电力和液化石油气来为家庭提供能量了。但其中最主要的原因是年轻人群在城市里寻找工作机会的比例增加了。据估计，目前有30%的肯尼亚人被城市化了。肯尼亚的经济发展同样也高于坦桑尼亚和乌干达，这同样也解释了为何肯尼亚具有相对较高的人均清洁能源消耗和较低的生物质能源使用率。然而，从表1.5、表1.6和表1.7我们也可以清晰地看出，所有东非地区的农村人口对生物质能源的依赖程度依然相当得高，这同样也表明尽管生物质能源的获得方式越来越困难，但它仍然有充足的数量可以满足需求。许多人开始意识到它作为能源的关键作用，因而开始种植大量的树木，同时又能使用这些植物废弃物来继续作为能源。仅肯尼亚、乌干达和坦桑尼亚在林业方面的总规划就可以表明，农场中木材的数量在不断地增加，而它们在其他土地形式下的数量却不断地减少。这告诉我们普通民众在一定程度上已经认识到了生物质能源再生的重要性，而且认为在农场中种植树木是一个可被欣然接受的措施。在农场中种植的主要树木品种包括银桦、桉树类树种、柏树类树种以及各类水果树。

2.11　结语

本章讨论了东非几种重要的能源形式，其中一些在当地就可以获得，而其他能源形式则需要从其他国家进口。这三个东非国家——肯尼亚、乌干达和坦桑尼亚都盛产一系列的可再生能源，但考虑到其数量和一些能源，如地热能、煤炭和天然气等的可用性问题，每个国家的情况还是各不相同的。①

---

① 详细信息可参考书后参考文献 [8，11，17，20，32，43，45，53，54，55]。

第❸章 东非能源潜力

3.1 引言

许多发展中国家的能源消耗情况不能被很清楚地记录下来，因为人们往往利用他们能够容易找到的任何廉价材料充当燃料，因此，成本和来源成为了最重要的考虑因素。在非洲东部，能源的来源一般如下：

柴：这是最常见的能源的来源，大约90%的农村家庭和10%的城市家庭使用柴火。这些人中大约有80%是采集免费的柴火，其余的有的定期购买，有的购买一些用以补充采集的不足。柴火主要用于烹饪和取暖。

木炭：使用木炭的人群中，城市居民占了80%，而农村居民则不足20%。这个地区的人均木炭消耗量大约是150千克，这使得木炭成为一笔重要的贸易额，在财务方面，这笔支出高达石油进口花费的一半。

木材废料：利用木材废料的人在逐渐减少，20世纪80年代，报道显示有超过5%的人使用木材废料，20世纪90年代已不足3%。这是因为能够使用木材废料（比如锯末）的专门的炉子的数量减少了。

农业残留物：农业残留物的利用主要是在农村地区，而且是季节性的，在丰收季节时有大量的农业残留物可以利用。然而，长期利用这些农业残留物将会影响土壤肥力的改善。

沼气：沼气作为能源加以利用，无论在农村还是城市，都是微乎其微的，但在一些以饲养家畜为传统的地区，沼气的开发利用还是很有潜力的。然而，沼气的开发却迅速蔓延到其他并不饲养家畜的地区，那些地区已经有一些农民和机构建立了沼气工厂。因此，沼气开发利用的潜力将会持续增长。

煤油：大约95%的农村家庭和90%的城市家庭主要用煤油来照明。据估计，农村家庭的人均煤油消耗量大约是40升，城市家庭的人均煤油消耗量大约是90升。相当大一部分城市居民用煤油照明和烹饪，这就是城镇煤油消耗量如此之大的原因之一。

液化石油气：液化石油气通常作为代用能源或者紧急能源使用，因此消耗很少。在城市地区，液化石油气通常作为更加昂贵的电力能源的辅助能源，或者在煤油紧急短缺时使用，而在农村地区，它通常和柴火一起使用。液化石油气的使用受到限制还因为配电盘的一些特殊的组件是不能互换的，例如，道达尔石油公司所使用的液化石油气气缸就不能被其他的公司使用，因为它的调节器和其他的配电盘的调节器是不能互换的。

电力：电力资源是最现代最方便的能源。同时它也是最清洁和用途最多样的能源，电力可以用于各种家用电器，比如收音机、电视机和冰箱等。但对于大多数家庭来说，电力是很昂贵的，即使是在电力随时可用的城市地区，长期用电的家庭也不足50%。在电力设备不是很健全的农村地区，情况会更加糟糕。城镇的这种用电状况就已经充分地证明了这个论断：即使电力可用，也只有极少数家庭会用电。这个地区几乎所有的电力都是由政府控制的设备所发，其中60%是由大型水电站所发，其他的则由地温发电机、石油发电机和燃气发电机所发。可再生能源，例如风能、太阳能、热电联产，从未用于发电。

事实很清楚，能源的选择范围还是很大的，但不幸的是，出于某些目的或者技术应用能力的有限，尽管有些能源已经在非洲东部加以利用，但还没有被充分纳入官方能源的考虑范围之内。从长远来看，为了这个地区的持续发展，估算可利用能源的数量还是很重要的。这一信息使那些能源规划师，或者想要投资能源行业的企业家能够做出一些决定，使他们能够根据能源的可用性、消耗趋势以及数量决定开发或投资哪种能源资源。我们提到过，最终用户主要需要以热、光或者电为形式的能源，以便用于操作家庭用品、装备和家用电器。如上所述，非洲东部的能源来源主要是水能、燃料能源、地热能、石油、天然气、液化石油气、煤炭、风能，太阳能以及生物质能。除此之外，可充电的铅酸电池、用于紧急照明和家庭娱乐的干电池也得到了广泛地运用。这些能源里面有的相对更贵，但仍然被那些贫穷地区的居民使用。这其中的原因我们将在后面谈到。

在非洲东部，一些关于能源潜力的讨论似乎没有多大用处，因为当地没有这些能源，而且这些能源的获得与否还必须取决于这个城市经济发展的好坏。出于这种考虑，石油作为一种能源来源的潜力将不会被讨论。然而，在一些地区，尤其是肯尼亚、坦桑尼亚和其他被探测出存在石油迹象的地区，已经开始寻找石油能源，但能否发现经济可开采的石油能源还不清楚。同样，乌干达、坦桑尼亚迄今为止都没发现可开采的地热资源，但是，一些研究和调查依然在进行着，试图证明这些国家有存在地热能的可能性。其他的资源，比如天然气和煤炭，在这些国家依然很稀有，坦桑尼亚是它们中唯一一个拥有一些天然气和煤炭的国家。那些只有个别国家才有的能源的潜力正在被相关国家讨论着。然而，我们不得不注意到，如果这种石油消耗的趋势仍将持续的话，伴随着人口的增长，交通以及其他相关行业的扩展，那么非洲东部将会需要越来越多的石油。这就意味着不断增长的石油进口开支将在长期内削减这些国家对其他重要项目的投入。因此，尽管对进口燃料我们不做详细的讨论，但值得一提的是，对进口需求的不断增加将会阻碍国家的整体发展进程。正因为如此，除了它们有限的自然资源，这些国家应该开发更多有吸引力的能源，以此来取代石油能源的垄断地位，使消费者有更多的选择。

3.2　水能

尼罗河的发源地——维多利亚湖几乎坐落在非洲东部的中心，它有时会被看做是非洲的心脏。尼罗河是唯一一条流出维多利亚湖的河流，而其他的几条河流都是流入维多利亚湖的，尤其是从肯尼亚和坦桑尼亚那边流过来。尼罗河横过乌干达，然后流向埃及，途经广阔的苏丹领土，在那里和源自埃塞俄比亚高原的青尼罗河汇合。它是世界上第二长的河流，据测量，从乌干达的维多利亚湖到埃及的地中海，全长约 5580 公里。尼罗河流量高达 600 立方米每秒，可以提供给乌干达 2000 兆瓦的水电能源，但大部分仍然未被开发。尽管拥有如此得天独厚的水电资源开发条件，乌干达对其的开发仍不足 20%，它仍然是非洲东部电力化最不发达的国家。乌干达未来的能源发展还是很有优势的，因为尼罗河流经城市的中心，这就使得建立一个能够供应全国电力的中心发电设施变得经济可行。不过，对于乌干达这样的小国家，大型水电站大坝的建造将对环境和群众安置产生巨大的影响，所以水电站的发展还是要慎重考虑。表 3.1 显示了一些已确定建造的水电站。欧文瀑布大坝（Kiira 大坝）（见图 3.1）和其他水电站没有包括在表 3.1 中，因为它们已经投入使用了，但是这些水电站也有进一步扩大的潜力。表 3.1 中显示的一些水电站地点遭受了环保主义者的坚决反对，但出于国家发展的目的，经过慎重考虑，政府还是决定建造。尤其是在布加加里（见图 3.2），那里被看做是重要的文化和生态景点。乌干达大部分水电潜力都在尼罗河沿岸。还有一些河流上建立了一些小功率和中等功率的水电站（见表 3.2）。

到目前为止，乌干达一共设立了 20 多个中小型水电站。它们遍布各个偏远的区域，远离了主要的中心大型水电站的位置——金贾镇的维多利亚湖，方便在当地建立独立的能源公司，为偏远农村地区的居民以及一些机构，比如学校、医院等提供电力。乌干达政府已经计划了许多小型水电站工程，这些小型水电站有望增加 30 兆瓦的电力能源。这些水电站包括西尼罗河水电工程（5.5 兆瓦）、鲁昆吉里-布谢尼能源项目（4.6 兆瓦）、凯塞塞斯农村电力化工程（5 兆瓦）和布赛卢卡水电站工程（15.6 兆瓦）。和肯尼亚、坦桑尼亚比起来，乌干达的领土要小很多，所以一个全国性的电网也许会更加有效。像乌干达一样，肯尼亚的水电能源主要依靠一条河流，五个发电站凭借塔纳河的七叉系统连接在一起。塔纳河的潜力并没有被完全开发出来，它可以生产更多的电力能源，木同伽大瀑布、亚

表 3.1 乌干达的水电潜力

水电站	预计产量（兆瓦）
阿雅沟	580
默奇森瀑布（卡巴黎噶）	480
卡拉加拉	450
布加加里	320
卡如玛（卡姆蒂尼）	200
预计总产量	2030

图 3.1　乌干达尼罗河上坐落在欧文瀑布上的水电站

图 3.2　水电站开发下饱受争议的布加加里瀑布

表 3.2　乌干达小型水电站潜力

河流	预计产量（兆瓦）
艾右河	0.3
巴尼奥依河	1.3
那依卡库毕库伽河	0.2
姆潘加河	0.4
那依卡库巴里河	0.1
阿塔卡河	0.2
卡塞瑞河	0.2
卡盖拉河	2.0
尼亚伽克河	3.0
卡酷河	2.2
穆瑞巴河	0.5
瑞米河	1.5
伊莎莎河	6.0
赛格黑河	6.0
巴布库河	7.5
马瑞瑞河	11.0
穆塘沽河	12.0
中小型水电站预计总产量	54.4

当森瀑布和戈拉瀑布都将在未来得到进一步开发。然而塔纳河所流经的地区人口密度相对较小，电力需经过长距离输送才能到达一些大城市，诸如基苏木、蒙巴萨和首都内罗毕。除了塔纳河，还有许多小型的永久性河流，发源于东非大裂谷的西部边缘，流入维多利亚湖，这些河流可以用来建立中小型发电设施。有一些地方，例如麦右河、来休塔河和欧德瑞口河上的麦格瓦格瓦、松都麦右以及埃瓦索恩吉河上的欧来图瑞特都已被肯尼亚电力生产公司确立为开发目标。但仍然有100多处地方可以开发更小型的水电站，例如亚拉、阿西、马拉和塔克威尔水系。在凯里乔高地，有一些小型河流可以用来发展水电，事实上这些水系的可利用性已经被充分证实了，这些区域通过水力发电可以自给自足。在坦桑尼亚，估算的4700兆瓦的水电潜能大约被开发了15%。鲁菲吉河、马拉河和卡盖拉河以及它们的支流使得坦桑尼亚大小水电站都能够建立。单单鲁菲吉河就被确定能生产出2000兆瓦的水电。鲁马凯利的水电工程和其他已经建立的水电站，都能通过扩大规模而增加产量。

从表 3.3 我们很清楚地看到，与乌干达和坦桑尼亚相比，肯尼亚不具备发展大型水电站的潜力，但是在小型和微型水电站方面却独具优势。因此，肯尼亚应该优先发展小型和微型水电设施，依靠散布在全国各处的无数的小型永久性河流，尤其是在西部地区，那里到目前为止仍然没有水电站。一旦完工，拥有 60 兆瓦的松都麦右水电站将成为肯尼亚西部唯一一个大型水电生产设施。塔纳河其他的水电站并没有在表 3.3 中显现出来，但也有可能依靠七叉水系发展起来，不过，任何关于这个系统的举措都必须经过深思熟虑，因为这个行动可能会触碰到这些水电站的漏洞，从而引发水灾，这种可怕的事情曾经发生过。

表 3.3 肯尼亚和坦桑尼亚的水电能源潜力

肯尼亚	兆瓦	坦桑尼亚	兆瓦
松都麦右	60	开汉斯河上游	120
埃瓦索恩吉恩吉右	90	如玛卡里	222
埃瓦索恩吉盆地	90	Ruhidji	358
		马希格拉	118
		斯蒂格勒峡谷 I	300
		斯蒂格勒峡谷 II	750
		斯蒂格勒峡谷 III	350
		曼德拉	21
		姆潘加	160
合计	240	合计	2399

总体看来，非洲东部拥有超过 6000 兆瓦的水电潜力，可以满足这个地区所有的用电需求，到目前为止，这个地区水电能源需求量的峰值大约为 2500 兆瓦。然而，想要达到这个目标，仅仅凭借一个由大型水电站所支撑的国家电网系统是不行的。一方面，建造这些大型水电站的费用超出了这些国家的经济承受能力；另一方面，这些水电站的建立会给当地环境带来长久的隐患。维持这个现有的，仅能覆盖全国很小一部分地区的电网系统已经很困难了。这些地区的小水电潜力如果能够发展为独立的机组，或是在国家经济转好以后连成电网，将会大力促进农村地区的电力化进程。这简直算不了什么，因为非洲的水电潜能占全世界水电总潜能的 27%（大约 78 万兆瓦），而南美占了 20%（大约 57.7 万兆瓦）。剩余的 57%分布在世界其他地区（西欧、美国、加拿大、东欧、亚洲等）。然而非洲仅仅利用了它不到 5%的水电潜能，相比之下，水电潜能拥有量比它少的南非却开

发利用了更多。非洲大陆需要向像中国这样的国家学习经验，中国拥有广阔的领土，遍布着一些中小型的水电系统，这些水电系统有些是由当地乡镇独立操作的。到目前为止，中国的水电潜能大约开发利用了40%，大约有5万个小型的水电机组，为农村地区提供了大约6000兆瓦的电力能源。中国的这种独特的农村电力化方法要归功于微型的水电站计划，这种微型水电机的产量最高是100千瓦（0.1兆瓦）。事实上，有些工厂的产量甚至更小，最多只有5千瓦，叫做微微型水电站计划，这种微微型水电机已经出口到其他的国家，尤其是远东地区，以促进当地农村的电力化。这种机器安装过程简单，操作所需的压头不足5米，重量不会超过50千克。安装完以后，每千瓦的成本大约300美元。越南已经成为中国家庭水电系统的主要消费者，这种家庭消费系统的产量从50瓦到1000瓦不等。如今河内也开始生产类似的装置，而且即将投入市场。这种简单的机器需要至多2.5米的压头，流量大约0.02立方米/秒。比如说，一个1000瓦的系统，需要2~4米的压头和大约0.08立方米/秒的流量。这种微型和微微型的水电装置技术已经发展得很成熟了，如果能被非洲的发展中国家所采用，将会对农村地区的电力化做出巨大的贡献。非洲东部是能够发展它巨大的小水电潜力的，这样实际上可以为农村的交易中心、学校、地方和地区的行政设施、渔产养殖场和其他的贸易中心提供所需的能源。非洲东部大部分已经建成的水电系统产量为100兆瓦。总体上这些水电设施是由国家控制的，满足这个地区大约60%的用电需求。

据显示，私营部门在最近几年已经开始积极地进口和安装太阳能光伏发电器、柴油机、汽油发电机，这表明国家提供的能源远远达不到全国用电总需求。这种被抑制的需求是由国家政策所导致的，消费者需要为电力供给支付长期的费用，这也成为一些消费者不选择用电的关键因素。消费者需要为连接这些装置付出昂贵的费用，却不能拥有装置的任何一个组件是需求被抑制的又一个重要原因。国有企业是不大可能无偿地改变这些政策的，但是，小型水电系统却一定能解决这些区域的农村住户的用电问题，它们的价格相对低廉，而且由社区或者独立的电力提供者所控制。图3.3显示了非洲东部及其周围城市安装的小型水电系统，这些还远远在它可利用的能力之下。

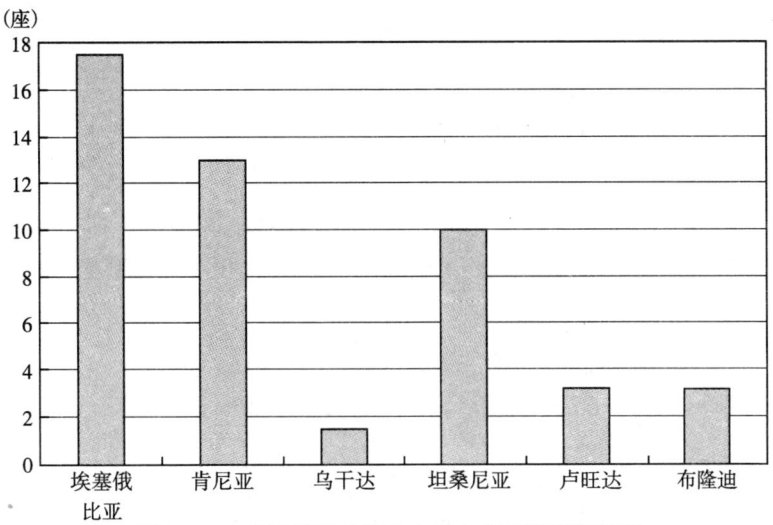

图 3.3　东非及其周边城市小型水电系统安装情况

3.3　热电联产

热电联产是发电的一种方法，是在这个区域尤其是农村电力化的各种尝试中最有可能获得成功的一种方法。这种方法已经在以农业为基础的各种工厂中得以实施了，比如造纸厂、制糖厂、木材厂，但是能源厂还没有运用这种方法，因为这种能源还没有计划公开销售（见图 3.4）。这些工厂运用大批的农业产品作为原材料，因此为了鼓励农民种植这些原材料，交通成本必须尽可能得低，这样才能保证工厂和农民都能获益。因此，这些工厂都尽可能地建在离原材料来源近的农村地区。它们作为独立的电力生产商的潜力有待更深层次的挖掘，只需要增加一点投资，因为它们用的是原材料的一些副产品来生产少量的电力。然而这样生产出来的电却不能卖给第三方，因为营业执照、电力配送法律法规在过去从未允许这样的工厂发电。另外一个重要方面就是政府会计划和选择合适的地方来建立这些工厂，这样的话，那些农村地区又被排除在用电核心区之外而无法用电。与原来只出售一样产品相比，这些公司既可以销售电能，又能销售它们的核心产品。这样的话，这些公司既可以降低电力的价格和它们主打产品的价格，又能保持足够的获利。热电联产对于这些公司来讲潜力巨大，前景广阔。倘若这种行为能够合法化和正规化，非洲东部有许多以农业为基础的工厂，可以给附近地区提供电力。这个地区最能从热电联产中获益的要数非洲东部的维多利亚湖区域，那里聚集了很多以农业为基础的工厂，这些工厂已经在发电并用来自给自足了。维多利亚湖周边大约有 8 个大型的制糖厂和至少 5 个联合工厂（糖蜜厂和造纸厂）可以发电，它们的电力产量可以对这个地区的发展做出重要的贡献。如果这些工厂升级到拥有更大的产量，有些工厂的发电潜力可以高达 300 兆瓦甚至可以更高。在这个地区，对热电联产能力的挖掘将会很大程度地提高国家能源的多样性，节省目前用来进口化石燃料发电的外汇。表 3.4 显示了坦桑尼亚的热电联产能力。大部分公司都能提高它们的能力，事实上这些公司也确实计划这样做以利用新的能源政策。例如坦噶尼喀种植公司（TPC 有限公司）多年以来一直保持着 4 兆瓦的发电量，最近（2005 年）提升了它的产量至 20 兆瓦，而且计划将多余的电力卖给国家电网。

图 3.4 基苏木糖浆厂以及它未开发的热电联产潜力

表 3.4 坦桑尼亚的热电联产潜力

发电厂/公司	产量（兆瓦）
卡盖拉糖业公司	5
马迪布瓦糖业公司	4
基隆贝罗糖业公司	3.4
坦噶尼喀种植公司	20
圣保罗山锯木厂	1
坦噶尼喀瓦特公司	2.8（已向坦尼斯可出售电力）
总产量	36.2

表 3.4 所显示的产量是基于公司的能源需求，事实上它们拥有更大的潜力，在目前的操作技术范围内还可以提升到更大的产量。其他的有热电联产潜力的工厂包括索尼、穆霍偌尼、切米尼尔、米瓦尼、恩佐亚和缪米尔斯糖业公司（见图 3.5），它们坐落在西肯尼亚。在维多利亚盆地里，那里只有一个产量为 2 兆瓦的 Gogo 水电站。乌干达的开凯瑞糖业公司也建在靠近维多利亚湖的地方，同时也临近乌干达欧文瀑布上的最重要发电站。它的电力产量可以在符合成本效益的基础上和乌干达国家电网合作，事实上它正打算把它的总产量 15 兆瓦中的盈余卖给国家电网。肯尼亚西部省份的缪米尔斯糖业公司即将成为第一个全力进军商业化热电联产的以农产品为基础的公司，在最新的规定允许独立能源制造商存在的

图 3.5 维多利亚湖区域的一个制糖厂

条件下，它正准备向电力配送公司——肯尼亚电力照明公司出售它的电力。热电联产在这一地区拥有巨大的潜力，尤其是非洲东部（维多利亚湖盆地），那里的热电联产潜力十分惊人。总体来说，这个热电联产设施的分布和新设施点的选址都使得热电联产成为农村电力化工程的最佳选择。

3.4 便携式发电机

大型的燃料发电机对于独立的电力制造商来说是最有吸引力的发电设施，尽管它们需要更多的资金来操作，因为这些发电机需要具体的燃料投入。非洲东部大约有90%的人口无法利用电力资源，人们甚至怀疑即使他们可以用到电力资源，他们也不会去用电。有一部分原因是因为这些农村地区的家庭生活极度贫困，如果用电的话，将会加剧这种贫困状态；另外一部分原因可能是政府采取了一些政策抑制了用电需求。所以电力问题不仅仅是能不能用到电和成本多少的简单问题，而是一个社会问题。热力发电机也无法把电力的成本降低到农村地区的家庭能够接受的范围。然而，对于定期有一大笔收入的农民来说，拥有和操作自己的发电装置以及担负运行成本还是比较有可能的，因为他们有能力购买一些便携式发电机。所以对于这些地区来讲，利用一些小型的便携式燃料发电机发电来提供家庭用电是完全有可能的。尽管这些便携式发电机的成本和购买价格昂贵，它们还是已经投入使用了。人们只有在有需要时才会用到它，比如婚礼和葬礼上的照明或者其他特殊的场合。它能否得以推广将取决于它的价格的高低，目前它已是农村地区的一些中产家庭和富人们的一种选择。即使是对这些人来讲，这种发电机也只会在特殊场合用到，因为它的运行成本很高。

3.5 天然气、煤炭及地热能

地热能、煤炭和天然气在这个地区的分布并不均匀：乌干达没有这三种资源；肯尼亚只有一些地热资源，没有天然气和煤炭；坦桑尼亚没有地热资源，但是有些煤炭和天然气。这三个国家一直在寻找更多的这类资源。据估算，坦桑尼亚的天然气大约有 300 亿立方米，分布在松戈岛和麦纳瑞海湾。坦桑尼亚的这些天然气可以用来生产大量的电力，目前他们正计划改装已有的热力发电机以便使用天然气来发电。然而一些研究表明，操作天然气发电机花费太大，这样会增加电力的成本。坦桑尼亚西部，靠近尼亚萨湖北端的麦克克玛储存着一些煤炭资源，这些煤炭资源在未来的 40 年内能够生产 400 兆瓦的电力。另外，科维诺的煤矿也能够生产更多的电力。到目前为止，天然气和煤炭都还没给这个国家的电力生产带来很大的影响，尤其是家庭用电，但是它们对国家电力来说还是有很大潜力的。

坦桑尼亚广阔的领土和遍布各地的自然资源将给农村地区未来的电力化发展带来福音。尽管有一些研究表明坦桑尼亚存在地热资源，但是目前仍没有任何具体的开采计划。在乌干达，也有类似的研究强烈表明，在布蓝伽、凯特沃和卡布鲁区域有大约 450 兆瓦的地热能源，但也没有被开采。肯尼亚是这个地区唯一一个已经开始利用地热资源的国家，位于东非大裂谷中部的欧凯瑞拉地热站已经生产了超过 100 兆瓦的电力资源。肯尼亚电力生产公司和其他独立的电力制造商正在继续寻找更多的地热地点，已经挖掘了许多的勘探井，并且极有可能找到新的开采点。目前，欧凯瑞尔和卡比如附近都已经被探测过，巴林戈湖附近也勘探过，因为那里有温泉，但是仍然没有任何实质性的发现。目前的形势表明肯尼亚的地热资源超过 1000 兆瓦，而且有计划在 2017 年以前另外再开发利用 600 兆瓦。利用地热资源发电有望降低肯尼亚电力资源的成本，因为地热资源被认为是这个地区最为廉价的资源。

3.6　太阳能

事实上，20 世纪 70 年代的能源危机所引发的寻找替代能源的过程中，太阳能转化为电能的技术才被引入非洲东部。这里大部分城市家庭和几乎全部的农村家庭都不能用到国家的电力，所以太阳能资源可以在国内能源供应中扮演一个重要的角色，尤其在照明方面。在非洲东部光伏市场发展的初期阶段，那些零件的进口主要依靠其他国家的捐赠资金。20世纪80年代，国内太阳能转化为电能的技术日臻成熟，同时光伏材料生产的研究也在当地的各大高校开展起来。尽管由于缺乏组织支持和世界级先进技术导致非洲东部国家在太阳能领域里的成就并不显著，但这些研究还是大大减少了光伏组件的成本。光伏系统在肯尼亚、乌干达和坦桑尼亚还是很有潜在市场的，但是，因为农村地区信息资源的缺乏和太阳能分布点稀少，要更新设备和投入使用还是受到了社会许多领域的限制。据报道，1996年，乌干达有4万~6万的家庭安装了太阳能系统，形成了超过1兆瓦的光伏系统。除了这些家用装置以外，在过去的10年里，这一地区有几百台冰箱被装上了太阳能，用于疫苗的安全存储，还有几个水泵工程也开始计划安装低成本的太阳能装置，太阳能灯也已经在这一地区开始使用了。非洲东部的人口超过了9000万，而且还在稳步增长。这些人中的大多数都需要用电，尤其是用于家庭照明，太阳能也许能为他们解决这个问题。但很重要的是，当地应该提高太阳能安装技术以及售后维修，这样才能使用户放心使用太阳能装置（光伏系统、太阳能炊具、太阳能热水器、太阳能烘干机以及太阳能灯等）。这个地区光照充足，如果政府能够采取一些适当的推动措施，鼓励和奖励居民购买太阳能装置，太阳能能源还是很有可能解决农村的电力问题的。光伏发电也能吸引一些独立的电力生产商。100瓦的光伏电池板能供4个人使用，按这样的使用率计算，2400兆瓦的太阳能电力就能满足这个地区所有的家用照明，按每瓦特3美元的价格来算，成本约为7.2亿美元。肯尼亚的发电量已经达到1200兆瓦，但是超过90%的人都还用不到这些电力。很显然，肯尼亚已经投资了几百亿美元在电力输送设施上了。据2003年的统计，肯尼亚有14万平方米的太阳能集热器用于生活用水的加热，只有10%用于家庭，剩余的都用于宾馆、医院和大学之类的机构。太阳能的潜力确实巨大，但不幸的是，在非洲东部的这三个国家中，太阳能资源的发展都没有得到足够的重视。事实上，如果人们足够敏感并能正确地了解和认识太阳能的使用及维修方法，他们会很满意太阳能装置能够自己拥有和操作这一特点，所以这样的装置在农村地区是会受到欢迎的。如果能够得到国家支持，太阳能的利用率将会得到很大幅度的提高。这一地区的平均日照量为每天每平方米21兆焦耳，最小日照量为每天每平方米15兆焦耳，最大日照量为每天每平方米25兆焦耳。拥有这样的日照条件却仍有超过8000万的人口用不上电，事实上它的家用太阳能发电潜力完全没有得到任何开发。

3.7 风能

我们看到这一地区有的风力发电机运用得很好。这明显表明非洲东部的风能可以得到成功的运用。高原、维多利亚湖盆地和山地区域的平均风速都可以用来发电和抽水。那些已经安装的风力发电机运行非常良好，产电量也在合理的水平。这证明非洲东部的风能应用有很大的潜力。在肯尼亚，两家当地的生产厂家，一个靠近内罗毕，另一个位于沿海省份，已经安装了超过总数350台一大半的风力抽水机。坦桑尼亚当地制造的风力抽水机数量也很可观。风力发电并不像风力抽水那样运用广泛。然而，位于内罗毕附近昂城的两个风力发电机（150千瓦和200千瓦）（见图3.6），以及位于肯尼亚马萨比特的200千瓦的风力发电机和位于坦桑尼亚丘尼亚天主教教会的400千瓦的风力发电机都充分说明了风电场在这一地区还是很有可行性的。一个被叫做坦桑尼亚传统能源发展和环境机构（TaTEDO）的小型非政府机构正在尝试推进风力发电机的发展，它在外界捐赠机构的支持下，在它的中心安装了一个容量为600瓦的小型风力涡轮机。在最近的发展中，坦桑尼亚政府加紧支持对北部坦桑尼亚风力发电的可行性研究，以最终决定能否在那里建立总发电量为50兆瓦的风力发电机。参与研究的丹麦机构确信穆卡姆巴拉区域的风速足够用来发电了。达雷斯达拉姆大学的研究者在萨奇特地区进行了另一项研究，发现那里的年平均风速为每秒8.3米，足够用来发电了。穆卡姆巴拉和凯瑞图也在尝试能否用风力发电，它们的年平均风速为每秒4.5米。足够多的证据表明坦桑尼亚的风力发电前景良好，因为它已经在风力抽水方面做了不小的努力，例如在穆苏玛、麻古、特莱姆地区风力抽水被用于灌溉。坦桑尼亚的其他地方也在利用风力抽水，比如在辛吉达、多多马和其他的地区。不过，风力发电作为一种选择还是要认真考虑的，风力发电更适合在农村地区使用，因为它不用燃料，发电设施相对便宜，尤其是对于那些偏远农村地区而言，这将是一个新的开始。

图 3.6　肯尼亚的风力发电机（昂山）

图 3.7 显示了肯尼亚一些地点的平均风速，很显然，非洲东部沿海区域的一些地点平均风速总体超过了 4 米/秒。马林达和拉穆的两个地点尽管相隔 100 公里，平均风速却几乎相同，因为它们都位于沿海区域。坦桑尼亚沿海区域其他地点的情况也大致相同。此外，非洲东部内陆也遍布着许多平均风速超过 4 米/秒

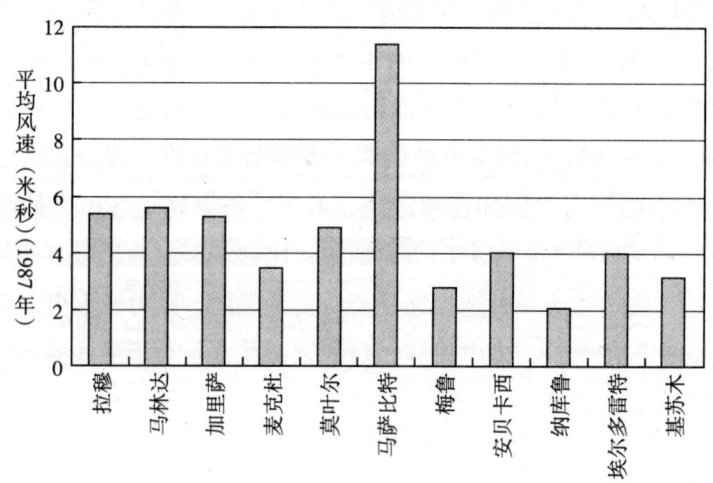

图 3.7　肯尼亚一些海拔高于 10 米的地点的平均风速

的地方，比如肯尼亚的马萨比特的平均风速约为 11.5 米/秒，因此这个地区的风力能源还是有很大的开发利用潜力的。

3.8 生物质能

当谈到生物资源，我们所指的是任何形式的植物燃烧所产生的能源（木头、草、灌木、农业废弃物、锯末和甘蔗渣等），包括它们的气体、液体和固体的产品，像甲烷（沼气）、生物柴油、炉煤气、乙醇（能源酒精）、牛粪和炭。一些所谓的热力发电机就是利用生物质能产生的蒸气来带动涡轮机的旋转。前面谈到的热电联产就是直接利用生物质燃烧所产生的热力。一些生物原料比如甘蔗，就能通过发酵转变为乙醇（也叫做乙基或者能源酒精），反过来可以用来调节以石油为基础的燃料的使用量，降低石油的消耗，尤其是在交通运输的附属行业里。这个方法可以用来减少一些贫穷的发展中国家进口石油的外汇。更长远地说，乙醇可以用于工业发展的各行各业，比如化工厂、医药厂和饮料厂。由于石油生产国的政治动荡而导致石油的价格突然上涨，非洲东部国家在石油进口经费上已不堪重负。因此，这些国家已经在尝试把从生甘蔗和糖蜜中产出的乙醇混入石油，然后用来驱动那些传统的利用石油为原料的机器和交通工具。样机操作计划已经实施了。生物质能对于那些无力购买当地缺乏的能源的贫穷的发展中国家或者人民来说，是一种很有趣的能源。在非洲东部，生物质能源的用处多种多样，占据了能源总消耗超过 80%的比例，几乎所有的农村家庭运用的是生物质能源，主要是干木头，也叫做柴火。生物质能源最重要的一个方面就是世界上的大部分国家都能够生产大量的生物质，这就是生物质能源能成为发展中国家农村地区能源主要来源的部分原因——它们容易得到并且可以任意控制产量。除了作为能源，生物质还有许多其他的用处，比如建筑材料、家具原料，所以总体上看，生物质的需求量是很大的。幸运的是那些其他用处都需要高品质的木材，而用作能源时，一些树木枯枝、木材废料就可以了。这就意味着木头燃料可以从活树上取得而不用把整棵树砍掉，所以这些不同的用处之间并没有什么冲突。还有一个有趣的特征就是这些生物质作为能源来源并不需要专门的复杂的烹饪工具（炉灶），通常由那些使用者，一般多为妇女，设计和建造烹饪地点。也许是一个简单的由三个石头围成的设施，在中间放入木头点燃，或者挖出一个椭圆形的洞穴用以燃烧生物质。那些厨具就放在三个石头上或者是洞穴上。最近发明了一种便携式的木材燃料炉灶，在非洲东部的一些农村地区和学校传播开来。另外一个飞速发展的能源就是由生物质转化成的木炭，木炭便于储存和运输。它的消耗数量要比木头少一点，主要用于那些没有空间存储木头的家庭里，尤其是在那些中等收入和低收入的城市家庭里。这些家庭和农村地区的人口占非洲东部总人口的90%以上。生物质能发电的潜力很大，同时生物质能源设施用来燃烧各种生物原料比如煤饼、锯末、木炭渣、枯叶、稻米壳和咖啡壳的炉灶，也有很大的开发潜力。鉴于以生物质为能源来源的人口数量如此之多，以及生物质在其他能源形式中重要的角色，我们认为生物质能源在任何农村能源发展计划中的地位都不容忽视。考虑到农村的现状——简陋的茅草棚、困苦的生活以及他们的饮食习惯，在短期内都不会有太大的改观，生物质能源的发展作为能源系统的一个完整的部分必须认真对待。最重要的一点是生物质能源可以转化为普通的能源形势（热力和电力），也可以转化为气体和液体能源，比如沼气、炉煤气和乙醇。这种转化技术也许目前在非洲东部还很落后，但是有很大的提升空间。此外，木炭作为一种高温生物燃料，它的生产和利用已经得到了很好的普及，但是人们需要学习和发展怎样高效地将木头转化为木炭的技术。从整体上看，整个大环境还是很适合发展生物质再生产项目的。例如，将生物质转化为乙醇在肯尼亚地区是一种减少石油进口的可行性方法。20世纪70年代的能源危机对非洲东部国家的经济造成了不利影响，在那时，比如肯尼亚，仅进口石油的经费就占了进口总额的35%。从那一时期起，人们开始了生物质转化为乙醇的可行性研究。从甘蔗中提取乙醇，然后混入进口的石油中，用以驱动传统的燃料运输工具，甚至不用改装发动机，这种方法曾给肯尼亚带来了一些减少石油进口经费的希望。如果石油、乙醇混合的比例恰当，可以减少20%的石油进口。为此，肯尼亚曾经研究了两种可供选择的方法：一种是运用肯尼亚西部的糖厂里的糖浆来生产乙醇，另一种则是直接从甘蔗里面提取乙醇。前一种方法更为经济可行，因为有许多积极的糖厂可以为乙醇生产厂提供糖浆。因此，肯尼亚在西部的糖带范围内曾经建立了两个工厂，一个是墨河鲁尼的农业化学和食品公司，另一个是基苏木糖蜜厂。除了乙醇以外，这些糖浆还会被生产出其他有商业价值的产品。非洲东部有几个积极的糖厂可以供应足够的糖浆来生产乙醇。然而，对当地的乙醇生产进行经济分析后发现，采用肯尼亚西部墨河鲁尼的农业化学和食品公司的技术来生产乙醇的成本比进口石油的花费还大。因此，只有出口乙醇，墨河鲁尼的农业化学和食品公司才能获得利润。但是减少生产成本至经济可行的范围还是有可能的。发酵、蒸馏、运用自生能源和廉价免费的糖浆，这些领域里都有提升生产效率的空间。这些措施再加上运用更加符合成本效益的装置，一定可以使生产乙醇的成本比进口石油要低。因此把乙醇生产、电力生产和糖浆生产结合起来是很有必要的，可以显著降低生产乙醇的成本。这个选择在非洲东部是很可行的，需要引起足够的重视，因为那里现存许多糖厂有足够的实力来通过热电联产发电，出售用于公共能源的消耗。因此，生物质能源拥有巨大的开发潜力，因为有多种方法可以把它从固体转化为气体燃料。然而，尽管生长着充满开发潜力的农作物，但这一地区没有任何运用生物柴油的经验，因此，这一地区对能源的研究和发展计划需要长远的考虑作支持。

3.9 结语

本章介绍了当地几种主要的能源资源，同时我们可以看出当地的大部分的可利用资源都没有得到开发利用。在这一章里，我们看到了各种能源资源的开发潜力。很显然，这一地区的可利用资源只有一小部分得到了开发，还有很大一部分的能源资源，尤其是可再生的能源，都没有得到开发。主要问题在于当地开发利用新能源的技术太落后，人们显然不愿意接受新技术，而且能源开发行动缺乏支持。更深层的原因在于他们对于一些具体的能源地点以及它们的商业价值——开发投资潜力的相关信息很缺乏。[1]

---

[1] 以上信息可参考书后参考文献 [1，3，8，9，11，17，20，22，31，32，34，43，44，60]。

第❹章 能源计划与供应

4.1 引言

20世纪60年代早期非洲东部的三个国家从英国殖民地中独立出来以后,能源的供给问题一直是这个地区最敏感和最棘手的问题。这三个国家都非常重视石油和电力资源,这两者也的确在交通和工业领域里扮演着重要的角色。然而它们对家庭生活并没有多大的影响,因为大部分家庭利用生物质能源(主要是木头和木炭);有些家庭连接了国家电网,他们把电力用于照明和家用电器,但通常不用于烹饪;只有极少数家庭用电烹饪,并且大部分家庭用电不需要很高的电压。这一地区的大部分的水电站生产出来的都是高电压的电力,主要用于工业设施。高电压也有利于电力的输送,因为输送过程中会有电力流失。中央电网的这一特征使得家庭终端用户用不起电力,因为他们仅需要照明和运行家用电器。对于农村地区来说,廉价的个体发电设施更具有吸引力,因为它主要用于照明,而且能够用于一些不需要高电压的乡村企业。政府不应该花费上百万美元去扩展国家电网,用以覆盖那些只需要照明和家庭娱乐的农村地区。令人惊讶的是政府忽略了这些选择。也许这就是为什么政府发现有必要加强国家对两种主要能源——电力和石油的生产和分配的垄断。政府有什么理由忽略人民的困境?我们总有这样或那样的疑问，但事实就是政府永远都只对高额的税收和巨大的财政收入感兴趣，这也许就是最好的理由。另外一点需要考虑的就是，排除那些被错误领导的国有企业以外，领导们认为让国家来管理一些特定的行业是很有吸引力的，完全没有考虑这样做的巨大损失。最近几年，非洲东部的一些国家将一些本质上以营利为目的的商业机构私有化，却没有提供合适的以供私有企业发展的环境。能源行业也在那些所谓的合作伙伴的严酷政策的打压下走向私有化。事实上，有些公用事业单位被偶然用于出于政治动机的项目的筹资甚至成为私人快速敛财的手段。这种现象在肯尼亚非常普遍，肯尼亚电力照明公司为一些令人质疑的目的而提供资金，却故意掩盖，解释为公司的一般性损失。很显然，纳税人的钱就这样用来抵消这种"损失"，会计人员的背后肯定有支持这种"好工作"的政治团体。然而电力附属行业的问题远远比纯粹的挪用公款复杂得多，主要问题在于它们总的管理体制、规章制度和与政府千丝万缕的联系。在坦桑尼亚，比如，坦桑尼亚能源资源公司（TANESCO）是唯一一个用于电力生产、运输和分配的公益组织机构，同时也是电力行业的一个政策决策者和规则制定者。肯尼亚的肯尼亚电力照明公司和乌干达的 UEB 都有类似的情况发生。这不是唯一的问题，营运表现和政府在分部门长远发展必需的财政投入上的无能为力都引起了人民普遍的不满。改革是很有必要的，不仅可以激活分行业的投资，还可以提高电力的生产量、运输、分配和销售能力。因此这三个国家都在能源行业实施了改革，首先改组机构体制，其次吸引私人投资，提高电力分行业的效率。改革的成本当然还是由那些曾经支持政府破坏分行业的合作伙伴所提供。为了实施改革，政府有望建立一些法规为其他机构分担政府垄断公司的责任创造一些条件，而且应该允许一些独立的能源生产商生产电力。一些敏锐的问题必然会被问到：这些措施能提高农村地区的用电率吗？采用什么样的方法才能减轻当前农村地区使用国家电力的沉重负担？能源行业的一个战略性目标就是确保人们有便宜的、可利用的和可信赖的能源使用，因此能源资源来源的多样性就变得尤为重要，同时自然灾害对总发电量和电力资源的分配也不会造成特别大的影响。能源来源的多样性和吸引私人投资电力生产，有望刺激可再生资源的开发和利用，比如太阳能和风能，但是政府需要做出更大的努力来营造一个合适的环境。节约能源以保护环境和资源匮乏的问题也随之而来。非洲东部还没有发现可开采的石油资源，石油资源主要依靠从中东地区进口，政府还将接着用它们有限的外汇来进口石油资源。有必要通过价格手段来限制这种进口，或者有效利用以石油为基础的混合燃料，以及利用其他的能源。因此，交通运输领域是减少石油消耗方面最需要特殊关注的一个行业，这意味着公路的设计和交通规则的设置都需要能够减少燃料浪费，而不是从经济的角度上增加交通工具的多样性或者把它们设置得如何方便、舒适和有吸引力。这些都具有相当大的挑战性，是那些仅仅局限于电力生产和分配的改革所不能涉及的。更长远的是，这些改革并没有提到大多数人的需求，他们仅仅需要热力来烹饪或者一点煤油来照明，而有些人甚至已经能够运用他们自己的资源生产热力用以自给自足。越来越多的农村居民选择用煤油，因为煤油可以少量购买，并且可以控制用量。电力的营运也应该采取这种方式，人们只需支付消耗的能源，而不包括各种组件，比如电表，那些都属于公共事业公司。电力连接费用的收取也应该多为用户着想，比如，这些费用的一半应该分为一年或者两年缴纳。预付费电表的采用也可以鼓励人们连接国家电网，因为它免除了人们以前无力购买电表的顾虑。坦桑尼亚的坦桑尼亚能源资源公司已经采用了这种方法，那里连接国家电网的需求有所增加，即使是在一些低收入的人群中。

非洲东部的能源供应挑战主要体现在以下内容中：

● 立法方面，对消费者非常不友好，挤占消费者福利：第一点是强制性征收最低常用费，即使用户那一时期没有用电。这是人们抱怨电力能源的最根本原因，也打击了一些用户打算连接电网的热情，尤其是在肯尼亚。第二点就是，如果用户要求连接电网，那么他就需要支付延长电网至用户家庭所需的所有材料费用。

● 立法方面，阻碍了投资者参与电力分部门：尽管这一点有望在提出的改革计划中得以改观，但是允许单个的电力输送和分配公司来操作还是不太可能。改革只会允许单个电力生产商把生产出来的电力出售给那些垄断机构，还没有先进到完全解放电力分部门。

● 人们的贫穷程度：这一地区的人们，尤其是肯尼亚，生活十分贫穷，有超过50%的人口生活在贫困线以下。在乌干达和坦桑尼亚，有大约36%的人口生活在贫困线以下。这是提高农村地区电力化程度的一个主要障碍。

● 土地私有法导致居民住房和"家园"过于分散：这种情况使电网的连接和延伸成本十分高昂，使得那些原本能够支付得起连接电网费用的家庭也很自然地不愿意连接电网了。

● 电力价格政策:许多因素影响了电力资源的定价,事实上这些成本都加在了消费者身上。这些成本中的大部分是长期的边际成本,包括固定的运营费用、维修费用和各种消耗费用,比如燃料保证金和间接成本,除此之外还有各种税收的税款,这些强制性收费也许是为了电力资源更长远的发展,比如用于农村地区的电力化发展。事实却令人失望,尽管人们缴纳了这些税收费用,但这些钱几乎没有用于原计划的目的。每个国家的实际税收都是不一样的。比如坦桑尼亚实施了减少税收的政策,尤其对于第二产业,但这项政策却使它的税收降到和肯尼亚一样。乌干达的税收低了很多,考虑到这一点,许多的企业选择了在乌干达建立工厂。

● 过度依赖水力发电:过度依赖水力使得电力公司时不时地需要配给电,因为水池里的水位太低。肯尼亚受此影响最大,因为它的五个主要的水电站都在同一条河流上,更糟糕的是,这五个水电站的主要水池都在一个大坝上。

● 频繁的电力中断现象:对于电力公司来说,电网的维修和维护是一个严峻的问题。电力的中断经常引起电力浪涌,破坏电力设施。据估算,消费者因为这样的电力浪涌而损失了上百万的血汗钱。据报道,在肯尼亚,这样的电力中断平均每个月大约11000次,而实际上的次数要更多,因为很多情况都没有上报。此外,非法连接电网也造成了一些损失,据估算,肯尼亚电力照明公司每年为此损失超过15000美元。

● 最后还有一些长期的管理问题导致了整体上的效率低下,包括猖狂盗用公款。

最后一条实际上是国际发展伙伴给当地政府施压要求电力分行业改革的最主要原因。他们的愿望是拆散完全由政府直接垄断的电力供应结构,打开电力分行业的入口,便于单个的、大部分来自更加发达国家的投资者参与进去。如果还需要加入更多原因的话,显然,所有有重大价值的能源都应该被考虑到,农村地区的电力化也应该被更加重视。然而改革并没有直接提到这些,尽管有些方面涉及其他能源资源的发展和农村的电力化问题。长期以来的证据清楚地表明,政府垄断管理结构导致了当地能源机构表现不佳,突出表现为不可靠的电力供应、低下的电力产量、漏洞百出的维护系统、高额的运输和分配损失、昂贵的电力成本和资金的周转无力。无论从哪个角度来讲,这些问题都十分糟糕,问题在于,改革会涉及所有的问题吗?这些贫穷的发展中国家还要在多大程度上、在多长时间内依赖以越来越高的代价进口回来的石油资源。据记录,世界上有超过75%的人口生活在发展中国家,这些国家对石油资源需求的不断增加将会给环境带来灾难性的后果,它会史无前例地加速气候的变化,加快全球变暖。如果需求不断增加加上大量石油储备点没有发现的话,世界石油储备将会急剧下降。因此我们必须小心保护石油和其他化石燃料。非洲东部国家的能源改革忽略了日益增长的石油消耗对这三个国家未来的经济和环境的影响。伴随着世界石油存储量的减少,下一次能源改革也许会强制性限制石油消耗。

在尽力谈到能源供应挑战的同时,我们也应该考虑到环境的保护、能源基础设施的完善、能源供给的稳定性和能源的多样性,同时需要特别关注农村地区的电力化,努力使所有偏远地区的人们都能够用上电力。所有的这些都属于能源供给挑战的内容。除了这些之外,人们还必须理解和认识到保护能源的必要性。

4.2 改革:当前的挑战

与世界其他地方相比,非洲东部的能源行业的改革相对缓慢,更大范围来讲,改革仅局限于改变传统的国家垄断电力的局面和允许单个电力制造商参与进来,目标在于弥补电力生产短缺和提高供应效率。这些问题对于制造业和一般的工业活动来讲具有很大的利益,但对于超过80%的用不上电力的群众来讲几乎没有任何意义。有人也许会争辩,即使这些人用不上电力,他们也能从工业总产值和电力产品中获益。然而,全球电力供应的关注点在于人们能否用上电力,电网覆盖的范围更为全面,自然而然地,人们才会有建立新的工厂的强烈愿望。非洲东部电力行业实施的改革根本上和事实上都是针对和影响电力分行业的。改革过程的主要转折点就在于修订非洲东部这三个国家从20世纪90年代下半叶实施至今的《电力法》。这些改革的主要目的在于创造一个有利于个体电力制造商发展的环境,同时分拆国有垄断企业。肯尼亚国家议会和乌干达国家议会在1997年和1999年分别通过了这些修订。坦桑尼亚的改革始于1992年,当时政府改变了政策,允许私人企业加入电力生产;1999年引入了一项新的改革政策;2001年议会法建立了电力和水力行业监管机构(EWURA)。这些政策影响大小的衡量标准在于和传统的电力供应商相比，个体电力供应商（IPPs）的数目多少和发电能力大小。数据表明，坦桑尼亚和乌干达的个体电力商参与电力生产的比例更大，环境也更加宽松，相比之下，个体电力供应商不太愿意在肯尼亚建立发电厂。

图 4.1 清楚地表明个体电力供应商对坦桑尼亚和乌干达都有很大的兴趣。在乌干达，个体电力供应商主要对水力发电感兴趣；而在肯尼亚，一些个体电力供应商都在利用地热能发电。然而大部分的个体电力供应商还是采用化石燃料发电，很显然这将会增加国家进口石油的经费。乌干达和坦桑尼亚巨大的水力发电潜力和政府的发展管理政策对个体电力供应商具有最大的吸引力。坦桑尼亚煤炭和天然气的发掘也吸引了一部分的个体电力开发商，但总体上看，电力行业的制度安排、管理政策才是大部分私有电力生产商最主要的考虑因素。在电力行业的管理、立法和制度安排重组方面，肯尼亚的肯尼亚电力照明公司、坦桑尼亚的坦桑尼亚能源资源公司（TANESCO）和乌干达的 UEB 先前的垄断体系都将被新的机构取代，从而解决电力生产和管理问题。简略地看一看电力法的修订案，在强调农村电力化、税收变化以及征税等问题上还是有一些不小的改动的。比如肯尼亚法案里，只是零星而有限地提到了一些农村电力普及的问题和电力化的过程，却给予总理相关权力介绍征税以及决定在哪里和怎样实施农村电力化。总理可能会建立农村电力化基金组织，但却没有制定具体的方针。而乌干达法案却重点强调了农村的电力普及问题，总理有权力和责任策划出一个可持续和合理的农村电力化方案及策略，建立农村电力化基金组织，决定补贴的标准和水平。更长远的是，总理有望管理和维护国家农村电力化数据库，用以协助管理农村电力化发展。很显然，乌干达很注重农村的电力化问题，肯尼亚似乎对此不是很感兴趣，甚至没有提到电力补贴的可能性。坦桑尼亚的农村能源管理计划包括了可再生资源问题和关于建立农村能源机构和农村能源基金的议案。这些改革都有望带动农村地区的能源发展，但是人们怀疑随着坦桑尼亚的坦桑尼亚能源资源公司私有化，配电公司将会失去实施农村电力化计划的热情。这些改革措施要发挥作用也许要等到很久以后，这也许才是能源供应所面临的真正挑战。在坦桑尼亚，能源改革始于 20 世纪 90 年代，当时国家正处于从社会主义的经济模式向自由的市场经济转型的时期，这同乌干达和肯尼亚的情况还是有一些细微区别的，所以世界银行提出的这些改革也许发挥不了真正的作用。下面是肯尼亚和乌干达的具体情况。

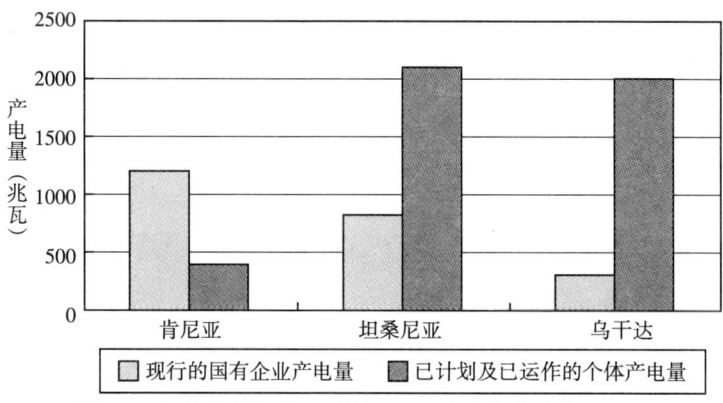

图 4.1　国家产电量和已计划及已运作的个体产电量对比

4.2.1　肯尼亚电力改革成效

事实上，在某种程度上，自从改革提出来以后，管理电力分行业的那些国有公司的表现得到了很大的改善。它们中有些已经清除了过去巨大的财政赤字，开始盈利。就坦桑尼亚能源资源公司来说，这种改善是因为公司聘请了专业的管理顾问来管理公司，努力提高它们的竞争力。而在肯尼亚和乌干达，这种改观是因为政府采取了严厉的措施来惩罚该公司低效率的首席执行官。肯尼亚的例子最为明显，当地新的执政者采取严厉的措施对付那些有意挪用公款的首席执行官。事实表明，即使没有改革，这些公司也能取得这样的成绩和管理上的一些进步。这并不是说改革没有必要，改革包括了很多方面的问题而不仅仅是公司的盈利能力，全球最关注的问题是两亿多的人口能否用上电力，因此我们期待通过这次非洲东部的电力改革使得电力普及程度得到大幅的提高。肯尼亚的情况却并非如此，尽管提出了改革，各项商业活动似乎还是照常进行。图 4.2 非常明确地表明，旨在改革的电力修订法案颁布前后，情况没有发生任何的变化。当然我们并不要求在短期内看到变化，但三四年后还是应该出现一些变化的。电力普及至所有人群的这种趋势没有得到任何政策变化的响应，这种情况更能表明改革在本质上是牺牲了农村电力化的利益来发展个体电力生产商和提高国有企业的财务表现。事实上，无论在城市还是农村，用不上电的人口还在持续增长。因此很明显地，新政策并没有全面地谈到农村电力化策略，而且也没有具体的行动指南。长远地看，改革可能会带给一些部门有形的利益，但也许不会给广大公民带来一丁点儿的好处，除非改革能全面地涉及减轻农村地区的贫困程度。

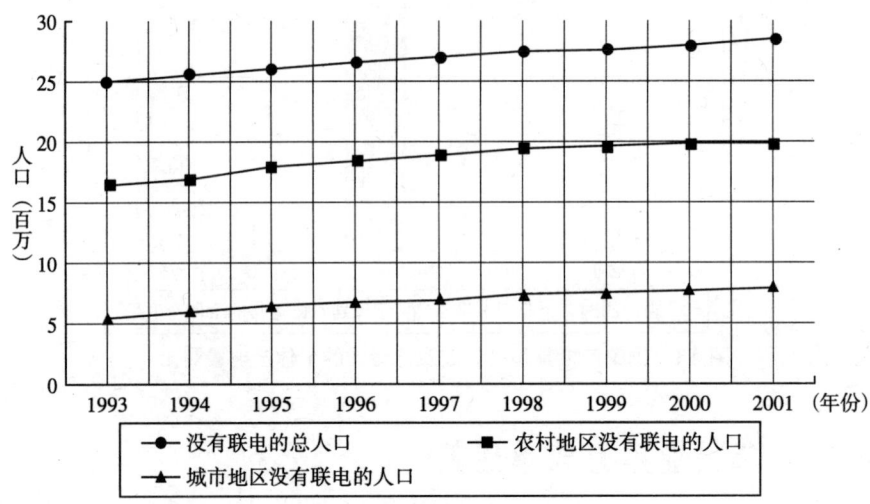

图 4.2　肯尼亚没有联电的人口

另外一个衡量改革加速电力普及程度的尺度是电气化率，电气化率指的是与前一年相比，在特定的一年里新的国内联电数目。在肯尼亚，政策转折点前后的电气化率都很低，这说明改革没有起到任何作用。事实上，在有些地方，电气化率在没有颁布电力修订法案之前还要高很多，这表明还有其他的一些因素影响了电气化率，比如单个联电成本的波动和人口的增多。肯尼亚电力照明公司为农村电力化所成立的基金同时也可以自由地用于弥补任何运营损失，这样的话，农村的电力化项目更不可能取得成功了。一个比较有逻辑性的结论就是，肯尼亚的农村电力化之所以效率这么低是因为政府对这个项目缺乏兴趣。而且农村电力化机构提出的议案出现在改革议程的最后，而且是事后提出的，它甚至都不是为《电力法》而提出的，这个事实也更加确定了这一点。肯尼亚电力照明公司将继续在农村电力化进程中扮演重要角色，鉴于它在濒临破产的境遇下刚刚复苏过来，它会更加关注提高公司的运营管理，而不是农村的电力化问题。为了维持增长，肯尼亚电力照明公司也许会继续关注城市地区的配电状况，因为国家电力的主要消费群体集中在那里，所以肯尼亚的农村电力化前景依然令人堪忧。

4.2.2 乌干达电力改革成效

乌干达的用电状况是非洲东部最差的，只有不到总人口5%的人能够用上电力。乌干达的用电状况和肯尼亚的情况一样，改革的重点不在城市和农村的用电人口，也不在国家的整体用电状况。图4.3给出了从1996年到2002年的详细状况。

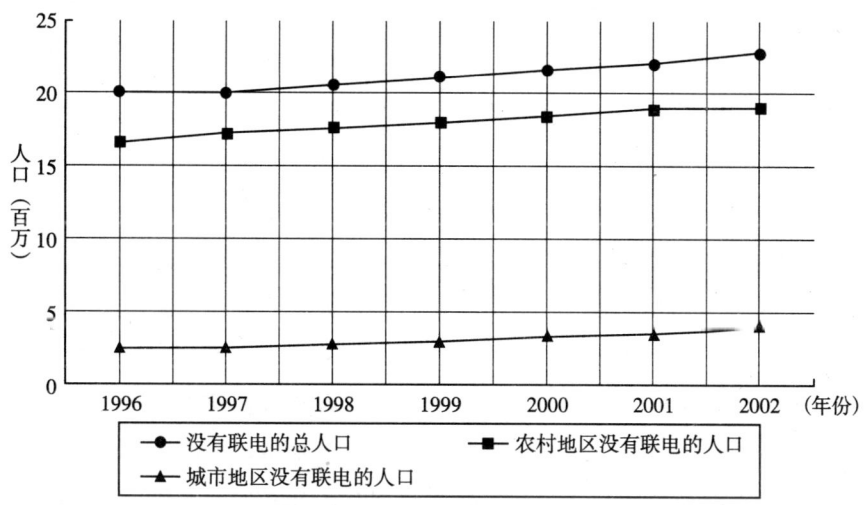

图4.3 乌干达没有联电的人口

从那些抽查的人口中可以看出，1996年以来用电人数总体上呈较大的上升趋势。1999年11月的《电力修订法》实施以后，这种上升趋势继续保持。和肯尼亚一样，《电力法》修订所引起的电力管理政策的变化没有给农村家庭的用电状况带来任何的改善。尽管有计划要实施农村交通运输能源工程，提高农村电力化水平，但是这个工程不大可能给农村家庭带来很大的好处。对这个项目产生质疑是因为项目制定的目标太低，要求到2012年农村用电人口达到10%即可，这说明政府在农村电力化问题上缺乏承诺和严肃性。非洲其他国家的情况表明在这一时期内，农村用电人口达到20%也是有可能的。人口的增长速度、高额的税收、硬性的支付模式、高贫困水平都将使上述目标变成一个和以往一样的单纯的商业数据，甚至破坏现有的上升趋势，导致无法实现适度的目标。值得指出的是，不解决人们的社会经济环境，却希望农村的电气化率得到很大的提升是不可能的。乌干达的电力改革已经进入了一个高级阶段，但是它关注的似乎是国有电力公司的私有化，在农村电力化方面并没有什么作为，尽管新的规定和政策明显在激励发展农村电力化。农村电力化的安排基本上和改革之前没什么差别，只是形式上有一些细微的改变，但政府依然牢牢地控制和干预着。比如，农村电力化董事会的领导者是能源部的常任秘书长，很显然这样的安排将会限制农村电力化董事会的自治权，掺入政治、财政和其他复杂的因素从而导致电力化进程无法顺利推进。这就是肯尼亚农村电力化政策失败的主要原因，乌干达的情况也是如此，尽管改革的初衷都是良好的。

肯尼亚和乌干达这两个例子充分显示了非洲东部地区电力分行业所面临的挑战，同时也证实了尽管改革声称能够提高电力化水平，这一地区那些所谓的公民还是无法从中获益。事实上，电力分行业的重组是精心设计的用来提高国有企业的财政收入，从个体电力生产商那里获取额外收入，提高工业和制造业的电力保障的一项措施。要想在农村电力化方面取得一定的成就，政府应该尤其鼓励农村地区的人们利用小水电、热电联产、生物质能、太阳能和风能来发电，同时认真解决农村的贫困问题。没有这些，农村的电力化梦想将永远不会或者至少在未来多年内都不会得以实现。目前政府似乎没有打算有组织地认真处理这件事，关于农村的电力化现状也没有一些适当的记录，甚至关于农村的能源资源和它们的开发利用潜力的数据都不够充分，剩下的那些可利用的数据对于投资者来说也不够准确。官方的能源目标是用作发放牌照的，此后就不再按此实施了。

除了电力方面的问题，石油分行业也有许多问题亟待解决。这一地区目前没有可开采的石油资源，农村地区的家庭对煤油仍然有很大的需求，主要用来照明，对政府来说，幸运的是农村地区的大部分人口还不具有随意购买煤油的经济实力，所以消耗还是很有限的。如果人们的石油需求达到现在的两倍，那么这一地区将会面临很大的经济压力。所以政府必须在当前或者不久的将来准备可替代的能源。考虑到这个地区的现状，这些可替代的能源应该是太阳能、生物质能、小型水电能和风能。这些能源所面临挑战是开发利用的技术缺乏，我们将在第 5 章讨论这一主题。

4.3　结语

显然适合这一地区能源发展的计划实在有限。各种各样的能源问题，包括有些能源资源的政府管理部门与能源一点关系都没有。这就很难制定一个清晰的能源政策，因为那些部门优先考虑了其他方面的问题。考虑到这些，能源供给政策将不能与能源现状很好地配合起来，因此也就很难实施。事实上有很多能源的商业价值并没有得到国家级的重视，导致能源发展不平衡，从而引起能源供应的不平衡。因此政府过度重视了那些关乎国家利益的商业能源的控制和管理，这实际上是完全没有必要的。可悲的是，这些商业能源，比如石油和电力只给极少数的公民带来利益。[1]

---

[1] 更多关于能源计划和供应以及政策改革的问题可参考书后参考文献 [6, 9, 10, 12, 22, 24, 28, 29, 32, 37, 39, 41, 42, 48, 49, 50, 52, 60, 61]。

第5章 东非替代能源技术

5.1 引言

我们可以观察到，东非地区的社会文化和极度贫困的现状已经将探索能源问题的解决方案的过程复杂化了。为了解决配电问题，我们必须将一种经过精心策划的能源战略付诸实践，以解决农民居住地的分散问题，而这恰恰是土地使用权政策及个人自由选择土地使用权的真实写照。除此之外，关于居民贫困水平的因素也必须考虑在内，以保证合理的电力消费税及可管理的支付方式。其中一个明显的方法是尽可能地赋予人们电力系统的使用权。这在一定程度上增强了人们参与的意识，进而才有责任感去维护电力系统的运行，促进其可持续性。另一个同样明显的措施是努力在社区内部开发能源，以避免长途输送所造成的大量开销。这就必须保证能源有一定的特征，如在需求量较大的区域必须有一个合适的开发点。这些要求就排除了许多传统能源，如水力发电和地热发电的可能性。这些对发电位置都有特殊要求，即如果地点不合适，就不能使用此种能源开发方式。最后要考虑的是在当地环境下主要能源输入的可用性，或在当地利用它们的可能性。考虑到以上特征，我们则不可将长期能源战略建立在如石油、煤、液化石油气等有限资源上，特别是如果那个国家这些能源匮乏时。东非不但没有石油资源，而且仅在坦桑尼亚有少量的煤资源和天然气资源。所以，在此区域合理的能源选择只有太阳能、风能、小型水力发电和生物质能。然而，如何高效利用这些资源，则要求有一定的科学技术手段和相应的有关临界规模的专业技术技能，这些技能必须作为能源发展策略的一部分。实现这些目标对于任何负责任的政府来说都并不困难，因为这四种能源在该区域储量丰富，而且如若实现那些目标，必须能对这些能源的转化技术熟练掌握。这就需要能源专家和决策者探索亟须受到关注的区域，并制定决策促进能源流通的发展。因此，以下章节将试图阐述关于四种能源的技术问题。笔者已努力在不破坏概念原意的基础上将其简化，并对太阳能给予了特殊的关注，因为此能源在东非是一种富有的可再生能源。它的发展将可能对农村能源状况，尤其是其光能的改善做出显著贡献。

5.2　太阳能热利用技术

普通的农村居民所需的能源，依据优先次序排序如下：
- 高温热能；
- 光伏太阳能；
- 娱乐所需的基本电力；
- 低温热能。

首要所需能源是居民用于烹饪和煮沸热水的高温热，其次是光。其他需求并非如前两者那样为生存所需，故目前的严肃问题是：居民如何通过合理的价格获得高温热和光所需的能源呢？由于任何能源的使用都需要特别研发的设备，如炉灶、照明工具，那么下一个问题则是：哪种能源可以随时用来维持相应设备的能耗？这些问题的答案将决定农村和城市居民选择的能源类型，并且将是一系列重大能源供应计划的一个开端。在东非，和其他赤道带一样，阳光充足，每天都能接收大量的太阳能。从全球角度看，地球表面所接收的太阳能高达 1.73×10^{14} 千瓦，大约是地球每年能源消耗量的 10^{14} 倍。这就意味着，如果能研发出高效的转化技术收集太阳能，那么太阳本身就可以满足全球的能源需求。太阳作为能源的重要作用曾一度限制在通信卫星和空间探索上，直到 20 世纪 70 年代的石油危机才使人们认识到它同样可作为发热和发电的重要能源。然而，自古以来，普通民众早已开始用太阳晒干他们的农产品，如谷物、蔬菜和鱼，以延长它们的保质期。但这种利用太阳能的行为常常被当作是理所当然的，因为在不使用任何特殊工具的情况下直接将农产品暴露在太阳光下简直不费吹灰之力。然而，这个过程还与产品的损失量和由于风、鸟及动物所制造的污染有关。此外，当时的热能并没有被充分利用，因为在此过程中对流和辐射还将引起大量的热量损失。如果能研发出专业的设备来将太阳能高效地转化成热能，那么我们就可以用获得的更高温度投入一系列的实际应用中。目前已存在一些广为人知的技术可以将太阳能直接转化成电能，以用于电灯和家用电器的使用。我们将在接下来的章节中讨论这些技术。

5.2.1　低温利用

即使是在温暖的热带性气候区域，低温热也有诸多应用。其中包括农作物、鱼类的晒干和集热水。东非经济的发展主要依靠农业生产活动，因此食品储存对每个家庭甚至整个国家都非常重要。玉米在肯尼亚大批生产，是当地一种叫做"乌伽黎（粗玉米粉）"主食的主要食材；水稻，另一种粮食作物，却是肯尼亚和坦桑尼亚沿海区域的大部分居民的主食；而香蕉则是乌干达大部分区域的主食。这些主食的制作都需要首先将农产品晒干，然后将其研磨成粉。晒干过程需要低温热，而这些低温热可以而且经常不使用任何昂贵设备直接由太阳获得。除了整个制作过程中的要求外，将这些农产品晒干至非常低的含水量，也可以延长它们的保质期。同样地，当地维多利亚湖中有名的沙丁鱼，当地居民称为"daga"或"omena"，是一种极易腐烂的鱼，但如果将其晒干、减少水分，它将可以保持良好状况并储存一年。由此，在没有电力和冷冻设备的情况下，太阳能干燥成为一种对农村居民来说重要的食品存储技术，太阳能干燥机由此被研发出来。但不幸的是，尽管将光能转化成热能的原理如此简单，但政府方面却不曾采取任何努力来支持甚至促进此项技术的发展。被任何物质所吸收的太阳光都可转化成该物质内部的热能，但这并不表示所有的太阳光都能被吸收：一方面，尽管其中一部分被吸收了，但其余部分则很可能被反射或传递出去了。透明物质几乎可以将全部射入的光能传递出去，因此被认为是一种较差的光能吸收器。另一方面，表面平整光亮的物质因可以将射入的大部分日光辐射反射出去，也被认为是一种较差的光能吸收器。由此可见，在将太阳能转化成热能的过程中，我们需要一种材料既不透光又不容易发生光反射。一旦此种材料被发现，那么传递至此种材料的热能再次被传递至需要它的地方，比如传输至水中——如果我们就是为了热水的话，或传递至房间中——如果我们就是为了空间取暖的话。整个传递过程中，我们必须尽可能地减少热量的损耗。我们知道，在周围环境温度不变的情况下，如果个体的温度升高，那么由于辐射和对流产生的热量损耗也会随之增加。因此，在太阳能吸收器温度升高时，降低热能损耗的工作就显得十分重要。这需要将吸收器进行适当隔热，但同时要保证它可以接触并吸收到太阳辐射。通常情况下，暴露面极易发生对流和辐射而导致温度降低，因此它必须被一种既可以降低此种损耗同时又允许太阳辐射抵达吸收器的材料覆盖。此种材料显然是一种导热极差的玻璃或透明塑料片。图 5.1 是一个简单的太阳能—热能转化器的构造图，通常称之为平板太阳能收集器。收集器金属板的背面以及一个实际使用的收集器的盒子四面都会被完全隔热，以减少操作过程中的热能损耗。如果将它用于水的加热，那么金属板就会与一圈水管相连并将其中的热量传输出去。但如果将它用于空间取暖或干燥，那么整个设备的安装必须保证有空气从收集器金属板的下面或两板中间通过，以吸收热量并将加热的空气送往需要之处。

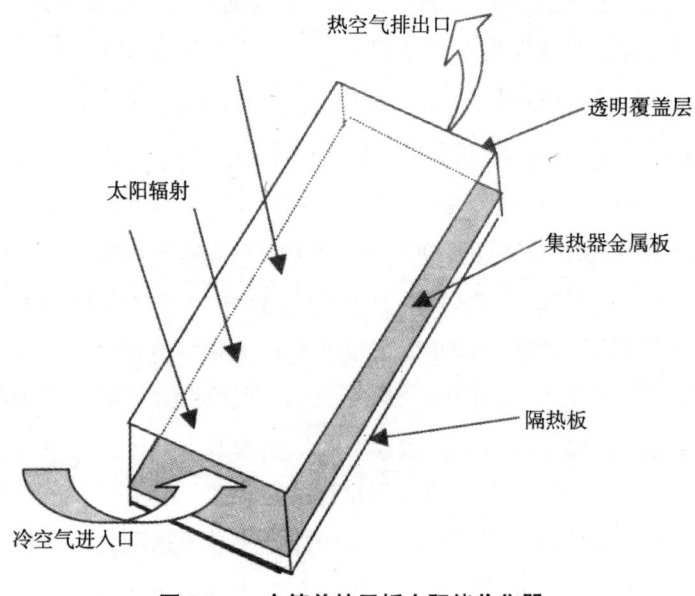

图 5.1　一个简单的平板太阳能收集器

当空气通过自然对流在加热器中流通时，它必须尽可能地保证水平，这样进入的冷空气才能比排出的热空气低。这可以保证热空气经过在盒子内部加热后，通过由于空气密度降低造成的自然对流而从盒子内飘出。当热空气上升时，则更多的冷空气被吸入，循环以上过程。抵达盒子的太阳光通过表面传递至深色的收集器金属板，然后变成热量，加热空气。如果想要将这个加热器用于干燥，那么必须将它与盛有被干燥物的器皿直接或通过导管连接。如果那个脱水器皿有一个安装合理的排气筒的话，那么流通于整个系统的热空气则可以向上排出。

图 5.2 是一个完整的用于谷物和蔬菜脱水的太阳能干燥器。在设计脱水器外形时，我们必须考虑到在东非普遍运用的谷仓构造，这就有效减轻了当地谷仓建造者在建造和维护干燥器时的负担。东非某些地区的农民会使用一系列类似的干燥器。在国家层面上，政府会使用大型的以石油为燃料的谷物干燥器去干燥玉米和其他谷物以长期储存。比如在肯尼亚，全国谷物生产委员会（NCPB）在农业发展潜力较高的地区将大型燃油干燥器运用于谷物储存设备上，这样传送到国家储存设备上的谷物则会被干燥到特定的含水量。如果产品的含水量高于规定值，那么农民则会根据高出规定值的含水量被罚款，然后产品则会通过集中式大型燃

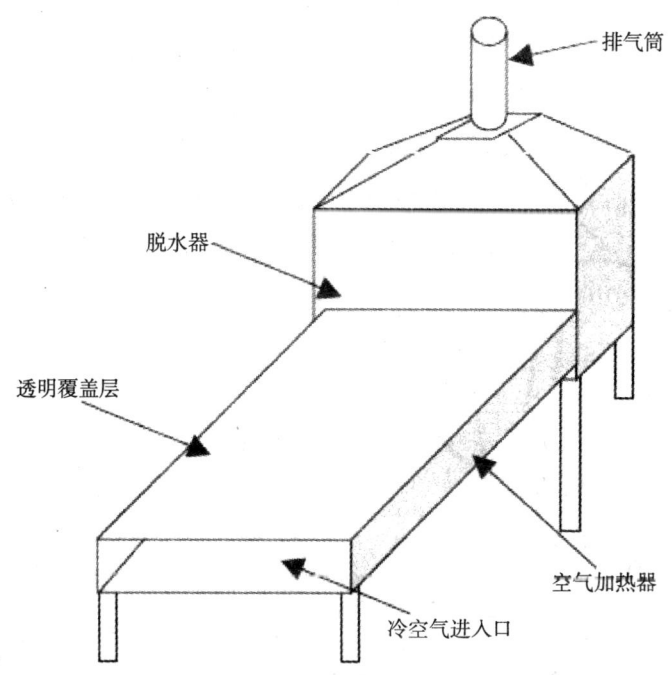

图 5.2 使用平板太阳能收集器的天然对流太阳能干燥器

油干燥器进行干燥。为了避免该项支出，农民可以使用这些有效的太阳能干燥器对他们的谷物进行适当的脱水，然后再把它们卖给 NCPB。此外，委员会也可以使用大型的太阳能集合式干燥器，这些设备的操作则是基于温室效应的原理。当然还存在其他类型的太阳能干燥器，但它们的操作原理与我们以上所介绍的干燥器基本一致，事实上它们都在竭尽全力地将尽可能多的太阳能引进加热器和脱水器中。干燥器的操作效率最终将取决于设备设计的精确程度。

已有大量研究用于不同类型的太阳能干燥器的设计上，并且其结果是促进了各种干燥器的发展。尽管多项研究活动是在肯尼亚和乌干达进行的，但是这些设备对于农民来说显然过于昂贵。不出所料，尽管大量证据表明这类干燥器表现出色、较传统的太阳风干方法能产生更好效果且降低了丰收后的农产品损失，但大部分研究活动的进行并没有得到国家负责农业生产的相关政府部门的支持。

另一个重要的太阳能低温应用是水暖。就像空气加热器用于干燥目的一样，太阳能热水器同样使用上述的简易平板收集器。热水器通常固定在屋顶，使其不妨碍正常生活，减少移动，保证每天接收最多的太阳辐射。这就意味着必须有足够的压力差能保证供给整座建筑物的水在热水器中不断循环。

东非最低气温有时可低至 14℃，尤其是在人们居家大量用水的早晨或上午。因此在某些区域，特别是在当地的医院或宾馆，供给热水是十分必要的。太阳能水暖技术与太阳能空气加热技术存在细微差别，但两者原理基本相同，即系统必须将尽可能多的太阳能引进设备的加热部分。太阳能热水器的构件与空气加热器基本相同，但在设计上必须考虑到热量是从收集器转移到水中的。热水应被储存在一个水槽中，供随时使用。存水槽和太阳能收集器必须完全隔热，防止传输过程中的热能损耗。图 5.3 是一个典型的太阳能热水器设计图。一个太阳能热水器主要包括透明覆盖层、其下的平板太阳能收集器以及一个热水储存槽。透明覆盖层的功能是防止收集板出现对流式冷却。通过这层覆盖层的太阳光被平板太阳能收集器吸收，温度升高，然后热量通过收集板旁边的管道传送到水中。设计必须保证最多的热量被平板太阳能收集器吸收并通过管道传送到水中，因此吸收板的太阳光反射必须降到最低。目前主要存在两种太阳能热水器：一种是主动式，即使用抽水机来产生足够的压力差以保证水在系统中的循环；另一种是被动式，它基于自然对流原理，即由于热水比冷水轻，故它将向上通过合适的管道流入存水槽中。这种被动式热水器通常被叫做热虹吸太阳能热水器。决定这些设计因素的理论支撑解释如下：

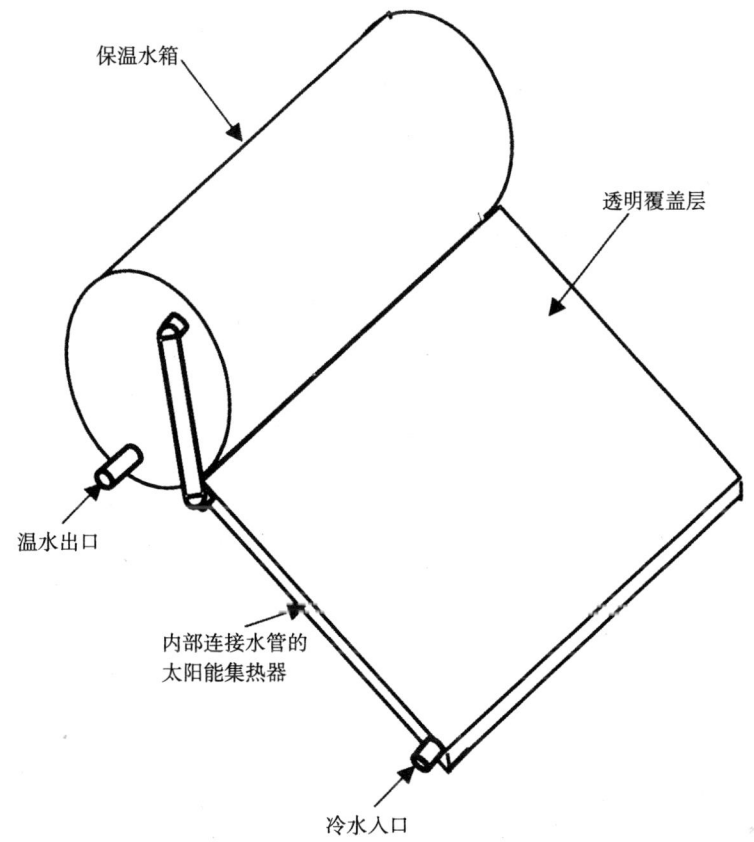

图 5.3 一个典型的太阳能热水器设计图

收集板的吸收率是决定任何太阳能加热器的重要特性，如果可能，它应该具有如下特征：

● 太阳辐射的低反射率；
● 太阳光谱中波长辐射的高吸收率；
● 长波长红外线辐射的高放射率。

具有如上特征的平面称作选择性表面。生产选择性表面的技术已经得到了全面发展，多种选择性表面已经投入使用。

为了设计一种高效的太阳能—热能转换器，需要通过一个热量平衡分析来完全理解入射在设备上的太阳辐射中会发生什么。由金属板吸收的太阳辐射应该等于由金属板获得的有用热能与由于传导、辐射和对流产生的热能损耗之和。对太阳能收集器的热量平衡分析可以通过使用透明覆盖层和吸收板的特性来实现。如果到达透明覆盖层的每单位面积的能量为 I，IT_c 表示转换的能量，且被太阳板吸收的热量用 $IT_c\alpha_p$，其中 T_c 是透明覆盖层的转换率，α_p 是太阳板的吸收率，且 I 是每单位面积入射的太阳辐射。由于太阳板和板表面上方空气之间的对流产生的热能损耗是：

$$q_h = h(T_p - T_a) \tag{5.1}$$

同一方向上，由于辐射从太阳板损失的热能为：

$$q_r = \frac{\sigma(T_p^4 - T_c^4)}{\frac{1}{\varepsilon_p} + \frac{1}{\varepsilon_c} - 1} \tag{5.2}$$

在太阳板的背面，由于传导损失的热能为：

$$q_k = \frac{k(T_p - T_i)}{x_i} \tag{5.3}$$

其中，x_i 是隔热板的厚度，T_i 是外部的温度。最后，由太阳板获得的有用热能可以用热量平衡等式表示如下：

$$Q = IT_c\alpha_p - q_h - q_r - q_k \tag{5.4}$$

每单位面积的太阳板转换效率为：

$$\eta_p = \frac{Q}{IT_c\alpha_p} \tag{5.5}$$

但整个太阳能收集器的转换效率为：

$$\eta = \frac{Q}{I} \tag{5.6}$$

用平板太阳能收集器作为空气加热器并将其向水平方向倾斜，如图 5.2 所示，能够使干燥系统产生一个合适的条件促进空气自然向上流动进入脱水器，对潮湿的产品进行脱水处理。干燥湿润的空气然后由排气筒吸出进入大气中。除了其他因素外，空气加热器的效率主要取决于由风能等条件产生的对流冷却效应。因此在分析太阳能—热能转换器的表现时，对流热能转换率的影响也是其中一个至关重要、值得深思的方面。然而，对于设计优良的加热器，则不必将其作为主要考虑因素。

5.2.2 高温利用

对于太阳热的低温利用主要使用转换设备，无须任何特殊的光学处理来提高太阳光的强度。然而为了获得太阳光的高温，我们则需要一种途径来提高到达吸收材料表面的太阳辐射的强度。通常情况下，这会通过使用太阳反射器将辐射集中于一小块区域来实现。由此，所有高温太阳能设备均装有这种聚光镜，它们经过精心设计可以将太阳辐射引导至一块指定区域。如前所述，发展中国家的农村人口需要用高温来煮饭，因此配备有合适聚光镜的太阳能灶即可满足这一需求。目前存在着各种类型的太阳能灶，配备着不同几何设计的聚光镜。这里面，一种盒式太阳能灶由于其盒式设计方便运输而得到了广泛传播。其他的配有大型抛物面聚光镜的太阳能灶尽管有更高的效率，但却不易运输。当然还存在其他超大型太阳能灶，可以永久安装在诸如学校、医院等机构中，为众多人口做大锅饭，此类太阳能灶通常使用大型复合抛物面聚光镜。

盒式太阳能灶同样也存在各种形状。图 5.4 仅仅是其中一种，但无论哪种形状，其效率都远不如那些安装有抛物面聚光镜的灶炉。它们的优势在于方便实用与运输。盒子的顶部被一层薄薄的玻璃片所覆盖，以防止热量逃出烹饪室。图 5.5 是一个效率较高、体积大于一般盒式灶炉的太阳能灶。

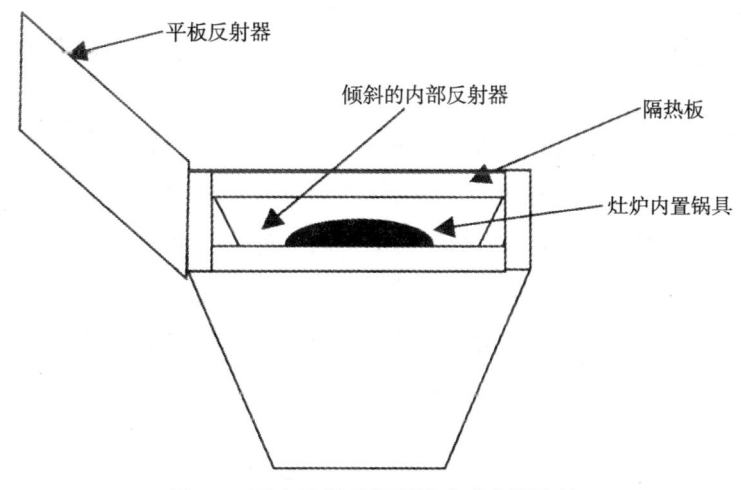

图 5.4　配有平板反射器的盒式太阳能灶

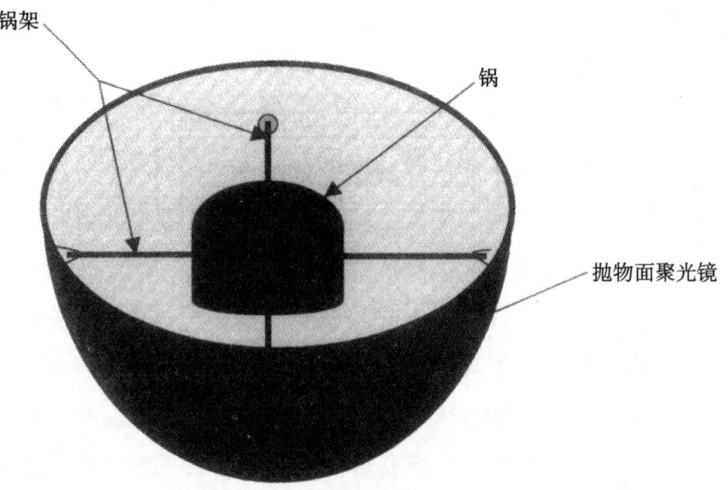

图 5.5　抛物面聚光镜型太阳能灶

聚光镜结构可以安装在支架上以保证它能够在一个水平轴上旋转以调整方向、时刻面向太阳。聚光镜的内部表层填满了一层高折射度材料以将太阳光的折射至锅的放置位置。此种类型的灶炉可以达到相当高的温度来烹饪东非许多类型的主食，如香蕉、水稻以及只需要煮沸的谷类混合物。但它恐怕不适合于烹饪"乌伽黎（粗玉米粉）"，因为它甚至需要在熔化至半固体状态时搅拌、完全混合。太阳能灶的另一个不足之处在于它会将某些太阳光最终反射到操作者的脸上或手上而引起不适或疼痛。正如盒式太阳能灶一样，许多抛物面太阳能灶在一些非政府组织的倡导下已经在全球许多地方被投入使用。那些在提倡太阳能灶方面取得显著进步的国家包括印度、巴基斯坦和中国。非洲大陆虽然目前处于落后状态，但对该项技术的使用潜力十分巨大并且值得被开发。除了高质量的反射器材料，灶炉上的其他材料都是廉价且从当地即可购得的。组装整个设备也不需要特殊的技能，当地的工匠通过观察设计优良的样品即可轻松组装出新的产品。不同于盒式太阳能灶，抛物面太阳能灶可根据需求扩大规模。如果我们需要一个大型的太阳能灶，那么我们就需要设计一种太阳能灶使它的聚光点远离聚光镜，以保证使用简便、安全，因为大型聚光镜很容易导致更高的温度。在此种情况下，复合抛物面聚光镜可以用来改变汇聚的太阳辐射的方向，使其恰好指向安装在厨房内的烹饪器。反射器上大面积的聚光点以及达到的高温就使得使用大锅为众多人口烹饪食物成为了可能。此类太阳能灶目前已经研发出来并在东非投入使用，它可以为 500 人准备食物。位于肯尼亚的肯雅塔大学适用技术中心目前已有能力来设计、构建、测试和安装此类复合抛物面太阳能灶,有时称为机构太阳能灶。图 5.6 向我们展示了一种典型的复合抛物面太阳能灶。政府机构,如学校、医院、村庄工艺学校、科研机构还有监狱,将会成为此类大型太阳能灶的最大使用群体。因此,为保证它们的成功使用,政府部门通过有效鼓励相关机构去投资该类设备来积极倡导其使用显得至关重要。

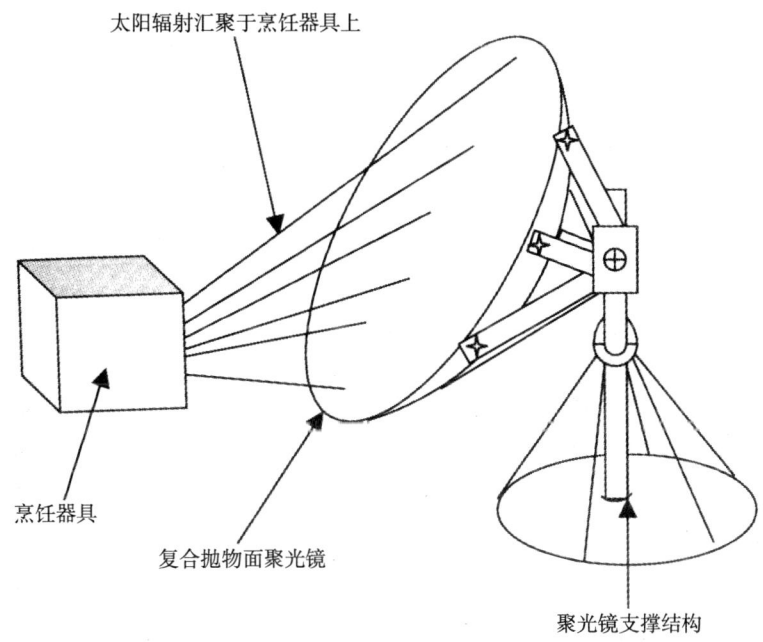

图 5.6　复合抛物面太阳能灶(机构太阳能灶)

烹饪器具需要放置在厨房的恰当位置,以便汇聚的太阳辐射透过厨房玻璃直接入射。通常情况下,我们为了提高效率还可以增加一个集中器在锅底,使汇聚的太阳辐射再次被折射至锅底。已有经验告诉我们,来自锅底的热量较来自锅一侧的热量能更有效地在锅内外传播。大部分机构烹饪是发生在白天的,故此类灶炉用处颇大。但显然,我们还需时刻准备着一定的燃料以备阴天使用。通常情况下,许多机构需要大量热量来烧水以备不同需求,而太阳能灶恰恰可以轻易实现此目的。因为太阳能灶仅仅可以在白天使用,故它们可以用于烧水和前期的烹饪工作来保存生物能和煤油燃料。这些燃料则可以用于深夜后期的食物烹饪和加热。一些食物如玉米、豌豆、豆子、香蕉、土豆和蔬菜,需要几个小时才能煮熟,它们只需直接加热,无须任何照看。这些食物都是东非最普遍的餐食,只需太阳能灶便可完全煮熟，进而大大节省了生物能和煤油燃料。

5.3 太阳能发电技术

通过一种特殊生产的半导体材料，太阳光可以直接转化成电能。这种半导体材料里的传导带与价带之间的能障以光子能的次序排列，这样光子可以激发电子跳过能障进入传导带，在这里它们就可以"近乎"自由地移动，形成电流。这种现象被称作光生伏打效应，由此产生的电力称作光伏电（PV power）。从生产高级半导体材料，到最终把它制作成一个太阳能电池用于将光能转化成电能，整个过程既精密又昂贵，它需要高价位、高精度的设备。鉴于以上原因，太阳能光电板对于低收入的社区来说过于昂贵。然而，在生产光伏电池方面取得的发展已经使这项技术在工业规模上渐渐超出了我们所预想的成本效益。我们希望在今后几年，太阳光伏电会更具竞争力，甚至成为最优电力资源。在包括薄膜组件在内的光伏技术上的发展将掌握着新型供电系统的命脉，它也将加速发展中国家农村电气化的进程。为了领会光伏电池的应用前景，我们有必要了解其发展过程。

5.3.1 光伏产业发展

光生伏打效应早在19世纪下半叶就已被发现，但当时所使用的硒材料只能将0.1%~0.2%的入射太阳光转化成电能，提高此项转化率、将其作为电源的尝试一直未取得任何进展。除此之外，硒作为一种从铜矿中提取的元素，十分昂贵。直到1954年几位美国科学家在进行一次完全不同的测试中发现了硅元素，并观察到它在暴露到阳光下时可以发电。他们继续探索，利用硅元素研发出了一种更高效的太阳能电池，转化率可达1%。这在当时引起了一阵轰动，因为不同于昂贵的硒元素，硅元素的含量在地球上位居第二，约占地球表面的28%。到20世纪50年代末，硅太阳能电池的转化率被提高到10%以上。与此同时，将光伏作为发电源的技术首次运用到了探索太空的交通工具上。从那时开始，光伏技术已经应用到空间通信卫星和太空探索上。对于通信卫星，使用太阳能电池主要考虑到它的可靠性、低重量、耐久性和抗辐射的特点，且并不用担心它的高成本的特点，因为太空科技的发展本来就需要大量的花费。人类第一个太阳能供电的卫星——先锋1号，安装有硅太阳能电池为其5米宽的发射机供电，于1958年3月成功发射。两个月后，当时的苏维埃社会主义共和国联盟（USSR）发射了一个更大的太阳能供电卫星。自此，太阳能供电已经被广泛应用于各种宇宙飞船上。这似乎呈现给人们一种现象，如果没有太阳能电池的及时出现，就不会存在空间探索的飞速发展。事实上，光伏最初也只是专为宇宙飞船服务设计的，它在地球上的应用直至1973年才被发现，当时中非的主要石油生产商威胁要通过限制石油供给来搅乱世界经济。太阳能电池顿时备受关注，同时这也促进了发展中国家开始考虑将其作为另一种供电原料。他们从太阳能电池上看到了为本国成百上千万居民供电的可能性，这些居民由于将国家电网覆盖至每一个偏远和孤立的农村地区需要高成本的原因，一直未能包括在国家电网的系统内。由此，关于太阳能电池材料的研究在全球掀起一阵热潮。今天，除了硅材料外，一些具备高太阳能转换率的新型材料已经被发现，其中包括砷化镓（GaAs）、磷化铟镓（GaInP2）、非晶硅薄膜电池（a-Si:H）、晶体硅、铜铟镓二硒（$CuGaInSe_2$ or CIGS）、碲化镉（CdTe）以及硫化镉（CdS）。甚至最近，一些新型材料已经被证实可以作为太阳能电池的备选材料。其中某些材料如单晶C_{60}和锡层上的多晶硒化镉可以用作光电化太阳能转化来生产液体太阳能电池（光电化太阳能电池）。一些其他材料也在依据它们的太阳能转化特点被加以分析。在转化太阳能的化学方法中，那些以悬浮、单晶体、多晶体以及非晶体形式存在的半导体为实验材料，将水分解成氢气的实验方法已经取得了可观的实验结果。由此，探索太阳能电池技术的材料数量仍在不断增加。然而，尽管太阳能系统已作为一种经济可行的供电源为大家所肯定，但对此系统的首次投资经费仍然是阻碍其在农村投入使用的一个主要因素。

5.3.2　光伏成本控制趋势

生产一个太阳能电池的成本主要取决于生产材料以及生产技术的成本。其他相关成本包括无法改变生产材料、对低效率以及对于合适材料日益见长的需求。因此，我们仍需要进一步探索与研究，以实现其成本的降低，并能在其他发展完善的发电设备前具有一定的竞争力。我们可以设想一下以下过程，如果用一种地球含量最丰富且可能最廉价的材料，即一种杂质能级仅有约 1% 的冶金级硅制成的太阳能电池，我们必须将其杂质能级降低至约 $10^{-6}\%$，将其提升为一种太阳能级硅，这需要耗费 15~20 美元/千克。接着再将此种硅用作太阳能电池的制作，首先必须将其转化成单晶硅或多晶硅锭（先熔化后铸造），然后再切割成约 300 毫米的薄片（晶片），以用于太阳能电池的最终制作，整个过程可能要浪费约 50% 的材料。除此之外，为了达到所规定的差异（p 型和 n 型），晶片表面需要涂抹另一种材料。截至工艺的最后阶段，制作硅材料的成本已上升至约 50 美元/千克，尽管其转换效率仍只有约 13%。我们在晶片的切割技术上已所取得一些进步以减少材料的浪费，这可以在一定程度上降低成本，但仍然远远不够。幸运的是，硅锭—晶片过程并不是制作太阳能电池的唯一途径，另一种使用薄膜科技的工艺日渐受到关注。此过程无须铸造硅锭，它只需将硅及其他相关材料以一种薄膜的形式沉积在一种基片上，经过适当的加工，就能制成太阳能电池。此种工艺较晶片技术具有一定的优势，如节省材料、电池的尺寸及形状具有一定的可选性以及设计多样化。当然，目前也存在许多以此形式制作光伏应用材料的方法，其中一些常见方法包括：

(1) 等离子化学蒸汽沉积

● 高频辉光放电；

● 直流辉光放电。

(2) 真空蒸发法

● 电子束蒸发；

● 反应激光蒸发。

(3) 溅射

● 高频溅射；

● 磁控溅射。

(4) 热解

● 常压化学蒸汽沉积；

● 低压化学蒸汽沉积；

● 均匀化学蒸汽沉积。

(5) 光电化学蒸汽沉积

这些工艺都需要高精度的仪器与设备，而对于发展中国家来说都过于昂贵。它们同样需要多种材料，其中一些并非唾手可得。这些材料可能包括从单元素半导体（如硅）到复合半导体（如砷化镓）。对于薄膜技术和太阳能材料研究的发展在半导体科技上具有重要意义，这同时促进了应用于各类通信与数据整理装置的微电子技术的发展。多年以来，太阳能电池的大量生产以及在生产过程中新型高效科技的使用已将光伏产业的成本降低到了一个可支付的水平。但为了实现光伏产业能与其他发电源相媲美，全球多家厂商仍在继续探索与研究以实现确切的成本目标，即每千瓦时的电力输出只需花费 0.03~0.05 美元，这将保证太阳能电池的使用成本能与传统的化石燃料成本旗鼓相当。有关光伏系统的研究及其在非洲大陆的相关应用表明，一个光伏系统的成本与其试用期内的发电总量的比率大约在 0.10~0.15 美元/千瓦时。此比例有望在今后下降，它表明家用光伏系统将会成为分散、规划不完善的居民区及村庄的最理想能源，而这种无规划分布恰好是非洲农村居住的典型特征。据报道，全球网络供电的平均成本约为 900 美元每户，而在一些不利环境下，如非洲的绝大部分地区，长距离、复杂地形以及人口稀疏等因素，将导致为一户提供电网的成本大大增加。这种情况会导致网络供电的成本提高到大约 1 万美元/公里。但另一方面，一个家用太阳能装置却足以支撑一个收音机、一个黑白电视机和三个电灯的用电量，在当下还不到 500 美元。

5.3.3 太阳能电池材料性能

将太阳光直接转化的过程是基于固体的能带理论，即将晶体看作一系列原子的集合体，以固定形式排列组成固体。在这个排列整齐的布置中，原子核可以在一个固定点上运动而不致移动到晶体的其他位置。静电力可以保证电子始终紧密围绕在原子核的周围，但最外部的电子可以自由移动，好似不属于任何原子，而属于晶体本身。一种存在此类"近乎"自由的电子的材料的确是一种优良的导电材料，因为将任何一种外力以电动势的形式加在此种材料上都会导致电子的移动。然而，一些材料虽然没有此种自由电子，但我们可以通过向它们提供能量而产生这些电子。这就意味着电子是处在一种确定的能态上的，为了改变它们的能态而使它们"自由"，必须向其施加源自其他物质的外力。一些材料，我们称之为半导体材料，仅仅需要一小部分此种外力，而其他材料却需要大量外力，我们称之为绝缘体。半导体材料的性能更适合于将太阳光光子能量转化成电能，这需要光子与材料内部的电子相互作用，激发电子从它的能态提升至自由电子的能态。为了保证材料能够成为一种太阳能电池，必须同时存在一种条件来防止电子又回到它的最初能态。但问题是，并没有哪种自然物质存在此种性能，因此合适的半导体材料必须经过人工加工，来实现太阳能转化的目的。我们将要考虑一种工艺能将硅制作成此种半导体材料。硅可以从沙中提取：最初需要提取简便易得的材料，即以白色石英形式存在的二氧化硅，然后在电弧炉中熔化。碳弧与二氧化硅中的氧发生反应形成二氧化碳和熔硅。所获得的熔硅是一种冶金级硅，杂质能级约1%，但其纯度仍不足以制作太阳能电池，它必须经过进一步提纯以转换成半导体级硅，而这需要通过热分解硅烷或其他气态硅化物来实现。一根纯硅籽晶杆在密室里被加热至赤红状，已提纯的硅化物被放入密室，当此化合物的分子撞击纯硅管的时候，它们就开始降解形成硅元素，并以纯晶体硅的形式结晶在籽晶杆上。当籽晶杆逐渐增长至所需大小时，它就可以被移出，准备被制作成单晶体太阳能电池。另一种硅提纯的方法叫区域精炼法，将一根冶金级硅杆和一个移动的感应加热线圈固定在一个设备内，加热线圈会由冶金级硅杆的底部慢慢移动至其顶部，同时熔化整个硅杆的周围区域。当线圈移动的时候，被熔化区域的前部继续被熔化，而后部已经开始结晶。杂质被剔除出结晶区域，被熔化区域拖着移动，所以最终除了末端，整个晶杆都覆盖了纯晶体硅，而那端便可丢弃。两种方法都需要受控环境以及经过精确保持的平稳的反应速度。真正的太阳能电池的制作过程应该从现在已提取的纯晶体硅开始。首先，纯晶体硅锭需要被切割成薄片，即晶片；然后必须在材料内部建立一种连接以将电子从空穴中隔开，保证再结合过程不会再次发生。在电池的一边我们使用 p 型材料，而另一边我们使用 n 型材料，确保一边释放电子一边接收电子。实际的连接必须是一个区域，在那里没有电子或空穴，有时称为耗尽层。p 型和 n 型半导体的制作是通过一种掺杂过程完成的，即将一种特定材料，如硼或磷，以一种控制良好的方式、仔细添加至硅中。在形成连接时，p 型硅是通过在晶体增长过程中添加硼原子获得的。随后，再将磷原子添加到 p 型硅的顶端以保证磷原子的数量大于硼原子。整个过程会产生一个 n 型层和一个 p-n 连接。以上过程可在高温扩散炉中通过气态掺杂物完成。掺杂物的原子撞击半导体的表面，然后逐渐熔化至材料中。如果温度和暴露时间控制恰当，一种均匀的连接将会在电池中的一段已知距离中形成。但这并不是形成 p-n 连接的唯一途径，当然还存在包括使用掺杂物离子冲击硅晶体在内的其他途径。在这种情况下，所期望的侵入深度需要通过控制离子的速度来实现。太阳能电池制作完成后，下一步就是将电池连接在一起，并提供线圈保证电子环流的实现。连接每一部分的点都必须实现欧姆接触，而且不至于阻碍电子流进出电池。

p 型和 n 型半导体组成了如图 5.7 所示的结构，以费米能级整齐排列。上述工作完成后，在两种半导体的真空零电位上就会出现一种差异，这表示现在由于两种半导体的逸出功差异而出现了内建电位。当太阳光照射到电池上时，那些光子由于具有比带隙更高的能量而激发电子从价带到导电带并产生空腔电子对。已经被激发到导电带的电子进入耗尽层，并"沿着山坡下滑"至该层的前面。以上移动的结果相当于一个空穴如同气泡般"沿着山坡爬行"至 p 层。电子和在耗尽区另一端空穴的累积由于区域内电场的存在成为可能，同时这个也是促进电池内的电流向同一个方向流动的过程。空腔电子对在远离连接处产生，但将流向连接处，产生上述电流。连接仅仅是设立在电子和空穴之间的一个势垒。

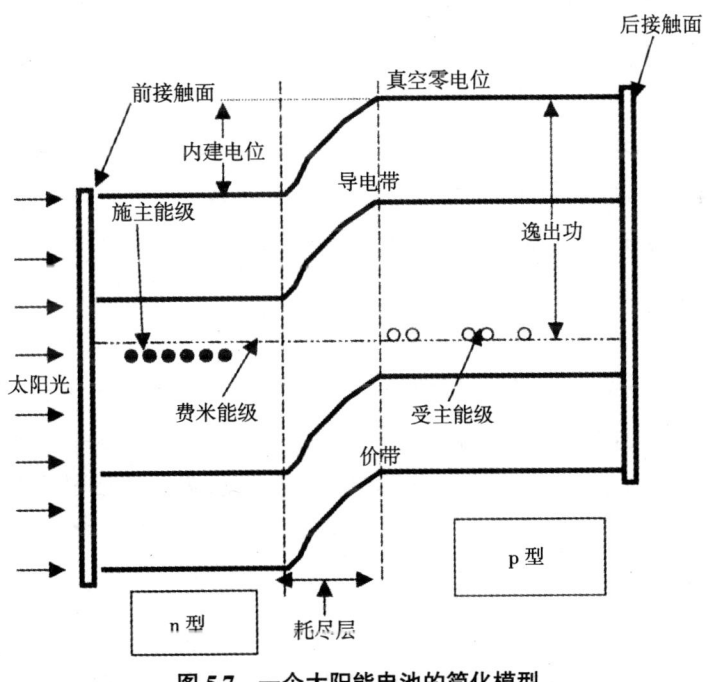

图 5.7　一个太阳能电池的简化模型

由于掺杂如以上描述的同一种材料而产生的势垒称为单质结。同时也存在其他类型的势垒用在太阳能电池上，其中一些常见的势垒如异质结、异面结及萧特基势垒。单质结是一种相同半导体材料中的p-n连接。异质结却是两种不同半导体材料中的p-n势垒，其中一种材料的能隙可能高于另一种。异面结与单质结相似，但它却存在一个带隙更大的窗口能级。而萧特基势垒是一个金属/半导体连接。

5.3.4 太阳能电池

我们已经讨论了将一些材料的性能发展成促进太阳光直接转化成电能的某些工艺。其最关键的部分如下：

- 势垒或连接的制作；
- 价带和导电带间能隙的生成。

这些特征将会决定电池的转化效率，这一点我们马上就会发现。首先，我们需要知道在射入的太阳辐射中，有多少参与了将电子从价带激活到导电带、促使它们"自由"移动、产生电流的过程。在太阳光射线中的能量被集聚在波长为0.2~0.3微米的光子中，相当于0.6~10电子伏的能量。在光谱两端的光子密度非常低，特别是在红外线光谱区（见图5.8）。由太阳光子射出的能量是根据公式$E=h\nu=hc/\lambda$计算得来，其中h是普朗克常数，c是光速，λ是波长。此关系式将决定可能引起电子穿越价带至导电带的光子能量。从图5.8可以看出，大部分的辐射都落入波长为0.4~0.8微米的光子中，其能量大约在2~3电子伏。这就意味着如果有足够的电子被光子激活而产生一定的电流的话，电池的能隙（即导电带与价带之间的能隙）一定小于3电子伏。因而我们不难看出，如果电池的能隙高于某些光子的能量的话，这些太阳光子是无法激活电子的。一些小的带隙可以减少反向电流，增加电池所能提供的电压，但由光子引发的电流也会被减少。以往经验告诉我们，能量在1.4~1.5电子伏的带隙与太阳辐射的光谱最为贴合。然而，这是一个理想值，并不容易实现。因此，波长大于1微米的光子，以及小于相应范围的能量，都无法参与此转化过程。实际操作中会有远远超过上述数量的光子无法参与将太阳能转化成电能的过程。一些太阳光线被反射，而一些则没能成功撞击电池内部的电子。当然还存在一些被激活的电子重新与空穴结合。所有以上情形都大大降低了太阳能电池的转化效率，而这也是为什么我们很难制造出一种光伏电池，使其效率高达 40%。

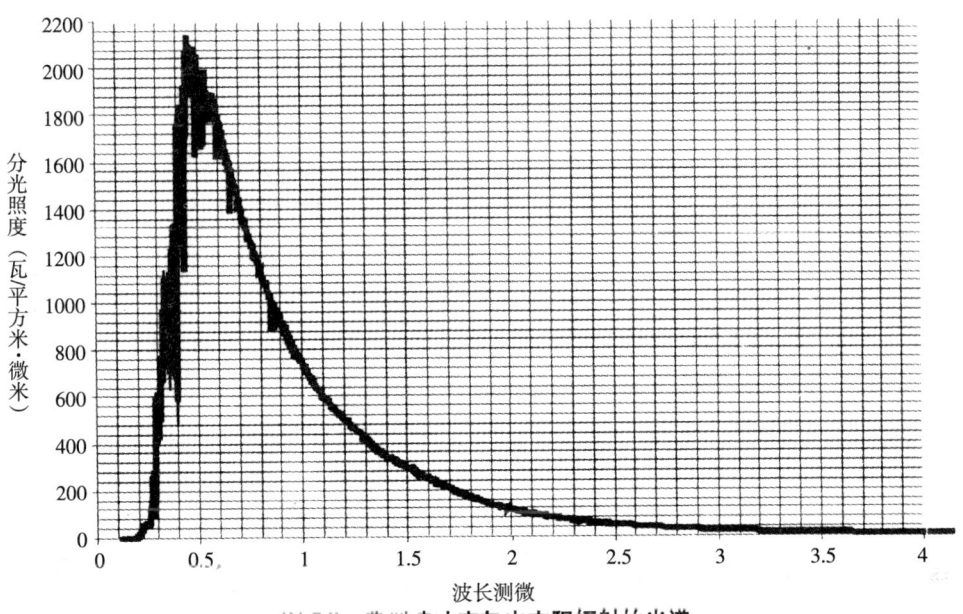

图 5.8 典型清洁大气中太阳辐射的光谱

5.3.5 电子-空穴对复合

我们现在需要更详尽地考虑一些电子与空穴的复合过程。当一个电子被激活并向更高的能级移动时，它将会留下一个空穴，并在新能级上处于不稳定状态。这个电子于是很可能开始漂移并最终回到它那个稳定的状态。一个电子与空穴重新结合所需的时间叫做弛豫时间（τ），它经过一定典型距离（扩散长度）（L），并通过晶格。如果材料很纯净，那么弛豫时间可能需要 1 秒；对于富含杂质的材料，那么时间会很短，可能只需要 $10^{-8} \sim 10^{-2}$ 秒。一个载体在每单位时间内重新结合的概率为：

$$P(\tau) = \frac{1}{\tau} \tag{5.7}$$

对于 n 个电子，每单位时间内复合的数量为 n/τ_n，对于 p 个载体，则每单位时间内复合的数量为 p/τ_p。在平衡状态下，同一种材料中这种复合应该相等：

$$\frac{n}{\tau_n} = \frac{p}{\tau_p} \tag{5.8}$$

也就是：

$$\tau_n = \frac{n}{p}\tau_p \tag{5.9}$$

及：

$$\tau_p = \frac{p}{n}\tau_n \tag{5.10}$$

高温状态下激发的载体会通过晶格向下扩散至浓度梯度 dN/dx，在 x 方向上产生一个扩散流密度：

$$J_x = -D\frac{dN}{dx} \tag{5.11}$$

其中 D 是扩散常数。

在扩散时间 τ 内，扩散长度 L 将由爱因斯坦关系式得来：

$$L = (D\tau)^{1/2} \tag{5.12}$$

对于在 p 型硅中的一些少数载体上，如果 $D \approx 10^{-3}$ 平方米/秒，且 $\tau = 10^{-5}$ 秒，那么其典型的扩散长度为 $L = \sqrt{10^{-3} \times 10^{-5}} = 10^{-4}$ 米 = 100 微米。我们需要注意的是 L>>w，其中 w 表示一个典型的 p-n 连接中，能使大部分载体漂流过连接甚至再复合前就已通过的连接宽度。

5.3.6 电池效率

电池的功率是由电池的电流和电压乘积所决定的，而如图 5.9 所示，两者息息相关。由于功率指曲线下方的区域，故一个高功率电池需要有尽可能大的对应区域。只有当电流和电压都增加时，它们的乘积才可能达到最大，这将是电池的峰值功率。显然，峰值功率点下的区域并没有占据电流—电压曲线下的所有区域，因为峰值功率是落在电压和电流的结合点上的，这个点是分别低于开路电压及短路电流的。

其中最大的电流是短路电流（I_{sc}），而最高的电压则是开路电压。最高的功率则是当电流和电压的乘积最大时，用曲线上对应的 I_m 和 V_m 点表示。电池的效率由此可以定义为此乘积除以电池上的太阳入射。占空因数（ff），则可以用峰值功率与短路电流（I_{sc}）和开路电压（V_{oc}）乘积的比率表示：

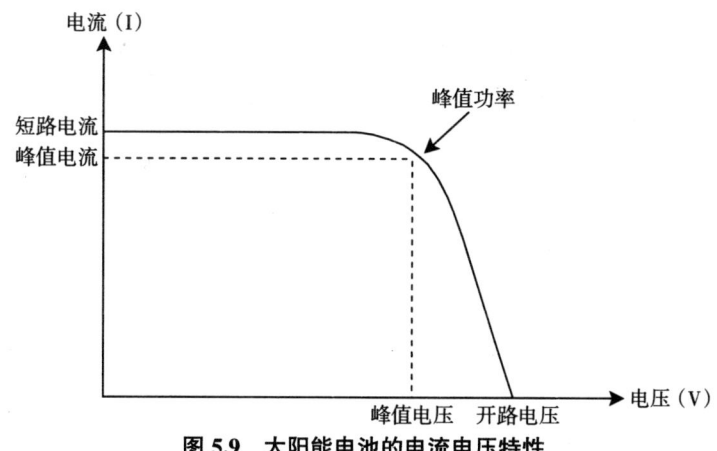

图 5.9 太阳能电池的电流电压特性

$$ff = \frac{I_m V_m}{I_{sc} V_{oc}} \tag{5.13}$$

由太阳能转换参数我们可以看出，如果没有太阳能收集装置，太阳能电池的高效率将很难实现。当下实际或组件效率是 7%~14%。然而，太阳能电池的实验室效率却可以实现翻倍。我们当然需要明白关于太阳能电池的理论分析将会应用于电池的实际生产方法上，其中一种将在 5.3.7 节讨论。

在应用层面上，太阳能光伏板为使用者提供了一系列的选择，但其中最重要的方面在于使用者可以选择在使用过程中逐渐将太阳能系统由小变大。这就意味着用户可以首先选择一个只为照明系统提供电力的小系统，在节省了一定开销后，再购买额外的光板和电池，以为照明系统和一个收音机或电视机提供充足的电力。当有更多的开销被节省后，用户就可以为设备添加更多零件，直到最后所有家庭电器和照明设备都由太阳能电池供电，如图 5.10 所示。光伏系统的模块化特征可以有效帮助那些农村地区的低收入社区，前提是他们可以被"鼓励"从安装小型设备开始，并以不影响家庭其他需求的条件下以自己的速度扩大整个系统。

一个正在工作的太阳能发电设备必须有一个电池板，它是太阳能电池组成的阵列，也是电力的来源。当太阳光到达电池时，电子被激发在电池内部从低能级向高能级移动，在相应的电路中形成电流。只有太阳能电池板始终处在太阳光照射下，电路中才会持续存在电流，这意味着必须存在一个电力存储系统以供夜间使用。电池正是用于满足这个需求的，它们白天接受充电，晚上就可以提供所需

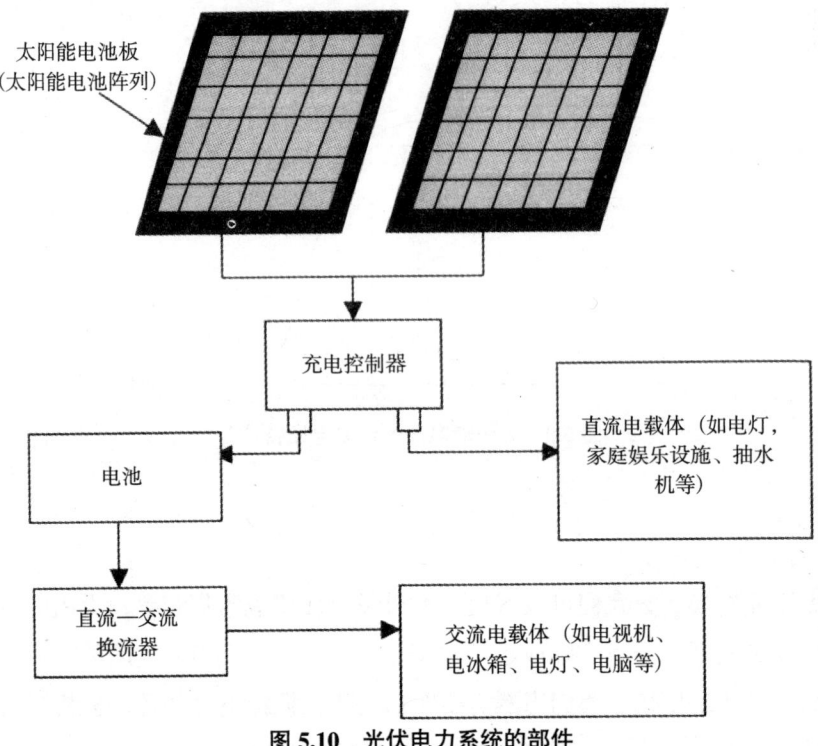

图 5.10　光伏电力系统的部件

电力了。一个充电控制器需要安装在电池和电池板之间以防止电池被过度充电，由此保护并延长电池寿命。电池板和电池都只能产生直流电，但大部分现代家用电器都是在交流电的状态下工作的，鉴于此，我们可以使用一个由直流电变交流电的换流器，已将电池中的某些直流电压转换成交流电压为使用交流电压的家用电器供电。如果整个系统仅用于照明，那么我们就不需要这个换流器了；而且如果电池的储电量比电池板在特定时间内产生的电量足够大时，那么我们也没必要使用充电控制器了。所以，一个光伏供电系统的基本必需部件只有电池板和电池。电池板的高成本正是妨碍太阳能供电系统投入使用的主要因素。然而，随着太阳能电池板价格的持续下滑，考虑到这种不断提升的品质，太阳能发电将会是促进农村电力化进程的最佳选择。除此之外，它的低电压特征还能保证它在农村当前环境下的大部分家庭中的使用安全性。当下有超过 90%的农村住房建筑不适合于高压发电设备，而且这一现状目前还没有被国家电网供应者解决。漏水及结构损伤现象在许多住宅建筑物上时有发生，如果这些建筑物安装有全国高压输电线网，那么后果将不堪设想。事实上，供电中断率和因电力事故造成的死亡率正在急剧增加，而太阳能发电将有助于解决这一意外。关于太阳能系统在东非已经出现的优势包括市场已经相当完善，而且事实上一些主要城镇已经开始出售系统的所有组件。这些系统已经在许多偏远机构中投入使用，如学校、传教士中心、宾馆、诊所以及其他卫生设施中，在那里，他们需要为疫苗冷藏包、电信设施、抽水机、电灯等供电。当然使用光伏供电系统的家庭数量也在平稳地增加。除了光伏科技外还有另一种供电方法，即使用太阳能的热力特征发电。这包括使用面积较大的大镜面将太阳光汇聚在一个接收器上，加热气体，为发电机的涡轮提供蒸气。尽管这种方法值得考虑，但我们仍然需要将大部分精力放在光伏太阳能电池发电上。

5.3.7 太阳能电池生产方法

为了进一步领会太阳能电池制作的复杂性，正确理解太阳能电池工作的原理，我们十分有必要了解太阳光的本质、它的辐射光谱以及由于一系列大气因素可能造成的变化。另一个同等重要的知识就是需要理解这些材料是如何与太阳光之间相互作用的。这可以通过现代固态理论和半导体的能带模型来解释：太阳光的光子能量是如何转化到固态物质中的电子上的，以至于它们可以吸收足够能量在材料中由一个区域移动到另一个区域。电子占据着材料中的不同能级，因此仅有其中的某些电子能够从太阳光中获得充足的能量而发生移动。鉴于此，从固态理论角度来说，其中会有很多因素影响到太阳能电池的效率。其中包括带隙的大小、电子—空穴对的复合中心以及材料的光反射情况。然而，关于材料科学的知识以及来自太阳辐射的性质还只是最基本的要求，将太阳能电池由适当的材料制作而成的过程才是更复杂、更耗能、更昂贵的。这一节提出了一种利用硅材料制作太阳能电池的工艺作为例证。硅是在制作太阳能电池的材料中含量最丰富且相对廉价的一种材料。许多岩石和矿物质材料中都含有此种元素，但最方便得到的途径是通过白色石英砂中的二氧化硅提取而来。将这种砂转化成硅的过程需要将其熔化，进而二氧化硅中的氧元素与碳发生反应产生二氧化碳和溶质状态下的硅。此反应过程可以在一个电弧炉中实现，产生杂质率为10%的冶金级硅。这类硅在钢铁及其他许多工业生产中使用广泛。然而，它的杂质率对于电池及太阳能电池产业来说仍然太高。下一个阶段就是生产半导体级硅，这需要将一小部分的掺杂剂原子加入硅晶格中来实现。为此，在熔状硅中的杂质原子数量必须小于掺杂剂中的原子数量。这就意味着硅必须是高纯度的，而其中一个生产此种硅的最常用方法即是硅烷（或气体硅化合物）的热分解。一根纯硅籽晶杆在一个加入了提纯后的硅化合物的密室中被加热成赤红状，当分子开始撞击纯硅籽晶杆时，它即已分解并沿着纯硅籽晶杆向上形成最基本的硅原子。当数量堆积到预期大小时，即可移出纯硅籽晶杆。

另一个提纯过程叫做区域精炼法，通过使用一根冶金级硅杆和一个移动的感应加热线圈来实现。在感应加热线圈由冶金级硅杆的底部慢慢移动至顶部时，不断熔化整个硅杆。在被熔化区域的前部的硅能促进区域后部结晶。随着液体状硅开始结晶，杂质被剔除出新的晶格中，从熔化区域拣出它们，并将其扫至晶杆的顶端，在那里它们便被丢弃了。两种提纯的方法都可以产生半导体级的硅，但其操作过程的高成本也导致了其生成物的昂贵。然而，尽管这种材料已经可以用于制作太阳能电池了，但如果用于制作电池的话，它们还需要进一步加工。

硅晶体间的边界就好似电子流动的陷阱，因此它们需要被移除。这就意味着多晶体硅必须被转化成没有任何边界的单晶体硅。这可以通过将晶种浸入一个盛有熔状硅的坩埚中，然后慢慢拿出，当熔状硅开始结晶时拉出一大圈单晶体硅的过程来实现。整个过程严格控制在预先确定的提取速度与温度下，以生产所需尺寸的熔状硅，该尺寸同时也取决于提取机器的大小及坩埚的容量。这种生成硅晶体的方法叫做 czochralski 过程。

在单晶体硅凝结的过程中可以添加一小部分掺杂剂材料，以生产出符合要求的电子性质。通常情况下，硼可以用作掺杂剂，这样在晶体产生过程中电子的缺乏就可以将其变成 p 型半导体。

鉴于电池时通过太阳光"供给能量"的，且太阳光只能穿透硅的很小的深度，因此太阳能电池必须极薄。那些笨重的单晶体 p 型硅材料必须被切成厚度为 300~500 微米的薄晶片。一种涂抹有冷却润滑剂的特殊的切割机可以用于生产此种薄片（晶片）。此方法显然很浪费，而且会有大量的硅变为灰尘。然后再使用一些品质优良的研磨料或化学蚀刻术对晶片表面进行抛光，当然还有很多其他表面处理技术。最后，通过在硅半导体的上半部分混合比硼原子更多的磷原子将其制作成 n 型硅材料。大量的磷原子处在上层和处在底层的硼原子就会在材料中产生一种 p-n 连接，进而磷原子和硼原子所处的能级就会产生相对较多的电子—空穴对。添加磷原子的过程是通过将晶片放入富含磷气体的扩散炉中用高温加热来实现的。整个过程需要仔细控制加热温度和暴露时间，以在晶片内的一定深度中形成统一连接。通常晶片被背对背粘在一起，这样背面即可保证不接收到扩散的磷原子。当然还有其他方法来实现前部连接，如离子植入，这时渗入的深度则由控制离子撞击晶片的速度来决定。

连接的形成完成了太阳能电池制造的整个过程，现在剩下的就是为电流流动提供电回路。由于每一个电池都非常小，而且电压较低，故我们有必要将一些电池连接起来以产生所需的峰值功率。电池因此可以通过串联、并联或两者结合连接在一起，产生出所谓的所需峰值功率下的光伏组件。考虑到每块电池的前后面的发电潜力不同，连接成电路的连接点必须在这些面间完成。前后面的接触必须良好地依附在太阳能电池上，而且必须在尽可能低电阻的情况下实现欧姆接触。电池应该接收到尽可能多的直射光，就这一点而言，前接触面不应该阻碍太阳光到达电池。另一方面，后接触面可以是固体金属涂层，因为太阳光没必要通过这层表面。事实上，如果是一个折射率高的表面会更好，这样就可将太阳光折射回电池中了。现在存在很多方法和材料用在生产电池前后面的欧姆接触上。

制造电池所使用的硅材料可以反射高达35%的入射太阳光，大大降低了可以用于发电的太阳光数量。它的这种性质提醒我们有必要在所有电池表面涂抹一层抗反射涂层，同时这种涂层必须有足够高的透光率来保证太阳光到达电池、引起电子流动，所以它还必须足够薄，通常在0.1微米（100纳米）以下。

现在存在许多材料用作抗反射涂层，其中包括一氧化硅、氮化硅以及二氧化钛，它们都可以通过一定的真空涂抹过程，如真空蒸发和真空溅射，用在太阳能电池上。一些高质量的抗反射涂层有三层或以上（多层）组成，它们可以将发射由35%降低到2%以下。因此，一般情况下，硅太阳能电池是一对p型和n型半导体，具有以下特征：分开电子和孔穴的连接；欧姆前后接触和抗反射涂层。使用前后接触时，一些电池可以连接在一起，形成一个达到所需的峰值功率的光伏组件或电池板。

其他制造太阳能电池的方法以及降低成本的探索和操作特征都在本章5.3.2节中给予了讨论。图5.11展示了一个在东非维多利亚湖区使用的光伏系统。

由光伏板实现的太阳能发电可以说用途广泛，它尤其适用于那些集中供电设施下供电不方便或不安全的环境下。其中一些使用光伏电力的实例包括水泵抽

图 5.11　东非维多利亚湖区所使用的太阳能光伏板

水、街道及房屋照明、夜间维多利亚湖区沙丁鱼垂钓照明、家用电器供电。太阳能供电的其中一个显著特征是：它可以应用于任何有需要的地区，使许多远离供电电网的家庭可以使用包括核心交流设备在内的多种电器。太阳能电池组件可靠、安静，而且对电灯、收音机、电视机等一系列小规模电器进行少量供电的话最省钱。使用太阳能电池组件作为电丝网的供电源正在逐日增长的缺乏安全性的警醒中和将野生动物有效地圈至规定狩猎区的需求中很快地盛行起来。

5.4　风能

和太阳一样，没有哪个国家敢说它们没有风。风遍布世界的每个角落，但唯一的问题是它根据季节的交替即使在某个特定的地区，也会以多种不同的强度呈现。治理风能由此需要对某个地区每年的风力情况进行一个精确的评估。东非有一个合适的风况环境来对风能进行多方面的利用，如抽水、谷物研磨和发电。安装在这个地区的风力机工作状态良好——这是证明该地区成功治理风能的最明显证据。这个地区同样还有信誉良好的风力机制造商，确保售后服务和维修。然而，这些制造商实在太少了，以至于无法覆盖整个区域。除此之外，这种半垄断状态的出现同样使他们的产品过于昂贵，而且风力涡轮机的体积过大、过于笨重，使其进口成本极高。所以我们有必要发展当地设计、生产、安装和使用风力机的能力。

5.4.1 风能技术

风即流动中的空气，因此具有动能，它可以被收集并转化成其他形式的能量。为了实现此目的，设计合理的机器必须投入使用，已将风的直线运动转换成旋转运动，进而与一个发电机相连进行发电。风能早在5000年以前就开始被治理了，当时古埃及人利用风能在尼罗河上航行；波斯人（现属于伊朗）之后利用风能研磨他们的谷物；在美洲大陆上，早期的欧洲定居者使用风车来研磨谷物、抽水和在木材加工厂砍伐木材；但直到17世纪，才在荷兰出现大规模使用风能进行工业发电。随着技术逐渐完善，风能已然变成农村社区的一个重要发电源；但随着人们关于使用其他资源进行发电的知识的增加，以及更加高效的传送装置的发展，风能的使用开始下降，相反基于石油燃料和核能等新型能源的其他技术的使用逐渐增加。然而，世界很快发现过于依赖石油是一种冒险，因为它们在将来始终要被耗尽的。与此同时，它的使用给环境带来了严重的不良影响，这还有待被审查，所以我们还是要将注意力再次转移到替代能源的研发上，而风能则是一种重要的替代品。当下，风力发电机在德国——这个风力发电的领导者中非常普遍，同样的现象也出现在美国、丹麦、印度、西班牙、荷兰和英国。一些国家，如中国、瑞士和加拿大，同样也是用相当数量的风力机去发电。风能转化成电能，主要需要两个阶段。第一个阶段是利用风的动能启动涡轮机。然后涡轮机的环行运动就会用来旋转磁场内的导电线圈，以产生电能。风力涡轮机的旋转速度是不均匀的，因为它要与时刻发生变化的风速保持一致。有时候，可能一点风都没有；而有时候，风速可能过低，以至于它都不能带动涡轮叶片。而另一方面，发电机需要很高的旋转速度，所以经常要安装一个齿轮在涡轮和发电机之间，以实现所需要的高旋转速度。风力涡轮机的转子每分钟的旋转次数是40~400转，而发电机通常需要每分钟1000~2000转的旋转速度，这就需要通过一个齿轮箱传动装置来实现。发电机既可以产生交流电（AC），又可以产生直流电（DC），这取决于是否使用了环形圈或整流器来获取产生的电压。无论在哪种情况下，所产生的电力都可以被调节至所需电压，而且在交流电情况下，还可以被调节成最终使用的正确频率。一些直流电发电机并没有使用齿轮传动系统，但这就意味着需要使用更大型发电机产生同等的电力输出。这些都是直接的驱动系统。通常情况下，风力涡轮机的叶片必须高效利用风力来转动，因此每一个叶片一定不可以阻碍下一个叶片利用风力，但同时也要足够长去抓住尽可能多的风力。最小干扰要求就在每个涡轮机可能承载的叶片数量上给予了限制，所以大部分的风力涡轮机只能有 2~3 个大叶片。一些大体积的风力机安装有扫风直径约为 20 米或以上的叶片，安装在 70 米或以上的塔顶。然而设计的主要顾虑在于当地最常见的风况下所需的风速，以及适合于最终使用的风力机类型。目前仅有两种主要的风力机类型：垂直轴和水平轴。垂直轴机器在一个垂直于地面的轴线上旋转，而水平轴机器则在一个与地面平行的轴线上旋转。对于每种类型的风力机，也还存在不同的可利用设计。然后，由于一些操作上的要求，垂直轴机器无法被广泛投入使用。其中最基本的垂直轴机器设计包括达里厄型风力机、萨伏纽斯风力机、Giromill 风力机和埃文斯风力机。而使用最广泛的风力机类型当属水平轴型，它们的叶片可以根据塔的位置对风流逆流而上或顺流而下。如果风流在通过塔前先到达了叶片，那么它就是一个促进风流逆流而上的机器。此种情况下，我们有必要安装一个尾舵来改变叶片始终迎风。当然还有很多不同的机制保证将叶片放置在能最大程度地获取风能的位置上。对于这些机器的关键设计依据在于它们的切入和切除速度。如果风速过低无法保证机器产生任何可利用的电力，那么机器应该停止旋转或旋转但不发电。一旦风速超过以上最小值，叶片就应该转动并发电。这个最小速度就是涡轮的切入速度，通常根据涡轮的尺寸和电力产生范围的不同在 3~5 米/秒。另一方面，可能会因为风速过高而损坏机器，这时涡轮应该关闭并放弃发电。发生在此种情况下的速度称为切出速度，而且通常在 20~40 米/秒。这可以通过多种方法加以避免，如利用速度感应器启动自动闸门，或向前倾斜叶片以获得较少风力，或通过启动特殊机制以将叶片转离风流。正常的风力机会在风速下降到一个安全水平后重新运行。另一个设计依据中的因素将在以下理论分析中呈现。关于风能转化的理论可以通过线动量理论的一些基本原理得到最好的理解。

在未受干扰的状态下，风在每单位时间内所存在的动能（功率）为 P_o，它可以用它的质量流率表示如下：

$$P_o = \frac{1}{2}\rho A_1 u_o^2 = \frac{1}{2}\rho A_1 u_o^3 \tag{5.14}$$

这是风在理想状态下所能产生的能量。A_1 是横街面的面积，u_o 是持续的风速。但实际情况却与之不同，因为涡轮在风流中会直接影响到逆流和顺流的速率，因此压力也会发生变化。正是这些改变的大小将决定能从风流中得到多少能量。设想涡轮被安置在位置1，并覆盖了一个圆形区域 A_1（图5.12），则每单位时间内涡轮所受到的推力或压力为：

$$F = \dot{m}u_o - \dot{m}u_2 \tag{5.15}$$

在这里假设风速 u_1 是不变的，这样从涡轮中得到的能量为：

$$P_r = Fu_1 = \dot{m}(u_o - u_2)u_1 \tag{5.16}$$

这应该等于每单位时间内风流中损失的能量，表示如下：

$$P_w = \frac{1}{2}\dot{m}(u_o^2 - u_2^2) = P_r = \frac{1}{2}\dot{m}(u_o^2 - u_2^2) \tag{5.17}$$

涡轮中的电压 u_1 已经由于在涡轮中获得的能量与风流中损失的能量相等的原因被消除了。我们可以发现这个电压是：

$$u_1 = \frac{1}{2}(u_o + u_2) \tag{5.18}$$

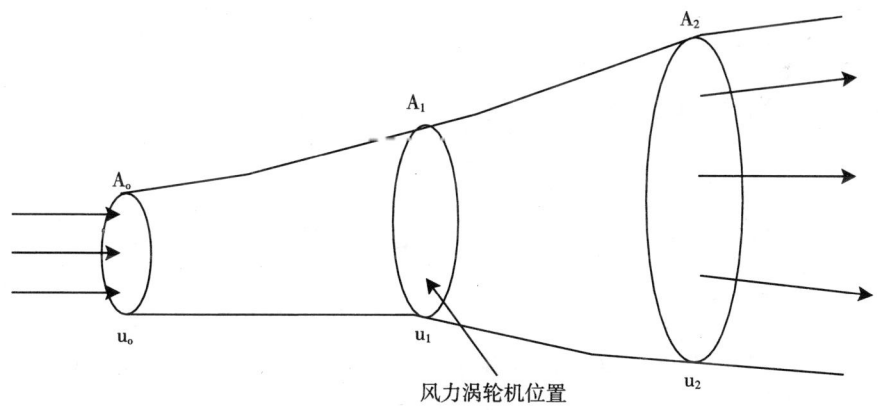

图5.12　由于涡轮的存在而导致风流发生干扰

根据线动量理论，通过由旋转的涡轮覆盖的圆形区域的空气速度不可能小于未受干扰的风速 u_1 的一半，它大约是未受干扰的逆流和顺流速率的平均数。然而，如果在周围空气速度导致涡轮速率为零的情况下，它可能等于未受干扰的逆流速率的一半,但这种情况在实际操作中根本不可能发生,因为风流必须持续流出涡轮以防止后方压力过大而造成涡轮陷入瘫痪状态。

每单位时间内通过涡轮区域的质量流为:

$$\dot{m} = \rho A_1 u_1 \tag{5.19}$$

其中产生的能量 P_T 为:

$$P_T = \rho A_1 u_1^2 (u_o - u_2) \tag{5.20}$$

但是 u_2 可以用 u_o 和 u_1 表示为:$u_2 = 2u_1 - u_o$,如果将其放入式(5.20)中,则产生的能量为:

$$P_T = 2\rho A_1 u_1^2 (u_o - u_1) \tag{5.21}$$

我们已经发现涡轮的存在会干扰逆流和顺流的风速。在设计时必须将此种干扰考虑在内,因此需要正确的理解其中原理。我们同时还要牢记通过涡轮的风速不可能小于未受干扰的风速的一半,这意味着从风中获得的能量是有一定界限的。不仅如此,还必须有足够的能量留在风中以保证它继续向下顺向流动。为了分析以上所有过程,需要引入一个干扰因素 α,定义为涡轮区的部分风速损耗,并且可以用它来表示获得的能量界限:

$$\alpha = \frac{u_o - u_1}{u_o} \tag{5.22}$$

其中,$u_1 = u_o(1-\alpha)$,这样 $\frac{1}{2}(u_o + u_2) = u_o(1-\alpha)$。因数 α 现在可以用 u_o 和 u_2 这两个容易计算得到的量来表示:

$$\alpha = \frac{1}{2}\left(\frac{u_o - u_1}{u_o}\right) \tag{5.23}$$

这个因数同样也叫微扰因子,将其放入式(5.21)中则可得到:

$$P_T = \frac{1}{2}\rho A_1 u_o^3 [4\alpha(1-\alpha)^2] \tag{5.24}$$

显然,方括号外的项表示涡轮周围未受干扰的风流中的能量,即在涡轮不干扰空气流动的情况下可以由风流传递的最大能量;同时方括号内的项表示能量提取系数。式(5.24)现在写做功率系数 C_p,未受干扰的风速为 P_o,则:

$$P_T = 4\alpha(1-\alpha)^2 P_o = C_p P_o \tag{5.25}$$

我们必须知道微扰因子 α 的值,由此得出能量提取的最大值。这将会发生在一个恰当的 α 值下,此时梯度 $dC_p/d\alpha$ 等于 0,α 值为 1/3。微扰因子的值会决定功率系数的最大值：$C_p \approx 0.59$，而这是贝茨标准。这意味着仅有风中的一半能量被获取，因为风流必须保留一定的动能离开涡轮。贝茨条件只适用于理想的风力机中，而实际的风力机因为受到空气动力阻碍、机械及电力损失的影响，只能转化比这还少的能量。我们实际上所取得的能量要比我们用线动量理论计算出的能量少，而且这主要取决于机器设计的类型和细节以及操作条件。其中一个最重要的设计依据就是其额定风速，即机器能够出现全功率输出时的最低风速。当风速高于这个速度时，输出功率也会控制在这个水平上。安装有 2 米长涡轮叶片的风力涡轮机（其扫风直径为 4 米）将会达到 1.5~5 千瓦的全功率，这主要取决于实际额定风速，但它一般在 14 米/秒以下。扫风直径约 15 米的中型设备其输出的全功率在 100 千瓦左右，而扫风直径约 60 米的大型涡轮机，其输出的全功率可高达 2~3 兆瓦。事实上设计额定风速高于 15 米/秒的涡轮机并不合算，因为风能的输出功率是与其速度成比例的，而正是这个速度才是我们设计涡轮机时首要考虑的因素。风速每年的平均值、风的分布情况或发生频率都在评估某一地点的发电潜能上起着至关重要的作用。由此，风速的测量方法应该进行认真分析，并以速度—历时曲线或速度—频率曲线的形成呈现。两种曲线的长线形式可见图 5.13 和图 5.14。

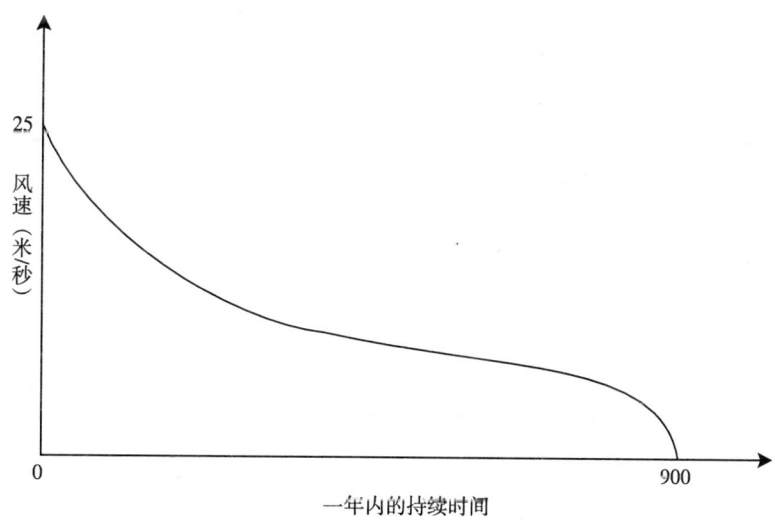

图 5.13　一个地点的典型的速度—历时曲线

这个曲线可以根据当地的风速分布情况，沿着风速轴向上或向下移动。

风速—频率曲线则有着与之完全不同的形状和最大值，这主要取决于风速的分布情况。在图 5.14 呈现的曲线中，最高频率的风速是 8 米/秒。此时风速低于平均风速，且当平均风速增加时，最高频率的风速的持续时间则会降低，但曲线下的区域大小不会发生变化。这个曲线向我们展示了频率最高的风速是怎样随着每年平均风速的变化而发生变化的，它非常有用，且代表了特定区域内不同地点的风速特征。所有这些关于特定区域内的风况信息对于设计一个合理的风力涡轮机都十分重要。额定风速总是在切入风速和切出风速之间，所以每天、每月、每年，这些不同时间段内的不同风速都必须给予考虑。除了风况的因素要考虑外，还有其他因素也会影响到合适地点、合适风力机的选择。这些因素包括承载着重型设备通过铁路线路或主干道、通过电力供给地或需求集中地进行远距离运输，到达特定地点的可实现性。地质的特征同样也影响了建造基地的成本。

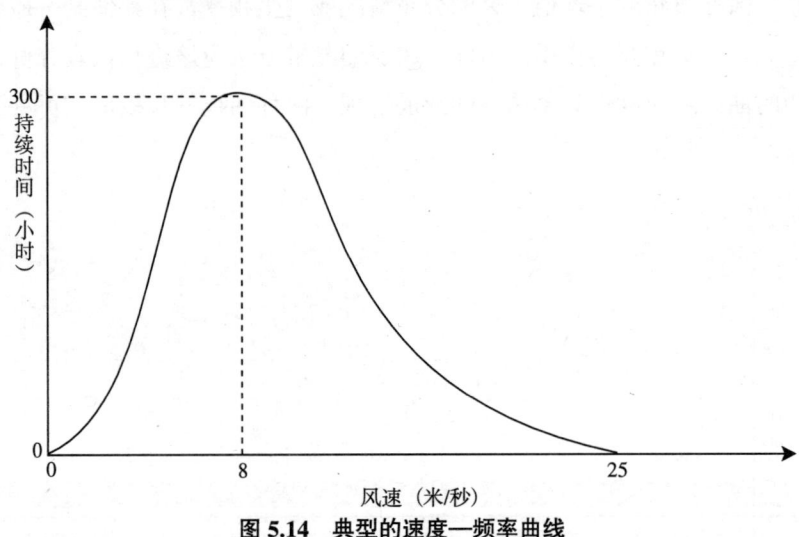

图 5.14　典型的速度—频率曲线

如上所述，在设计风力机的时候还有一系列的因素要予以考虑，如图 5.15 显示了一个双叶片水平轴风力发电机的相关部件。更多相关的设计依据因素将在下面进行讨论，其中包括决定某个风力机上叶片数量的因素。这很重要，因为涡轮的存在势必影响到风流流动的平稳情况。

风流通过涡轮时降低的风速会造成逆流而上和即将进行的顺流而下的风流间出现压力差。我们现在假设这个压力差为 ΔP，轴向的推动力为 F_T，即沿着涡轮轴方向的风力大小，则压力差可表示如下：

$$\Delta P = \frac{1}{2}\rho\,(u_o^2 - u_2^2) \tag{5.26}$$

当向下顺流风的速度为零时，ΔP 的值最大。涡轮轴上最大的风力（推动力）为：

$$F_{Tmax} = \frac{1}{2}\rho A_1 u_o^2 \tag{5.27}$$

当 $u_2=0$ 时，它相当于风能的动量损失；当 $u_2 \neq 0$ 时，轴向的推动力为：

$$F_T = \rho A_1 u_1 (u_o - u_2) \tag{5.28}$$

无论 u_1 还是 u_2，都可以被 $u_1 = u_o(1-\alpha)$ 和 $u_2 = u_o(1-2\alpha)$ 代替，所以公式还可以写做：

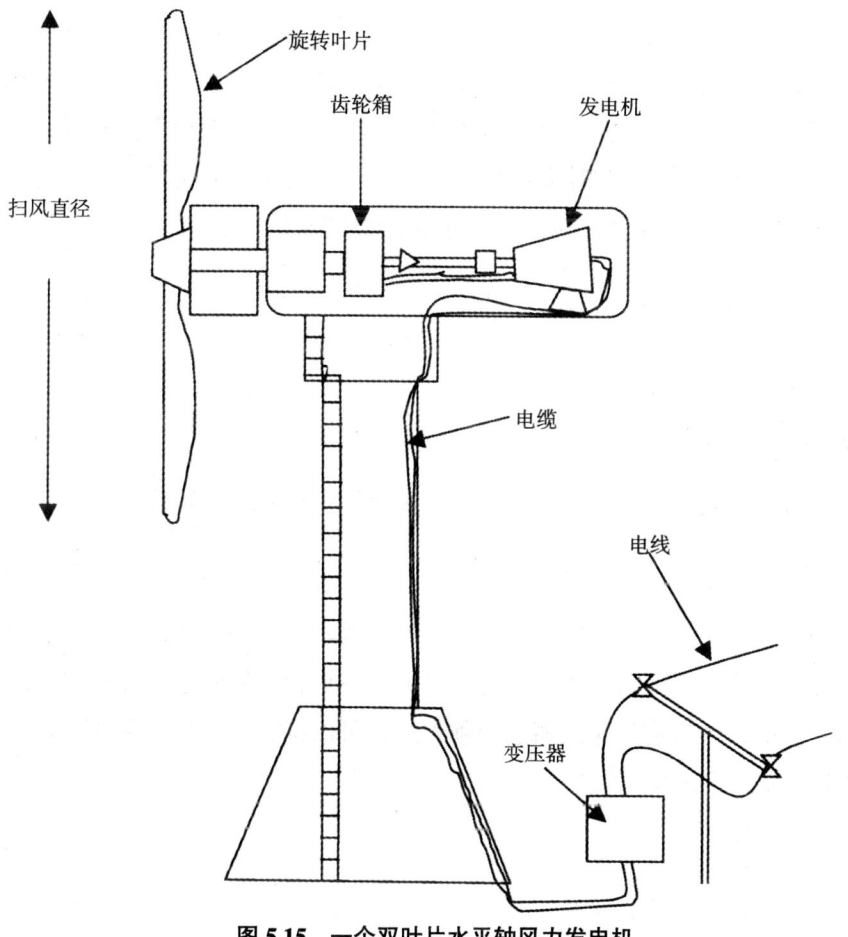

图5.15　一个双叶片水平轴风力发电机

$$F_T = \frac{1}{2}\rho A_1 u_0^2 [4\alpha(1-\alpha)] = C_F F_{Tmax} \tag{5.29}$$

方括号外的数值表示由旋转的涡轮撞击横切面积的力量大小，而方括号内的数值表示同轴力系数，C_F 同轴力系数 C_F 的最大值出现在当 α 去一定的值后，梯度 $dC_F/d\alpha = 0$ 时。同时我们可以发现，当 α = 1/2，得到的 C_{Fmax} 的值为 1。此种情况的发生意味着 $u_2 = 0$，而基于以上论述原因，这是不允许发生的。然而，我们已经了解了要获得最高功率时，α = 1/3，这对应着 $C_F = 8/9$。由此，对于实际的最大能量获取值，同轴力系数不是单位一，而是 8/9。请注意同轴力系数，C_F 与功率系数 C_P 的不同，尽管它们的值取决于微扰因子 α 但它们却是在不同情况下取得最大值的。所有这些因素和极限，都必须在设计一个风力转换机时予以考虑。还存在其他设计依据因素，我们在这个阶段就不予以讨论了。然而，对于设计直接用于发电的小型的风力机，旋转叶片的中心需要直接与发电机的转子进行匹配。

我们必须牢记，风能的线动量必须被转化成涡轮的旋转运动。这意味着风流必须使涡轮发生旋转。由此引起旋转轴功率的转矩应该事先确定，进而才能确定某一特定的风速能否带动涡轮发生旋转。如果将最大推动力应用在叶片远离于旋转轴的顶端，就会出现最大转矩。如果涡轮旋转桨的半径为 R，那么最大转矩 Ω_{max} 为：

$$\Omega_{max} = F_{Tmax} R \tag{5.30}$$

且，

$$\Omega_{max} = \frac{1}{2}\rho A_1 u_0^2 R \tag{5.31}$$

我们现在可以定义可以应用于任何工作中的机器的转矩系数 Ω_Ω，为：

$$C_\Omega = \frac{\Omega_{max}}{\Omega}, \tag{5.32}$$

其中，Ω 是机器（涡轮机）的轴距。如果涡轮的大小和风流的速度已知，假设推动力达到最大，那么轴距也会得到最大值，涡轮的角频率由此可以得出。为了实现此目的，叶尖速比 γ 的概念必须引入，可以将它定义为叶片端速 u_t 与未受干扰的风速 u_0 之间的比率：

$$\gamma = \frac{u_t}{u_0} = \frac{R\omega}{u_0} \tag{5.33}$$

其中，ω 表示涡轮旋转的频率。式 (5.31) 又可以写成：

$$\Omega_{max} = \frac{1}{2}\rho A_1 u_o^2 \frac{u_o \gamma}{\omega} \tag{5.34}$$

利用式（5.28），最大轴距可以风流的功率 P_o，表示如下：

$$\Omega_{max} = \frac{\gamma P_o}{\gamma} \tag{5.35}$$

轴功率，即由从风流中获得的功率 P_T 得来，也可以用转动功率及涡轮机的轴距来表示：

$$P_T = \gamma \Omega \tag{5.36}$$

显然，轴功率等于从风流中获得的功率，所以有：

$$C_p = \gamma C_\Omega \tag{5.37}$$

由于 C_p 的最大值已知，所以如果 γ 的值已知，我们同样可以计算出 C_Ω 的最大值。

最后，设计一个风力机必须考虑动态匹配。这是一个旨在使机器是适应于风况的尝试。如果 t_b 是后一个页面移向前一个叶片位置所需的时间，t_w 是风流在经过机器干扰后，重新回到其平稳速度所需的时间，那么动态匹配则是试图使 t_b 与 t_w 的值相等。实际上，这也意味着将风速与涡轮的转动频率相匹配。现在我们可以在一定程度上将 t_w 与 t_b 的值相联系：

$$t_b = \frac{2\pi}{n\omega} \tag{5.38}$$

其中，n 表示叶片的数量，且：

$$t_w \cong \frac{d}{u_o} \tag{5.39}$$

其中 d 是风流被干扰部分横截面的长度。由于当 $t_b \approx t_w$ 时，可以得到最大功率，故我们也可以这样写：

$$\frac{n\omega}{u_o} \approx \frac{2\pi}{d} \tag{5.40}$$

而且由于 $\gamma = \frac{R\omega}{u_o}$，我们还可以写成：

$$\gamma = \frac{2\pi}{n}\left(\frac{R}{d}\right)\frac{1}{k} \tag{5.41}$$

其中，为得到最大的功率，R/d 的比率应该等于 1，所以又有 $R \approx d$，且 $\gamma_o = \frac{2\pi}{nk}$。

一般情况下,实际操作的机器中,我们通常可以看到 $k \approx 1/2$,进而得出:
$$\gamma_o = \frac{4\pi}{n} \tag{5.42}$$

使用此种关系,我们就可以得出在已知的风况中,适合于预期的涡轮转速的叶片数量。

任何风力涡轮机的设计都要从这个涡轮机的使用类型开始。这十分重要,因为不同的需求所需的转矩也不同。例如,如果这个机器用于抽水,那么必须生产出所需的大转矩以转动笨重的机械耦合和水泵;如果它用于发电,那么机器应该能够以相对较高的速度转动以达到发电机转子所需的最佳转速。所以风力泵需要大转矩及低转速,而风力发电机则需要使用小转矩以实现高速转动。大转矩则需要数量较多的叶片,而高转速则只需要少量叶片,根据我们以上讨论的阵风干扰理论就不难理解了。叶片的气动外形可能也各有千秋,以满足不同的需求。另一个设计依据则在于驱动齿比率的选择上。对于发电机而言,齿轮箱必须精心设计,这样才能高效地将气动扭矩从转子叶片转移到发电机上。最后,设计者必须要对机器是否应该使用垂直轴风力涡轮机(VAWT)还是水平轴风力涡轮机(HAWT)做出决定。这些都是技术上可以接受的叶片转动轴的方向。垂直轴涡轮机的优势在于它不需要任何机制来使叶片与风向所匹配,它们可以在任何风向下运转。但同时塔的结构必须能够在一个安全的高度上支撑风力涡轮机以及它的组件。尽管风能属于可再生资源,但它也存在许多优势与劣势。它的优势,除了可再生外,还包括:

- 免费,且有利于环境,不产生任何排放物或化学废弃物;
- 减少了对化石燃料的依赖;
- 能量可存储于电池中或作为被抽出的水的潜在能量;
- 相关科技已经发展完善且拥有可利用的设备;
- 使用范围并不仅局限于它所安装的土地上;
- 充足的可用于发电的风能广泛遍布于全世界。

其中一些劣势包括:

- 风能的产生是间歇的;
- 风力机噪声大且对一些人来说很丑陋;
- 在高塔上修理故障机存在困难;
- 对小型运营商来说大部分机器过于昂贵。

5.5 小型水力发电技术

将水中的动能转化成其他形式的能量的技术已经是一项完全成形的工艺，且几个世纪以来就已经高效率地应用于发电上了。因而，它已经成为许多国家，尤其是非洲、亚洲和南美的一些欠发达国家进行发电的主要手段之一。这项技术最初只是以小规模出现，并且为发电机附近的几个社区服务，但随着相关知识的扩展，它已经能够进行大规模发电和远距离传输了。大规模的水力发电机利用广阔的水库，这些水库需要靠建造特殊的堤坝来控制水流，且为达到此目的，通常需要使用大量的土地。因此，已经有越来越多的担忧出现在此类发展对于环境和生态系统的影响上。这些顾虑以及传送的高成本又将人们的兴趣重新拉回到小型水力发电的生产上。最初，在这项技术发展的前期阶段，发电并不是其主要目的。水力主要用于进行机械工作，完成预期任务，如抽水（家庭供水和灌溉）、研磨谷物和工业活动的机械操作。

大规模的集中式水力发电设备被证明是昂贵且破坏环境的，它会扰乱生态系统的平衡。经验告诉我们，它们是传送的高成本以及由此导致的电力的高消费的最终源泉。除此之外，在东非几乎不存在任何河流可以持续且稳定地支撑此类设备，但这里确实存在一些小河可以用于小规模的发电。这些资源应该被高效利用，以为分散的农村家庭提供电力。

除了河流外，还有其他途径可以从水资源中获得电力。例如，海水热能、潮汐能、波能甚至地热能都是水性能源，可以加以利用。除了地热能和水力发电外，其他所有与水有关的能量的使用没有对全球供电系统带来任何重大影响。甚至就连水力发电，这个最古老的发电科技之一，在今天发展完善并大规模使用的技术，也只占到大约全球总发电量的3%。水力发电作为一种能源的潜力在非洲大陆要高于东欧大陆，且堪比北美大陆。但不幸的是，尽管非洲大陆在未开发的水力发电潜力上在全球首屈一指，仍有成千上万的居民无法使用电力。

为了合理使用水力发电技术，我们十分有必要去理解将水能转化成其他形式的能量原理。水力发电的利用原理包括将书库里的水所含有的潜在能量转化成一个自由下落的动能，以用于机械工作。这意味着存储水的设备必须高于能量转化点（如发电机）。水自由流动的量和方向主要通过使用水管来控制，这样就可以引导水流动到转化过程发生的地方。水流中的功率 P_o 因此主要取决于水流落下的垂直高度 h 以及整个水流通过水管的流动速度 V_f。涡轮机叶轮的转动速度同样很关键，因为它决定了一共能产生多少能量。这个转动同样取决于其他系数，如涡轮的直径。我们首先来讨论水流的功率，可以表示如下：

$$P_o = \rho g h V_f \tag{5.43}$$

其中，ρ 表示水的密度，g 表示万有引力。由于水是在水管中流动的，所以其中会存在一个摩擦力降低垂直高度的效力，进而导致从水中获得的功率就好像它从一个更低的高度 h_e 落下。这个有效（或可利用）高度是从实际高度 h 中剔除摩擦修正高度 h_f 而得到的，即：

$$h_e = h - h_f \tag{5.44}$$

摩擦修正高度的大小会随着水管的长度增加而增加，因此我们必须通过使用较短的水管来将其降低到最小值。这就意味着水流的坡度必须非常陡直。图 5.16 所展现的水力发电装置有些过于简化。在实际应用中，涡轮机上的冲盂或消力戽数量很多且排列紧密，尤其是水斗式水轮机，这个使用最广的涡轮机设计之一上。不仅如此，每一个传送管的末端都被设计成喷水器形状，可以引导水流直接射入冲盂或消力戽中。这样就可以极大程度地降低水流功率的浪费。这种水动量上的改变与来自喷水器的水流速度 u_j 和涡轮机的速度 u_t 有关。我们回忆到在每单位时间内动量的改变正是水流附加在涡轮机上的冲力：

$$F_T = 2\rho V_f (u_j - u_t) \tag{5.45}$$

所以从水流中获得的功率为：

$$P(u_t) = F_T u_t = 2\rho V_f (u_j - u_t) u_t \tag{5.46}$$

当梯度，$dP(u_t)/du_t = 0$，且 $u_t/u_j = 0.5$ 时，我们即可获得最大功率。如果我们能获得水流的所有线性功率，这样在涡轮机后面，水流可以由于只受重力的影响而垂直而下，那么涡轮机的输出功率为：

$$P_j = \frac{1}{2} \rho V_f u_j^2 \tag{5.47}$$

其中 P_j 是每秒离开喷水器的总共线性能量，即来自喷水器的所有能量。此种情况下，这个涡轮机的效率 h 是 100%。然而，由于其他因素的存在，一个实际使用的涡轮机效率不可能达到100%，但一般情况下都会在50%~90%。而来自涡轮机的实际机械功率是：

$$P_{mT} = \eta P_j = \frac{1}{2}\eta\rho V_f u_j^2 = \frac{1}{2}\eta\rho A (2gh_e)^{3/2} \tag{5.48}$$

其中，

$$u_j^2 = 2gh_e \tag{5.49}$$

面积A在一定程度上是由冲盂或消力戽的大小决定的，这样所有来自喷水器的水流将会直接落进冲盂中。然而，涡轮机中所有流量总是少于水流中的总流水量。涡轮机的总大小主要基于系统所要求输出的发电功率。涡轮机的转子通过齿轮联轴器或滑轮链与发电机的转子相连接，这样发电量的大小将取决于涡轮的角速度。如果涡轮的半径为R，并以角速度ω转动，那么功率将是：

$$P_{mT} = F_T R_\omega \tag{5.50}$$

从式（5.50）可以明显地看出，根据$\omega = u_t/R$，涡轮的半径越大，其角速度越低。当功率转换达到最大时，$u_t = 0.5 u_j$，且此时$\omega = 0.5 u_j/R$，由此：

$$R = 0.5 (2gh_e)^{1/2}/\omega \tag{5.51}$$

如果喷口的半径为R_j，那么喷口的面积，$A_j = \pi R_j^2$，这样喷口的半径可以由以下关系式来决定：

$$R_j^2 = \frac{P_{mT}}{\eta\pi\rho n_j \sqrt{2}(gh_e)^{3/2}} \tag{5.52}$$

其中n_j表示喷口的数量，经常为2~4。从式（5.52）可以看出，R_j与R的比率可以由下决定：

$$\frac{R_j}{R} = 0.68\varphi(\eta n_j)^{-1/2} \tag{5.53}$$

而因数φ是形状因数，并决定了系统的最佳操作条件。它的重要变量包括角速度、有效垂直高度以及最大涡轮功率。

$$\varphi = \frac{P_{mT}^{0.5}\omega}{\rho^{0.5}(gh_e)^{1.25}} \tag{5.54}$$

图5.16是一个将水能转化成涡轮机械能的简化方法所需的主要水力部件。其中有三个可行的地点用于水流在涡轮上汇合。如果正如图5.16所示，来自传输通道的水可以被引入涡轮机轮的顶端，那么这属于上射式涡轮机轮。第二种类型是指水流被引向涡轮机轮的中间部分，而这是一种胸射式类型。最后一种情况

是指将水流引向涡轮机的底部,而这属于下射式涡轮机轮。

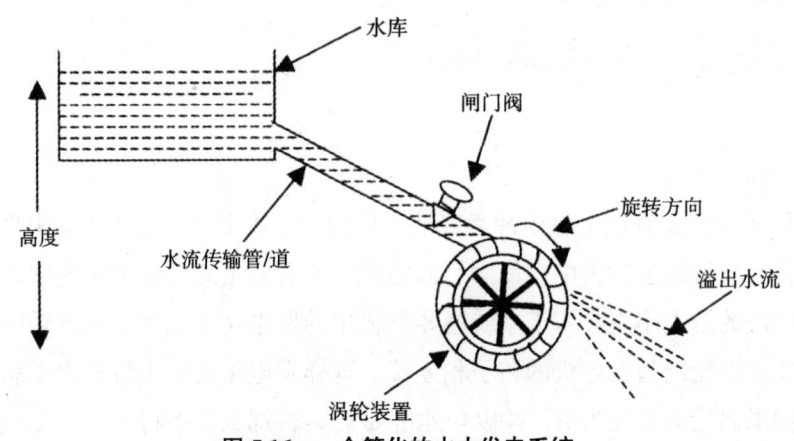

图 5.16　一个简化的水力发电系统

正如第 3 章所述,非洲大陆上未开发的水力发电潜力十分高,且后期利用最好集中在小型水力发电设备上,因为它们对环境和现存的生态系统冲击最小。小型及中型的水电计划对于非洲大陆上居民区长距离分散分布的条件来说较便宜且可行性高,且非洲的复杂地势也使得从一个中央发电设备上分配电力的计划变得十分昂贵。现代水力涡轮机,如果经过合理设计的话,其效率非常高,可以达到 90%以上的电力转化效率。目前已经有两种类型的涡轮机投入使用。它们是冲力式涡轮机和反动式涡轮机,其水力发电设备的大小决定了哪种类型最合适。然而,小型水力发电的科技,应该成为尤其是东非以及一些发展中国家额外关注的技术,它并不是大型水力发电科技的复制品,尽管以上讨论的基本原理大致相同。小型的水力发电系统应该具有更加简单和廉价的设计技术,且不需要十分复杂和专业的知识或特殊设备。它们应该只需要小规模的土建工程。为了利用这些设备的简单且组建成本低的优点,我们必须同时接受其相对于直接复制大型水力发电的科技较低的效率。以上诸多因素的结合是减少每单位电量投资成本的一种方法,因为水力发电投资的很大一部分都由设备、组建和特殊照看的成本组成,这导致了水力发电的电力价钱较高的主要原因。更多的成本节约可同样通过减少对在大型水力发电设备中电力传递的过度依赖性来实现。根据需求的本质,一年中存在几天水量不足的现象是可以接受的,因为这样可以节约土建工程中的进口装置等。小型水力发电计划还存在其他的优势,因为涡轮机轴上的能量还可以作为动力加以利用，直接驱动一些设备，如食品加工设备、水稻脱壳机、谷物研磨机、榨油机和甘蔗压碎机。所有这些应用都要求灵活的转速，因此对于水流速度的波动并不敏感。然而，现在的限制是我们获得的电力必须紧密应用于发电设备的附近。

对于这些小型水力发电系统的小型应用，目前已存在相关科技可以实现负载控制，甚至是自由流涡轮机的使用，这些都不需要特殊的组合压强水头。此类涡轮机一个更加普遍的例子即是安装在河流中的由下面水流冲击而转动的涡轮机。当然还存在一些新的技术可以在水力发电涡轮机的设计上仅仅使用风能发电的基本原理，这时就需要使用流线形叶片了，但由于水的密度比空气大，在实际使用这类涡轮机时必然存在一些技术限制。负载控制是另一种可能提高设备成本的施工设计。理想状态下，电量的产生和需求应该总是相等的，即使在无储存可提供的情况下。而对于小型水力发电计划，需求电量应该被看做是一个已知值，而产生的电量应该规定为通过开关进水阀而产生的以需求电量为自变量的函数。这需要一个可靠且昂贵的进水阀和开关，有时还需要一个调压室。为了避免此种情况的发生，我们有必要规定需求量而非产生量，因为此种做法可以更加廉价，且可以获得更可靠的开关。需求可以划分优先权等级，然后一个电力调节器可以根据这些优先顺序将产生的电力转换至优先权最高的需求上，这样排列靠后的需求只有在存在充足电量留给它们时才能被满足。这样一个负载调节器相对于机械产量控制来说更加高效且更低的劳动集约，且它们非常便宜、易得。

以下列出的是一些小型水力发电转化系统的设计依据。水中的能量可根据以下的等式决定：

$$E = gh + \frac{P}{\rho} + \frac{1}{2}v^2 \ (JKg^{-1}) \tag{5.55}$$

其中，h 是最初超出涡轮的水位高度，v 是水流的速度。由于水进入涡轮时要比出去时有更高的能量，故获得涡轮机的额定功率所需要的净落差可以通过以下公式决定：

$$H_n = \left(h_1 + \frac{P_1}{g\rho} + \frac{v_1^2}{g}\right) + \left(h_2 + \frac{P_2}{g\rho} + \frac{v_2^2}{g}\right) \tag{5.56}$$

脚注 1 和 2 分别表示水流在涡轮机上相对流进和流出的点。水流的速度 v 可以用体积量 Q 来表示，这样 $v_1 = Q/A_1$，且 $v_2 = Q/A_2$。此时，进入涡轮机的功率可以用 Q 和 H 表示：

$$P_d = 9.81QH \text{ (kW)} \tag{5.57}$$

而涡轮机的输出功率为：

$$P_t = \eta_t P_d \tag{5.58}$$

其中 η_t 表示水轮机的效率。

关于小型水力发电系统的定义并没有严格的量化限制，但一般情况下，那些功率最高可达大约 10 兆瓦的系统称为小型水力发电设备。关于脉冲涡轮机，其水流的潜在能量不会发生变化，且能量转化发生在喷水器和转轮叶片之间。它主要用在小型水力发电系统中，其中一些包括水斗式水轮机（如图 5.17 所示）、中水头斜击式水轮机和双击式水轮机。反动式涡轮机主要潜伏在水中，这样水流可以浸满整个外壳。它既可以用在大型水力发电系统中，又可以用在小型水力发电系统中（如图 5.18 所示），其中最出名的类型包括法氏水轮机和卡普兰水轮机。无论是法氏水轮机，还是卡普兰水轮机，它们都倾向于使用 15~40 米的低压落差，但在一般的脉冲涡轮机需要相对较高的落差，甚至可以高达 800 米。

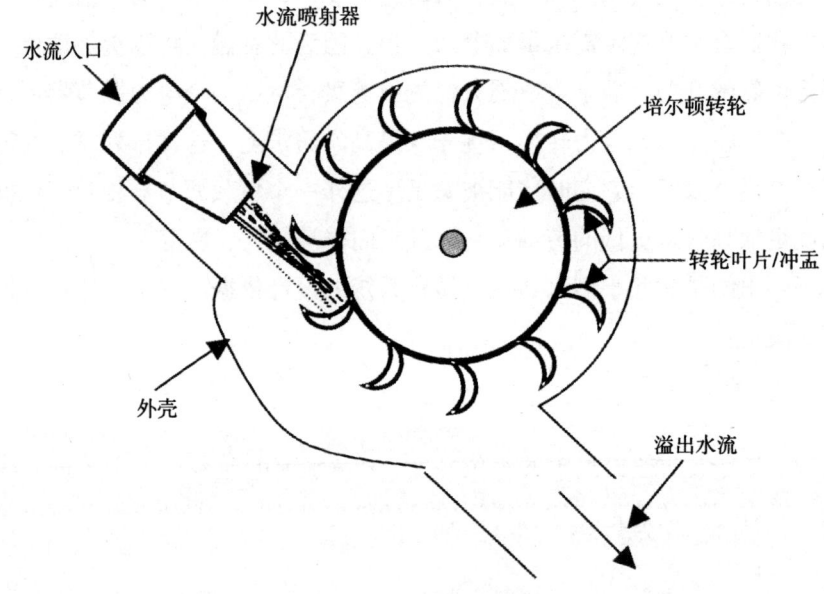

图 5.17 水斗式水轮机

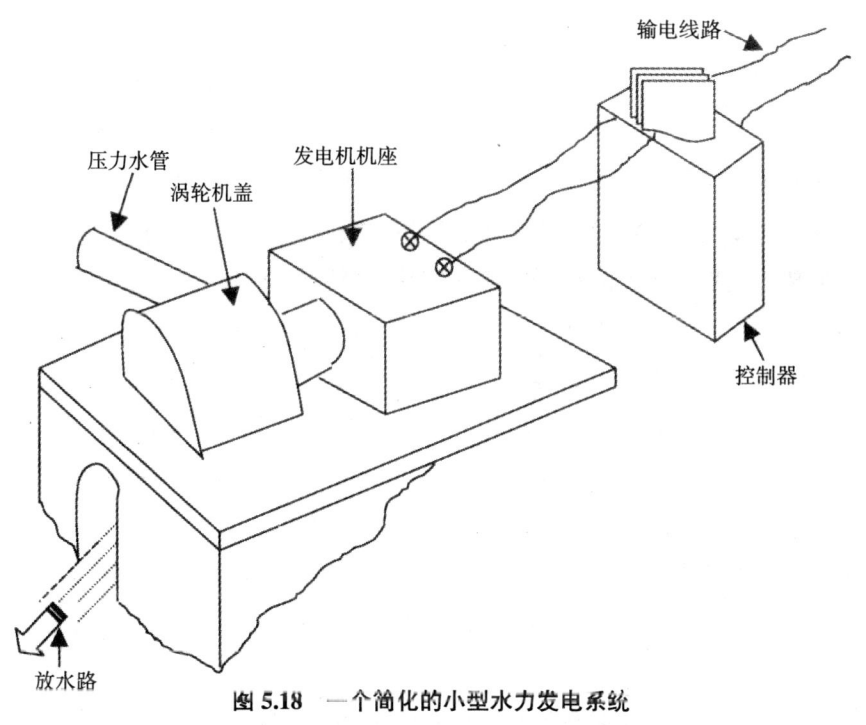

图 5.18　一个简化的小型水力发电系统

5.6　生物质能技术

生物质是热能最古老的能源，它可以通过燃烧有机材料，如树木、作物残渣和其他植物获得。植物生产能量的过程叫做光合作用，它仅仅可以发生在存在日光的条件下。由此，生物质能也可以被看做是以化学能形式存储在植物中的太阳能。现在已发展了一些科技将未经加工的生物质材料转化成其他形式的燃料，例如，生物质多年来被用作发电和通过蒸汽形式产生机械动力。通过一个汽化过程，生物质可以直接转化成生成天然气，进而可以为用于不同方面（如发电）的热力发动机提供能量。因此，生物质是一种非常重要的初级能源，可以用于多种方面。从全球看，生物质能源占全球能源消耗的 13%~16%，但是在发展中国家，它的贡献会更大，例如在东非，它的平均贡献率可高达 85% 左右。尽管在东非，生物质主要以木柴或燃材等传统形式出现，但总体来说，它可以转换成以上所述的不同形式的能源。其中最常见而且最简单的技术是将木质生物原料转化成木炭，可以放在特殊的炉灶中燃烧已产生所需的能量用于烹饪和其他取暖要求。这种科技已经广泛应用于许多发展中国家。另一个相对不太直接的生物质能源是使用某些以生物质材料为食的反刍动物的粪便。干燥的粪便进行缓慢燃烧，可以得到一种热能源，尤其在发展中国家的游牧牧民部落中广泛使用。这类群体仍然出现在东非的许多地区，而且仍然将燃烧奶牛粪便所产生的热量用于烹饪和空间取暖。其他转化过程会导致酒精、生物气和其他可燃气体的产生。小颗粒状的生物质材料，如锯末、咖啡豆荚和米糠以及小叶子，经常燃烧太快，由此只适合于烹饪，但可以把它们压制成更紧凑的结构，这样就可以和树木与木炭一样慢慢燃烧了。生物质材料的化学成分根据植物种类的不同千变万化，因此并不是所有类型的生物质材料都可以高效地转化成所需形式的能源。例如，甘蔗类植物就可以产生能够高效转化成乙醇的化合物；而另一种植物则可能无法产生酒精或至少不能像甘蔗一样产生数量可观的酒精。同样地，潮湿的奶牛粪便很适合生产天然气（主要是甲烷），因为无论怎样，它都在奶牛的胃中加工过，这为能够生产天然气的微生物反应提供了一个合适的环境。所有这些不同的转换过程以及生物质能作为一种能源的广泛应用均迎来不同水平的技术发展：从一开始的仅包括直接燃烧的简单的传统技术，到如今高度复杂的现代技术，如乙醇发酵、汽化、蒸汽机和废热发电。在这一节，我们将集中介绍已被东非贫穷国家投入使用的生物质能科技。这将帮助我们理解为什么在寻找可替代生物质能源的同时，仍需要改善这些技术的重要性。这些改善应该被看作是一种短期措施，它不仅可以保护环境，同样也会保护使用者不受与使用生物质能有关的健康危害的威胁。然而，每个国家能够真正远离生物质使用所需要的时间，将取决于其农村区域贫困率的减少情况。

5.6.1 生物质：传统应用

正如我们所观察到的，生物质是许多发展中国家的一种传统的能源，而且一般被用作热饭等活动的直接热源。不像其他能源，使用生物质不需要发达、昂贵的科学技术，比如烹饪，可以仅仅通过在一个合适的火灶上燃烧材料即可实现。多年以来，甚至在今天，还没有出现任何涉及别样的木质炉灶。所谓的三石壁炉（见图5.19），无论在过去还是现在，仍然是东非大多数农村家庭中使用木材燃料进行烹饪的重要方法。

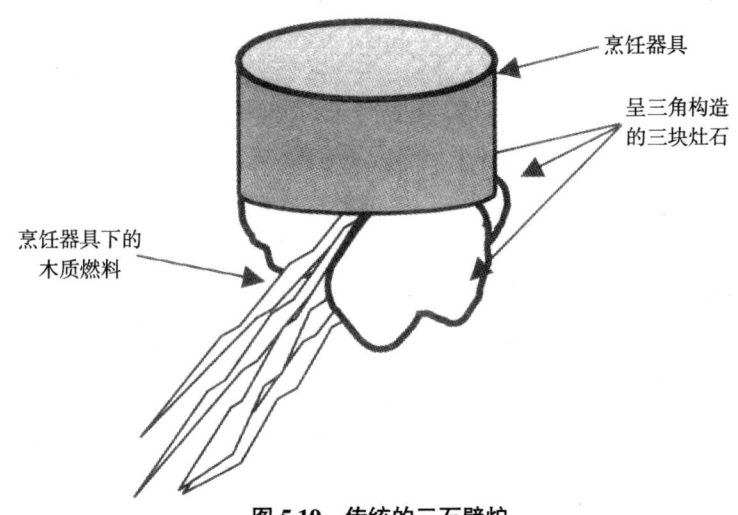

图 5.19 传统的三石壁炉

这种烹饪方法最廉价，因为它不需要任何大型的投资。但是它也有许多缺点。第一，它在热利用方面效率很低，因为燃烧植被会在壁炉间的空隙里损失大量的热量。第二，燃烧过程中出现的烟雾会散发到不同方向，这样在煮饭过程中整个屋子都会持续弥漫着烟雾。第三，它们主要适合于配合传统的圆形黏土锅使用，但这种锅在当下并不常见了，相反，平底的金属锅反而用在这种石头壁炉上，因此这种构造非常不适合于当下锅的类型，这就导致了事故的频繁发生和使用者经常受伤。但无论如何，对于热能的低效率利用已经通过使用牛粪、木屑或者黏土解决了，即将其放在石头间的不需要放入燃料的两个夹缝里。这很大程度上提高了效率，但却没有解决烟雾问题，事实上这使烟雾更加浓重了。烹饪金属锅在灶炉上不稳定的问题同样没有得到解决。我们稍后会讨论一下诸多解决这一系列问题的尝试，但现在我们来看另一种使用木炭的传统烹饪方法。木炭生产同样是一个古老又传统的技术，但如果使用木炭的话，我们则需要设计另一种炉灶，因为木炭的燃烧方法与木头不同，它比木头的结构更紧密，这样仅有少量的空间留给燃烧所需要的空气。一个炭炉必须在木炭下安装格栅，以保证空气穿过木炭堆帮助燃烧。从传统上说，图 5.20 所示的金属炉就是用来燃烧木炭的。

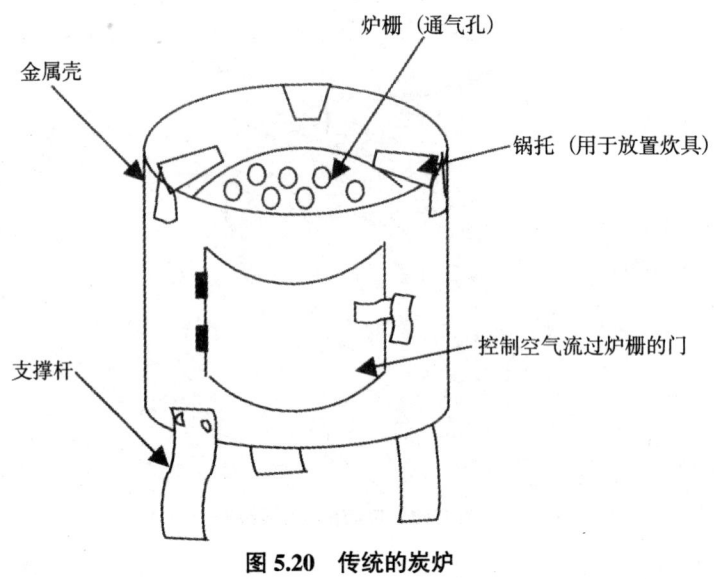

图 5.20　传统的炭炉

金属炭炉和传统的三石壁炉一样，非但不高效，而且在使用时会十分烫手，并且当使用体积较大的锅时还不稳定。被用来控制通过燃烧木炭的气流量的门同样还被用来移出木炭屑。这种炉灶是用回收的金属制成，在高温的状态下会很快被损坏。但是它很廉价，而且可以从随处可见的小贩那里很容易地得到，这些小贩同时还可以维修旧炭炉。现在有一系列不同形状的传统型炭炉，但最基本的建造材料和操作方法在整个东非都是通用的。以上展示的炭炉是典型的肯尼亚金属炭炉，尽管在肯尼亚的一些地方还存在其他不同形状的炭炉。20 世纪 80 年代开始，已存在大量的研究工作来提高三石壁炉和传统型炭炉的效率和使用条件。这些经过改善的炉灶在得到了推广的同时也让人们意识到有必要鼓励农村社区多种树，以提高木材产量和满足逐日增长的需求。因此，在 20 世纪 80 年代，人们投入了大量的努力和雄厚的资金来提高家庭烹饪条件和增加植树活动。在当时，全球的焦点恰好集中在改善全球变暖和土地急剧沙漠化的努力上，这些正与能源消耗密切相关。由此导致的结果就是关于经过改善的炉灶的发展和大多数能源供给活动的发展变成了一些跨国发展机构的首要任务，这种现象在一些发展中国家尤为突出，因为在那里生物质——这项重要的燃料，正变得越来越稀有，而且突出的沙漠化进程正逐渐威胁到食品安全。生物质问题开始变得严峻，而且亟待解决。东非是其中一个从全球的这种担忧和相关捐赠者的支持中受益的国家。技术专家和能源专家从国际社会上的善意中备受鼓舞，开始探索社会可接受的高效炉灶。其主要目标是发现减少木材能源消耗的方式方法，因此人们相信这种消耗关系到一系列的环境问题，同时此项行动旨在降低对于使用木材燃料作为能源所引起的健康危害。大量的合作发展和测试工作在许多科研机构和个人车间推行开来，直到能发现令人满意的模型。最后，作为三石壁炉和传统炭炉的进化产品，一些有关炉灶设计的提议被呈现出来。不幸的是，这些进化只是实现了技术上的成功，但关于其应用的社会方面的价值却在它们的发展过程中被忽视了，这将在一种新的高效炉灶传播时成为一个主要的挑战。打开新型炉灶的销路比想象的更加困难，而且大量经费投资在此项努力中却毫无收获。

在东非，肯尼亚在新型改良炉灶的发展和传播中起着"领头羊"的作用。肯尼亚的经验之后证实对坦桑尼亚和乌干达的情形同样适用。然而，由于在改良炉灶的产品发展过程中，除了仅考虑社会效益方面的问题，并未考虑任何经济方面的问题，传播的挑战再次出现。例如，一个新的炉灶无法满足多种燃料的不同使用。农村的炉灶通常需要使用从牛粪到农作物残渣的不同种类的燃料，在很多情况下，燃料都是收集并非购买而来的。另一方面，城市的炉灶通常仅使用一种燃料，且燃料都是购买而非单纯的收集而来的。那些应用广泛的炉灶同样还很便宜，这样使用者可以轻易替换损坏的炉灶。另外，改良炉灶更加高效，因此节省燃料和费用，而且提供了必要的稳定性和隔热功能，减少了意外灼伤的发生。更加高级和完全的燃烧在很大程度上减少了一氧化碳等有毒气体的排放。但引起较多关注的一个不利因素就是它们的费用对人们来说太昂贵，而且如果制作不精细的话，使用时间也不会太长。由此，低质量和高花费成了改良炉灶的首要弊端，这就迫使科学家和能源专家再次回到他们的设计草图上。同时，一些社区组成的小组同样在探索此类问题的解决方案上产生了一些兴趣，他们为专家提供了另一种合作的可能。事实证明，这些新的合作促进了社区在发展新型炉灶的过程中的参与，而且使得制造出一种可被接受的炉灶成为了可能。在肯尼亚，这个过程致使一些大为成功的炉灶产生，即肯尼亚陶瓷吉高（KCJ），Kuni Mbili 和蒙特利尔炉灶（木柴炉灶）。后两者使用的是木柴，KCJ 使用的是木炭，且它基本上是以一种城市炉灶的方式被渗透到了农村的许多区域。它由一层金属壳包裹，并且头尾部分宽大、对称（图 5.21）。头部是燃烧室，同时安装有特殊设计的瓷衬以存储热量。瓷衬的底部被穿了孔（即格栅），允许空气通过木炭进一步燃烧。其中一个影响到炉灶耐用性的问题就是缺少一种合适的材料来将瓷衬和金属壳紧密地连接在一起。这个瓷衬的损坏和它与金属壳的分离正是妨碍炉灶传播的早期尝试的一种常见错误。最终，科研实验室的一系列测试表明，蛭石和水泥或硅藻土和水泥的混合物可以将金属壳和瓷衬完美地贴合在一起，承受高温循环。这些材料在今天仍然用在一种耐用性肯尼亚陶瓷吉高上。这种炉灶有三个结实的三角锅托，并且它们可以向外转动，保证在必要时，可以插入一个新的瓷衬，这个特征使维修炉灶成为了可能。通气口，安装在炉灶下炉膛格栅的下方，它用来控制通过木炭的气流，同样也可以移出炭灰。点火时将通气口打开，一旦木炭开始燃烧，通气口就可以被关闭以保证缓慢燃烧的过程，或者仍然打开通气口促进快速燃烧，当然这都取决于燃烧者的意愿。

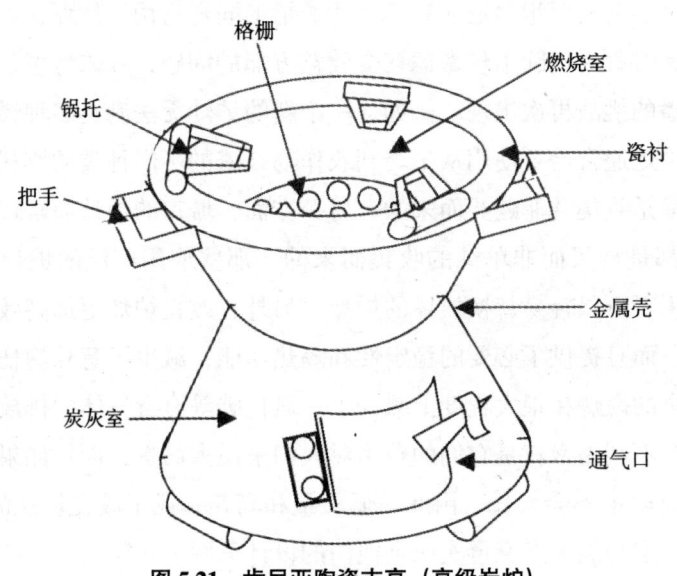

图 5.21　肯尼亚陶瓷吉高（高级炭炉）

肯尼亚陶瓷吉高与传统的金属炉灶十分相似，但却可以将效率提高到高出传统炉灶 40%，并且增加了安全措施，如提高稳定性和降低炉灶外部温度。最初有三种型号的肯尼亚陶瓷吉高值得推荐（即小号、中号和大号），但随后，我们有必要加大炉灶的尺寸，并对其外形进行适当的调整，以方便学校、医院等机构的使用。现在，炉灶已经成功地传播开来，并且技术已经传授给了当地工匠，以生产不同组件，它的商业化生产现已成为一个成熟的家庭手工业，组织严谨有序。擅长于制作传统陶瓷器的妇女可以生产瓷衬，而非正式部门的工匠可以制作金属壳。整个炉灶的组装可以通过这些小群体中的任何一个或第三方独立企业完成。一些更加有经验的制造商已经能使他们的生产系统更加机械化，而其他企业则使用半机械化的生产程序。所有这些生产技术，从人工制造到完全机械化，以及由此产生的竞争，都在很大程度上减少了炉灶的费用。据估计，现已有80万台肯尼亚陶瓷吉高在肯尼亚投入使用，而且这个数量仍会继续增加。其中一些还开辟了坦桑尼亚、乌干达甚至远至埃塞俄比亚、卢旺达和布隆迪的市场。其中的成功经验和由此而至的一系列细化的生产线都在坦桑尼亚和乌干达得到了应用，但其成功水平仍远不及肯尼亚。在坦桑尼亚的一些地区，如达累斯萨拉姆，先进的炉灶项目正通过从肯尼亚引进肯尼亚陶瓷吉高及测试它们的受欢迎程度而展开。之后炉灶会根据使用者的评论而进行调整，同时也会培训技术人员生产它们。此方法在坦桑尼亚的达累斯萨拉姆进行得非常顺利，在那里通过对肯尼亚陶瓷吉高进行调整，以适应现存的坦桑尼亚生产技术，生产出一种新的炉灶——吉高博拉，成为坦桑尼亚使用最广的炉灶，年生产量超过50万台。由于耐用性差和技术问题的出现，其他炉灶的生产方法也在坦桑尼亚被不同程度地尝试，但它们都没有迎来像吉高博拉这样的受欢迎程度。莫洛哥罗黏土炭炉就是其中一个例子，它过于脆弱以致无法承受使用者的烹饪习惯。在乌干达，除了使用肯尼亚陶瓷吉高外，还有两种改良炉灶也出现了，当然它们同样也是肯尼亚陶瓷吉高的改良版，仅在形状上稍有差异，即Usika炭炉和黑能量炭炉。但两者都没能如生产者想象的那样广泛传播。总之，所有新型改良炉灶都比传统的金属炉灶贵3~5倍，但随着木炭价格的上涨，越来越多的人开始倾向于使用改良炉灶了。炉灶的类型，甚至名字，都随着东非区域的不同而不同，但其基本原理都是一样的，即它们都是改良的炭炉或木柴炉灶，其操作方法也基本一致。整个生产过程，包括劳动分配在内，同样也是东非能够吸引众多少男少女加入炉灶相关贸易的一个普遍特征。这些炉灶最令人不可思议的一个方面就是它们都有悖于经济学的相关原理，而较廉价的传统金属炉灶越来越受欢迎，尽管实际上生产商并没有推出任何促销活动而仅仅依靠消费者的自由购买。拿肯尼亚陶瓷吉高来举例，它的效率就是最直接的优势，很快被前期用户所察觉，其口碑由此迅速传播。它的木炭消耗量远不到传统的金属炉灶的50%，所以在木炭上的节省非常巨大。同时它也非常的稳定，产烟量较少，因此更适合于中、低收入的城市群体的生活水平。这些特征似乎对使用者来说比费用这个考虑因素更重要，故其需求量迅速增加。它在城市地区的盛行渐渐蔓延至农村地区。关于使用这些改良炭炉的介绍不仅是对东非成功的一种展示，同样也是邻国，如卢旺达、布隆迪、埃塞俄比亚、苏丹、马拉维和索马里这些国家的肯定，在这些地方，尤其是肯尼亚陶瓷吉高或它的改造版都广泛投入了使用。然而，这种发展的前景并不乐观。由于越来越多的人被卷进了各种形状和尺寸的此类炉灶的生产上，以至于我们很难监管炉灶的质量，结果导致市面上出现了许多低质量的改良炉灶，使用低质量的瓷衬、金属壳和廉价的黏合材料越来越普遍，这些现象以及此类炉灶的高价位都会导致使用者重新考虑廉价的传统金属炉灶，它们在市场上也非常普遍。表5.1向我们展示了1995年东非改良炉灶的数量。

表 5.1　东非改良炭炉的数量（1995 年）

	城　市	农　村	总　计
肯尼亚	600000	180000	780000
乌干达	52000	n.a	52000
坦桑尼亚	54000	n.a	54000

如上所述，我们所讨论的改良炉灶主要用于城市环境，这从表格5.1中可以明显地看出来。当然也存在一些努力旨在提高三石烹饪配置，方便农村群体的使用。然而，考虑到国际的支持和当地政府组织的参与情况，更多的兴趣指向了炭炉，因为较直接燃烧，木炭生产被认为要消耗更多的木材资源。当然还没有可靠的数据来证实这一观点，但这些兴趣可能会对木炭作为能源的商业价值和使用新型改良炉灶后获得的潜在商业利益做出很大的贡献。农村三石壁炉的发展不会存在任何经济优势，鉴于此，许多相关的提高工作都转向了妇女群体或者其他以社区为基础的组织。这就是蒙特利尔炉灶名字的由来，因为它是通过肯尼亚国家一个强有力的妇女进步组织的协调发展而来的。在发展改良的木材炉灶供农村使用的过程中遇到的最大挑战就是农村家庭基本上既不买炉灶又不买燃料，因此任何新型设备的购置必须接近于免费，否则它对农村地区没有任何吸引力。在当时，木柴随手可得，想要说服人们节省木材将会非常困难。在肯尼亚，尽管存在这些限制，提高木柴炉灶的表现的积极性仍然作出了可观的进步，其结果就是蒙特利尔炉灶的产生，如图5.22所示。

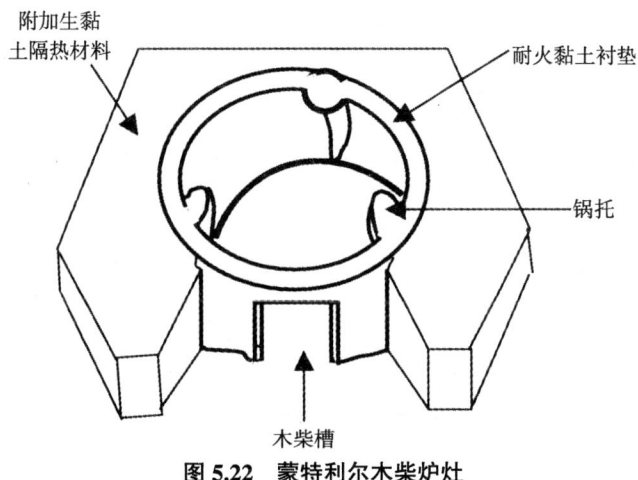

图 5.22 蒙特利尔木柴炉灶

蒙特利尔炉灶必须便宜，而且适合于三石壁炉，而且它必须安装简单，这样妇女能够在准备三石烹饪场所的时候自己安装。由此，唯一的新特征就是它能够减少木材的使用和有毒气体的排放，即通过提高木材的燃烧程度来实现。虽然对不同的设计进行了测试，但最终人们还是选择了蒙特利尔炉灶。这之后，研究者要着手于一项培训项目，以帮助妇女掌握一种制作黏土衬垫以代替三石的技能。这种炉灶没有任何金属部件，因此衬垫是唯一一个需要使用者花钱的部位。和肯尼亚陶瓷吉高一样，它同样有一些吸引人的特征，以鼓励农村家庭购置这个黏土衬垫，它可以通过减少烟雾的排放量而改善烹饪环境，这主要由于燃料更加充分的燃烧所致，同样它对木材的节约量较三石方法可提高 50%。其他吸引人的地方还包括它将烹饪时间缩短了，而且无须人们过多地关注，工作环境更加安全、清洁、卫生。人们同样也生产出了一种蒙特利尔炉灶的简便型号，名字叫"库尼 Mbili"，表示"两片木柴"。它既可以用在屋内又可以用在屋外，所以在月光笼罩的深夜，人们还可以通过在户外借着月光烹饪的方式减少因照明所消耗的燃料。肯尼亚在这类炉灶和其他大型机构式木柴炉灶的发展上都起着"领头羊"的作用，其中一些炉灶已经在很多生产中心被投入生产了。库尼 Mbili 和蒙特利尔炉灶都是由妇女群体生产而成的，她们同样会介绍如何安装它们。据估计，目前在肯尼亚，已有超过 30 万台蒙特利尔炉灶了。这类生产线已经由非政府组织引入乌干达和坦桑尼亚，这些非政府组织同样参与了它们在肯尼亚的发展过程。肯尼亚设计的一些改造版炉灶同样出现在这些国家，而且在东非的不同地区已投入使用。在这里需要注意的一件重要的事情就是，尽管在东非有超过80%的人口居住在农村区域，在那里最主要的能源就是以林地为主的生物质，但是在这些区域，炉灶的发展仍主要集中在城市的炭炉上。事实上，这些炭炉已经很快演变成一种有商业用途的物品，而且已经有大量的正式部门的人群通过不同的途径从事炉灶的商业化生产。另一方面，优良的木柴炉灶已经被生产出来，但它们的需求并不及炭炉那么高。这本身是对城市贫民和农村社区之间经济差距的一个合适的暗示：城区贫民在经济上仍然远远优于农村群众。这里同样还有一个关于替代品的态度和可用性上的问题。城市贫民没有任何替代品，只能使用那些他们可以在居住区获得燃料的炉灶，而且他们热衷于节省他们的收入；而农村群众，则有许多替代品，而且其中的一些无须他们花费任何费用，所以关于节约的一些想法可能对他们来说不起任何作用。因此，当他们本身就没有花费任何金钱在其上时，我们很难说服农村社区去购置炉灶。效率、更好的工作环境和其他优势都不足以说服他们去投资新设备。大部分的改良炉灶也由此被认为是设计给农村富豪的东西。

木材不仅仅是家用能源，它同样也用于学校、医院、宾馆和其他机构，在那里需要为一大群人烹饪。通常情况下，这些机构需要每周一到两次从长期供应商那里购进大量的木材，他们的木材消耗量也因此很容易测量，所以节约一些还是十分必要的。这是另一个可以对当时正在生产的高效炉灶引起较大兴趣的领域。无论是科学家还是能源专家，他们在发现合适的最终产品前，都经过了大量的测试、构造和测试所谓机构式炉灶的过程。整个过程耗费巨大，因为不同的机构都有其独特的炉灶尺寸与其烹饪器的尺寸相匹配，而烹饪器的尺寸又主要取决于即将准备的食物所面向的人数的多少。这些要求则意味着人们需要设计不同尺寸的炉灶，而且在某些情况下，新尺寸的烹饪器必须设计出来以满足特定的炉灶尺寸。鉴于此类炉灶体积庞大的普遍特征，以及生产测试原型所需的相关成本较高，仅有极少数人从事此类炉灶的研发。在肯尼亚，仅有一些体制相当完善的非政府组织有能力对机构式炉灶进行合理的投资。其中一个在肯尼亚机构式炉灶的发展方面起着至关重要的作用的组织即是贝勒里夫基金会，其总部在内罗毕。它最终研制出一种高效炉灶，取名为贝勒里夫机构式炉灶，它可以将机构的燃料消耗成本降低50%以上。如果考虑到机构每月在木柴开销上的巨大费用，这将是一笔不小的节省。这种炉灶根据尺寸大小从12公升到200公升不等，其价格也在140美元到1400美元不等。这个费用包括了安装费、使用者的培训费和维修合同的费用。在 8 年内，已有超过 500 个机构订制了这种炉灶。农村技术企业（RTE）是另一个能够成功生产高效机构式壁炉的组织。他们生产的壁炉，其大小可以从 25 公升到 300 公升不等，其价格也相应地从 250 美元到 1000 美元不等。农村技术企业则能更加主动且成功地将其炉灶连同相关手册说明一起分销给许多机构，包括酒店、餐馆和家政学部门。肯尼亚人民再次在这个领域超过了乌干达和坦桑尼亚的同伴，因此这些国家的机构式炉灶的生产又需要从肯尼亚国家借鉴很多。19 世纪 80 年代中期，两个生产厂家通过在肯尼亚学习技术后，向乌干达呈现出一些改造版本以更适合于他们的情况，如品牌名称如 Usika 和黑能量的机构式炉灶。现在已有大量的机构式炉灶生产商既出现在肯尼亚又出现在乌干达，类似的发展也出现在坦桑尼亚，在那里还存在其他类型的机构式炉灶，在分销前经过了测试和审核，比如杜马机构式炉灶，它已经在坦桑尼亚的许多地区投入使用。所有的这些炉灶都存在很多共同特征。它们都可能是圆柱形或矩形钢性结构，使用耐火黏土（小型黏土砖或特殊形状的黏土块）隔热，而且安装烟囱将烟雾排出建筑物。烹饪器，通常使用铝制圆柱器皿，与炉灶的上炉膛尺寸相当并安放于此，这样可以保证它的热量储存更高效，使用更安全。木柴被劈砍成大约 30 厘米的短薄片，放在钢制格栅的底部，这样空气流过格栅，同时保证了木材残渣能够被轻易地移出。其中一个典型的类型可以参考图 5.23。大部分机构式炉灶都十分耐用，其寿命最高可达 10 年，而且购置一个新的设备所需的费用可以通过接下来不到 4 年的时间内节省下的燃料费用补齐。其中，格栅是由重型铸铁制作而成，因而可以承受燃烧室中的高温，它是整个炉灶中最难制作的零件，而且可能也是最昂贵的零件。炉灶完全隔热，而且烹饪器具通常安放在炉灶顶端的内部。这种设计可以保证炉灶周围的环境对使用者来说不至于太热。

在肯尼亚，很多机构和非政府组织都开始从事于不同尺寸此类机构式炉灶的商业生产。例如，Muranga 科技学院研发出了大量钢制的节省燃料的炉灶。这类炉灶呈圆柱形，其内部由于需要在烹饪过程中承受非常高的温度，故使用低碳钢制成；而圆柱的外部则由不锈钢制成。这些圆柱的间隙则通过填充的黏土砖进行隔热并储存热量。炉灶同样还安装着烟囱，以确保烟雾可以排放出厨房，这样烹饪区就不用受烟雾的困扰。这些类型的炉灶尺寸可以在 50 公升到 300 公升之间，最多为 500 人提供食物。Muranga 科技学院实际上正是在使用他们自己制造的炉灶为学院的学生烹饪食物。在引进这个炉灶之前，学院在 4 个月内就需要使用大约 21 吨的木材燃料，而每 7 吨燃料就需要花费大约 100 美元；但现在，同等时间内它只需要使用 14 吨燃料，故每年能节约大约 300 美元。关于炉灶的成本，因尺寸不同在 1000~1500 美元不等，而学院只需 4 年时间就能将炉灶购买费用通过燃料节省的费用补齐。除了节省燃料外，这些炉灶还可以促进烹饪的快速完成，为食物在烹饪后进行长期的保温，并且保持厨房的清洁与健康。一些炉灶还可以配合水暖系统共同使用，这保证了人们能够在使用等量木柴的条件下，烹饪与水加热同时进行。这个学院制造的炉灶已经分销到肯尼亚国家的许多机构，其中包括尼耶利省、新尼亚萨省和 Kerugoya 地区医院。从基本上来讲，大部分的机构式炉灶都有相似的设计和操作原理，如图 5.23 和图 5.24 所示的贝勒里夫机构式炉灶就是所有机构式炉灶中一个很好的代表。然而，Muranga 科技学院所设计的机构式炉灶由于在炉灶内部使用了低碳钢，故更加昂贵。

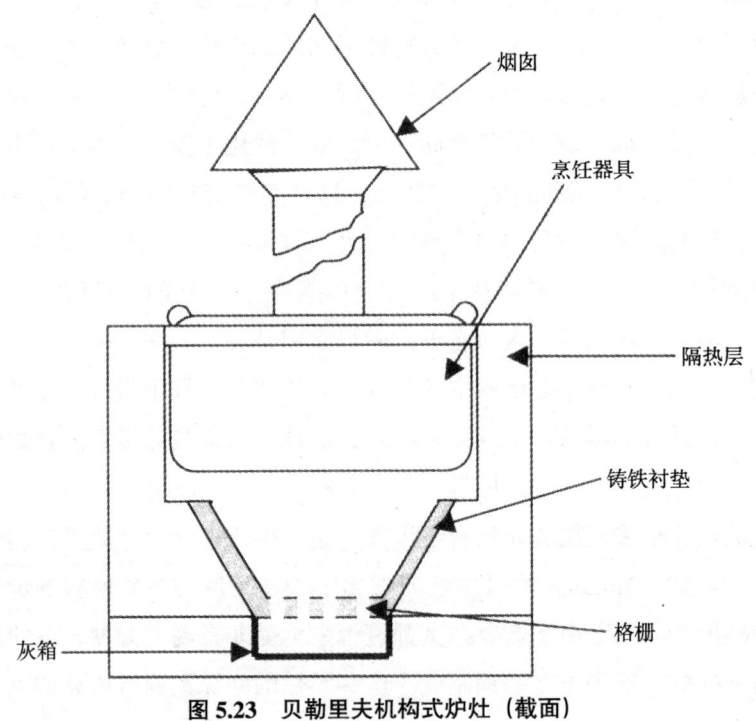

图 5.23　贝勒里夫机构式炉灶（截面）

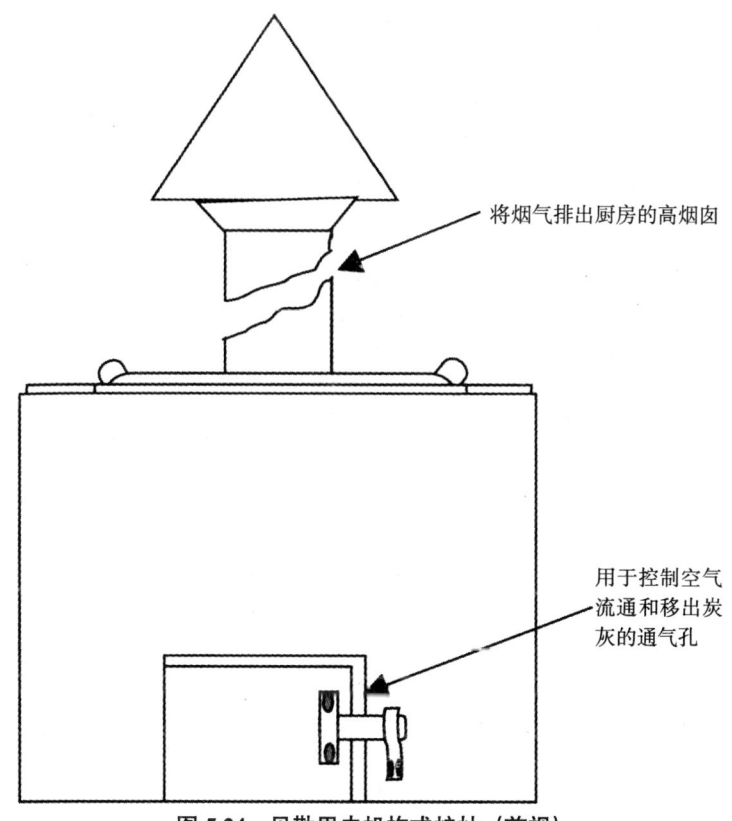

图 5.24　贝勒里夫机构式炉灶（前视）

在所有以上所提到的炉灶中，其技术问题就是减少燃料的热量损失，同时确保使用者在使用炉灶时既安全又舒适。在肯尼亚，这项研究工作是在内罗毕市肯尼亚大学的适用技术中心完成的，其中包括对各种隔热和在当地随手可得的连接材料进行测试。对于家用的最终炉灶必须要足够的轻，外表温度足够低，这样可以保证使用者在不承受任何受伤威胁的情况下使用。所以，各个组成部分的尺寸主要基于隔热衬垫的热传递情况进行考虑。由于传统的金属炉灶都是圆柱形的，故其最初的想法只是增加合适的隔热材料至燃烧室的内表面，这样通过一个空的圆柱形的热传导就可能接近于理想值。为了简化整个计算过程，整个传热过程假设是稳定的。通过一个圆柱的热量的半径值可以估计如下：

$$q(r) = -kA \frac{dT(r)}{dr} \tag{5.59}$$

通过计算这个等式可以得出通过圆柱的热流的稳定传热率，即：

$$q(r) = 2\pi kL \frac{(T_1 - T_2)}{\ln\left(\frac{r_2}{r_1}\right)} \tag{5.60}$$

其中，k 表示圆柱壁的导热系数，L 表示所考虑的圆柱的标准节长度，r_1、T_1 和 r_2、T_2 则分别是内部和外部的半径和相对温度。

对于改良的炉灶，圆柱由两种材料组成：隔热材料和外部的金属壳，它们的厚度不同，而且导热系数的值也不尽相同。我们假设连接隔热材料和金属壳薄层材料与隔热材料具有相同的导热系数，因此被认为是隔热材料的一部分。我们同时假设如果热量损耗仅仅发生在径向流的过程中，那么通过隔热层的热流一定等于通过金属壳的热流。在这种情况下，关于基本热传导方程式的计算则可以转化成：

$$q(r) = \frac{2\pi L k_1 k_2}{k_1 \ln\left(\frac{r_3}{r_2}\right) + k_2 \ln\left(\frac{r_2}{r_1}\right)} (T_1 - T_2) \tag{5.61}$$

其中，r_1 是燃烧室内部的半径，r_3 是隔热材料外部的半径，而 r_2 是金属壳的半径。T_1 和 T_2 分别是圆柱内表面和外表面的温度，而 k_1 和 k_2 则分别是导热材料和金属壳的导热系数。如果由燃料产生的热量是稳定传热状态下发生的，且隔热材料和金属壳的导热系数已知，那么就可以通过调节炉灶外部的温度，以实现等式的平衡。这使我们能够决定隔热层的厚度（$r_3 - r_1$）。其中 r_1 值的选择主要根据燃烧室所需的尺寸所决定，而且金属壳的厚度也会在选定某种金属材料后得知，这样仅导致 r_3 未知，而它主要取决于隔热材料的导热系数。类似的分析过程也会出现在设计其他节能高效的炉灶中，这其中包括贝勒里夫炉灶和蒙特利尔炉灶。各种各样的材料都在选择合适的隔热材料和连接材料前进行了大量的试验。

5.6.2 生物质：木炭生产

以上讨论主要基于两种生物质燃料：木材燃料和木炭。一方面，木材主要从免费树林或者经允许从政府保护的森林中取得。个人或机构如果经常使用大量木柴的话，他们会自己种植树木以作为燃料，但通常情况下都无法满足其消耗量，因此，寻找外部资源变得十分有必要。另一方面，那些懂得如何将木材转化成木炭的人会开始生产木炭，这样木炭则被认为是一种暴利商品，人们只能从某些特定的生产商中获得。关于将木材转换成木炭的工艺已经经过了成百上千年的实践,尤其在那些没有煤矿的地区。木炭本身不仅可以作为燃料为蒸汽机供电,同样它也是净化水的介质,当然还有一些木炭在社会文化方面的重要价值在世界的一些地方也有提及。由此,木炭被认为是生物质能源中比较特殊的一种。传统的实践中,转化为木炭的木材都是从附近的森林免费得来,这同样鼓励了木炭的生产。同使用木柴的方法一样,人们没必要砍倒整棵树,相反,人们只需要使用树枝就好。那么什么是木炭呢?为什么人们明明可以直接燃烧木材获得热能,却还要将木材转化成木炭,然后从中获得热能呢?关于这个问题的答案同样也能向我们清楚地展示关于生物质作为能源所具有的功能多样性。生物质,尤其是木材,通常体积庞大、笨重,难以大量地进行长距离运输,因此,十分有必要将其转化成较原木更加轻便、易运输且含热量较高的能源形式。这种形式可以是气体、液体或者炭化的固体。木炭则是其中一种形式,它通过在无氧状态下燃烧原木得来,因此它以一种黑色固体的形式存在,而整个过程通常也是在一个密封的容器中进行燃烧完成的。传统上,可以将木材放在一个矿井中,点燃后直接用一个玻璃罩覆盖整个矿井,并用稠油抑制木材的直接燃烧。最终产物木炭会有较高的含碳量,并且完全干枯,不含任何水分。这些性质都保证了木炭含有较干燥的原木两倍的热量,且燃烧过程中不出现烟雾。也就是说,它仅仅燃烧成炽热,同时较同等数量的木材能够更长时间地、更缓慢地释放热量。木炭的这些性质使它成为低收入城市居民的一种合适的廉价能源,这些人主要群居在城市中狭小、拥挤的避难所。然而,它也存在一个缺点,那就是它会释放更多的有毒气体,如一氧化碳,这种气体如果不及时排出房间可能引起人员死亡。木炭可以通过包括农业废弃物在内的多种形式的生物质材料加工而成,而木材只是其中一种最佳的原材料,以根、干和枝的形式呈现。软木可以生产出燃烧迅速的软炭,而硬木则可以生产出燃料缓慢的硬炭。木材加工厂的一些残渣,包括边角料,都可以用来生产木炭。整个生产木炭的过程可以分为四个阶段:控制燃烧、脱水、放热和冷却。每一片木材和任何其他类型的生物质材料都必须经过以上四个阶段才能转化成木炭。在控制燃烧阶段,将生物质堆的一段通过使用大量氧气进行燃烧,这样整个生物质堆的其余部分的温度就会缓慢上升到400℃~600℃。当达到高温后,切断氧气,温度逐渐下降,此时进入脱水阶段。整个脱水过程持续进行,无须任何燃烧,直到水分全部以蒸汽的形式全部排出。一旦脱水阶段完成后,整个生物质堆由于发热而开始破裂甚至分解，而且还会释放更多的热量。以上是放热过程，整个过程没有发生任何燃烧且氧气被完全切断，但是整个生物质堆的温度却可以持续升高至其最高值，大约在600℃或更高。这之后，冷却过程开始，并且得到最终产物——木炭。东非传统的制作木炭的方法是使用一个浅坑或不使用任何坑井，仅仅将一堆木材用煤油覆盖，然后制作者凭直觉而非科学知识开始完成整个过程的四个阶段。那个浅坑如蚁冢般的结构就像是一个木炭点火窑，它是一个简单的土窑，主要由木柴堆组成，表面覆盖了一层绿色的植被和土壤（如图5.25所示）。这种制作木炭的过程虽然最简单，但它同样非常低效和笨拙。所以在意识到木炭生产是一项长久存在的工程的同时，我们也必须努力探索、设计和生产出改良的炭窑。现在已存在多种炭窑了，但其操作原理基本上与以上所描述的传统炭窑相同，而其中一些只是在传统炭窑上做了细微的调整（如图5.26所示）。例如卡萨芒斯炭窑，它是其中一个经过改良的炭窑，仅仅在传统的土窑基础上安装了一个烟囱，这样就会产生一个更加复杂的气热循环模式，有利于控制整个系统并实现更高的转化效率。对传统土窑的调整同样也是为了提高转化效率，同时缩短炭化时间。其中最主要的修改就是引进金属盖来代替土层去覆盖整个土窑，这样就可以达到更高的气密性。其他改良的炭窑——尽管没有在东非投入使用——还包括巨型密苏里炭窑和不同类型的马克V炭窑，分别由水泥和金属制成，且都有烟囱，不止一个点火点，以及适当数量的空气控制孔。它们由于尺寸较大都需要花费很长时间才能完成炭化过程，而且也提供了条件供机械化装载和收集。

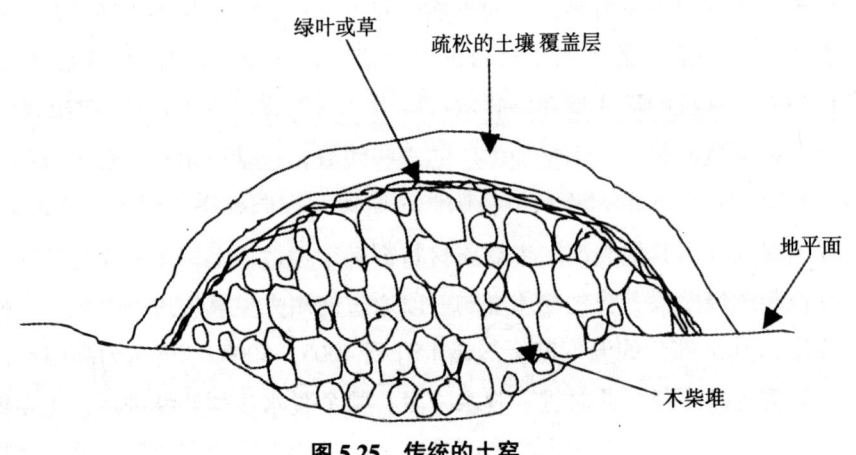

图5.25　传统的土窑

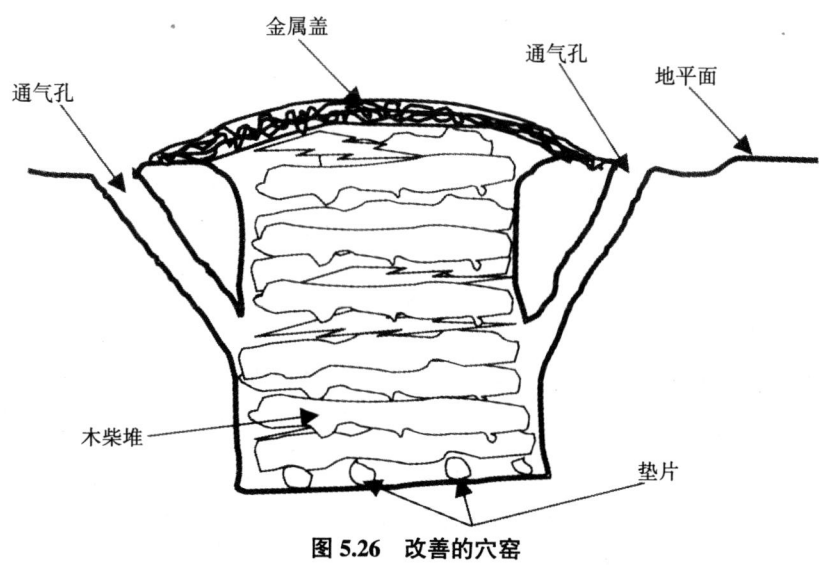

图 5.26 改善的穴窑

在东非,大部分人在遇到其他领域如农业领域的劳动力需求量较低时,都会生产少量木炭来作为一种兼职来赚钱。这些人通常不会考虑引进改良的炭窑,因为他们的这些活动都是季节性的,且因地制宜。例如他们砍下一棵树,但使用者并不需要树枝,那么这些树枝就可以用来制作木炭。职业的城市木炭贸易者通常不会自己制作木炭,他们只会驾着卡车从农村生产者手里买回木炭,然后再到城市转卖。因此,在整个国家的某些区域,总会在一些固定地点看到成堆的木炭堆放在路旁,等待任何有意向的买家。所以,改良的炭窑的引进并没有对东非带来任何影响,当然一部分原因是木炭生产的随机性,另一部分原因就是一个好的木炭生产商已经能制作出十分高效的土窑,其效率绝对能与改良炭窑媲美。

5.6.3 生物质:煤炭生产

有很多不同类型的生物质材料不适合直接燃烧来提供热能,因为它们燃烧太快、火焰太高,以致会给使用者带来不适,干草和枯叶就属于这种类型。其他类型的燃料则结构太紧密,以致无法实现以规定速率产生热量,锯末和木炭屑则属于这种类型。这种材料通常都被认为是垃圾,因此当它们在居民区附近燃烧且未经过妥当处理时,则会引起一系列的环境问题。偶然情况下,住在城镇贫民窟的穷人会收集这些材料并把它们铸成小型坚硬的圆球状东西,然后用作烹饪的热能源。这种形状就保证了它们能够被放进炉灶中，这样便有足够的空气流通过它们以支持燃烧，同时高密度也会减少燃烧率，那么就可以得到合适的热量了。这个过程是生产煤炭燃料的笼统方法，一个更加精细的将生物质废弃物制成煤炭的方法则可以被认为是一种将生物质燃料基础扩大的方法，以此就可以减少农村地区和城市穷人能源短缺的问题。鉴于以上所讨论的原因，有很多生物质材料本可以用作燃料的，但实际上却未被使用，这些材料包括米糠、花生壳、甘蔗渣、锯末、咖啡豆荚、各种谷类植物的稻草、草和每年从树上落下的叶子。把这些残渣压制成炭砖，转化制成高质量的燃料，既可以用在木柴炉灶中，又可以用在炭炉中。尽管手工将这些材料压制成一个实心球可以产生一些煤炭，但更好的方法是使用一些简单的机器以生产出高密度的煤炭，因为煤炭的热值会随着它的密度增加而增加。使用这些煤炭作为燃料也有许多优势，首先，一些可能就要被当作废弃物的材料被转变成一种有价值的资源，这就能避免将这些材料投入河流和湖泊而引发的环境问题。其次，一些树木和其他有用的生物质材料需要更久的时间再生。不过，其中一个必须考虑的方面就是这些农业废弃物都是天然的土壤调理剂，它们作为能源使用可能会给农业土壤质量带来消极的影响。目前还存在另一个争论，就是那些农业废弃物本来是用来喂养牲畜的，而现在将其转移用来生产能量，势必会降低它们作为牲畜饲料的可用性。但这些争论仅仅适用于一小部分农业废弃物，因为我们已经发现其中某些材料的实际需求量并不高，而这才是为什么它们会成为一个环境上令人担忧的问题的原因。除此之外，煤炭的生产并不是一项人人都乐意参与的活动，整个生产活动和木炭生产一样，都属于劳动集约型，人们需要对废弃物进行收集、粉碎并和其他黏合剂进行混合，然后再压缩成特定形状。简易的压缩机都是手工操作的（见图 5.27），而且存在诸多类型，其中一些还安装有螺栓和垫圈，用来将材料进一步挤压成高密度的煤球。整个过程中最主要的任务就是发现一个合适的黏合剂，能够在燃烧时不释放有毒烟雾。煤炭的生产率通常都非常低，因为手动或脚动式操作的机器一次仅可以生产一小部分煤球，一天也至多生产大约 50 千克的煤球。目前存在两种使用煤炭的途径。第一种利用途径同木柴基本相同：即压缩后对其进行干燥，然后放在合适的炉灶中使用。第二种方法是将其转化成木炭，然后放在普通炭炉中使用，具体方法同木炭基本一致。这两种方法都在东非经过了多年的实践，尤其在肯尼亚，在那里，一些小群体甚至体制完善的工厂都已经能利用研磨或活塞压缩法生产出煤炭燃料进行销售了。生产的原材料通常都是同一工厂的废弃物，例如，一些造纸厂可以利用锯末或刨花生产煤炭；而一些肯尼亚的咖啡生产厂则可以利用咖啡豆荚来生产煤炭。在乌干达，黑能量公司尽管已经探索出如何使用咖啡豆荚和锯末进行小规模的生物质煤炭生产，但由于技术原因以及整个国家贫穷的经济规模，整个产业发展仍然不成熟。而小型的妇女群体则使用手工压缩机上易操作部分进行生产，这似乎在乌干达取得了一定的进步，而且已经成功推广到整个国家的其他地方。这种卓著的成功一方面是因为它利用了废旧的金属罐和其他可用的废弃物制成机器的某些部位，但更多的是因为妇女们从当地组织，如基督教女青年会和小型工业协会所获得的对手工业的支持。一种在当地以香蕉皮上的黏稠物形式出现的黏合材料，同样也十分有用，因为香蕉本身就是乌干达的主食。但关于煤炭科技的一个主要问题就是其生产率普遍很低，以至于甚至抵不上所付出的劳动力。然而，如果能将其作为一种工商业产品运用在家庭中，或作为工业燃料的替代品或补充物而进行大规模的生产的话，那么成功的时刻则指日可待。

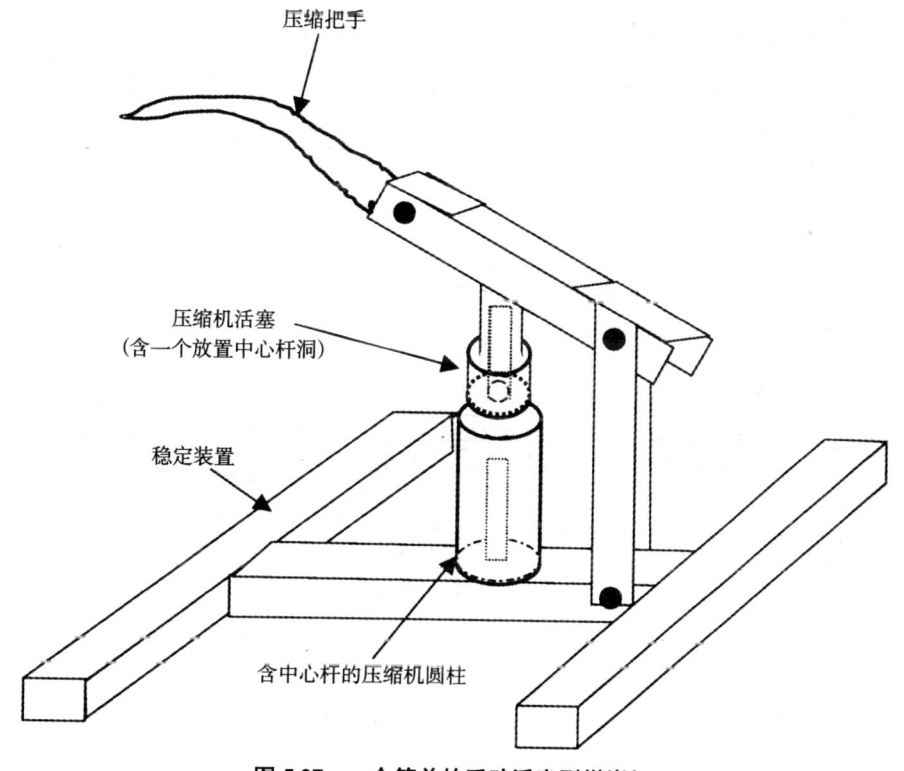

图 5.27　一个简单的手动活塞型煤炭机

5.6.4 生物质：工业应用

目前有一大批工厂的主要生产线上正在使用生物质材料，因此它们也会产生许多生物质废弃物，再次回收利用。农基工业，典型的例子包括蔗糖产业和造纸业，它们可能在处理生物质废弃物如锯末和甘蔗渣上存在一些问题。但可以有两种途径来利用这些材料，第一种途径是安装一个工业煤炭生产设备，这样便可以从这些废弃物中生产煤球，然后作为一种工业产品销售；第二种途径是利用这些材料在热电联产装置中进行发电，然后把它卖给相关的电网供电商。无论哪种途径都能保证工厂廉价地生产出副产品，在当地市场上销售，因而提高了工厂的利润率。但同时需要注意的是，在东非，市场对煤炭燃料的需求量仍然很低，但全国对电力的需求量居高不下，所以工厂利用他们自己的生物质废弃物进行热电联产一定会取得不小的收益。造纸厂、蔗糖和农用化学品工厂在它们进行日常的工业活动时是需要蒸汽的，而热电联产，顾名思义，即指热量和电力可以同时产生，这样此过程在这些工厂中几乎不需要任何额外投资便可实现。这就意味着同等的蒸汽除了用于日常工业应用中外，同样可以用在蒸汽发电上，这样工厂就可以利用同一个生产过程出售两种产品了，而不再仅仅是一种（见图 5.28）。

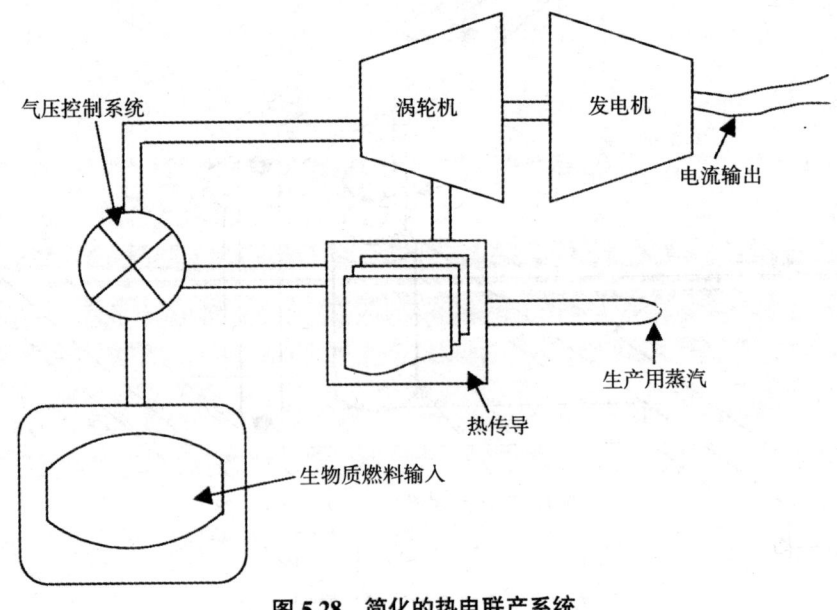

图 5.28　简化的热电联产系统

热电联产主要基于蒸汽机原理，它是根据气压原理进行机械作业的最古老的科技之一。其中最大的优势在于原材料（甘蔗渣、木材边角料、米糠、咖啡豆荚等）也是工厂主要生产活动中产出的普通废弃物。如果从经济和环境角度考虑热电联产的话，其优势更是不胜枚举。它是以一种有序的方法来有效利用生物质废弃物，而这些废弃物在农业生产中持续产出。由此，几乎不会存在一种废弃物产出不足以满足燃料需求的情况，因为农民和这些企业已经是相互依赖生存的了。那么导致的结果就是大量的热电联产，如果是通过水稻、甘蔗和咖啡来实现的话，将不仅仅导致人们对这些农产品生产兴趣的增加，同样也有利于促进农产品的产出。同时关于电力的费用甚至由于热电联产系统而出现的其他产品的费用也会相应降低。目前已经存在一系列的热电联产系统可以供农基产业工厂考虑使用。其中两种系统可以参考图 5.29 和图 5.30。

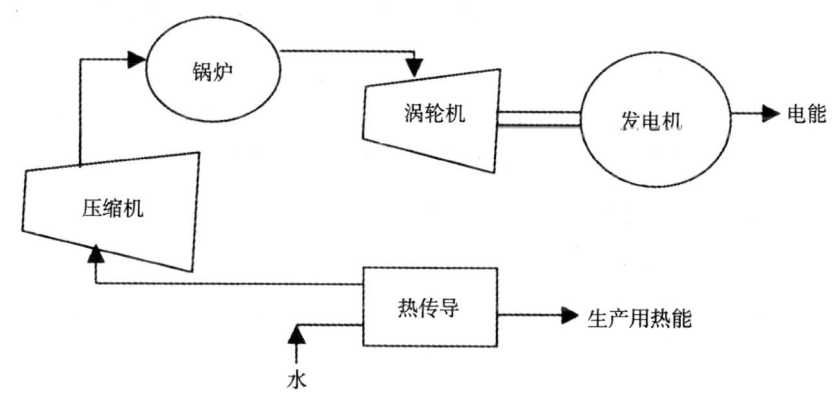

图 5.29　封闭式循环非再生热电联产涡轮机

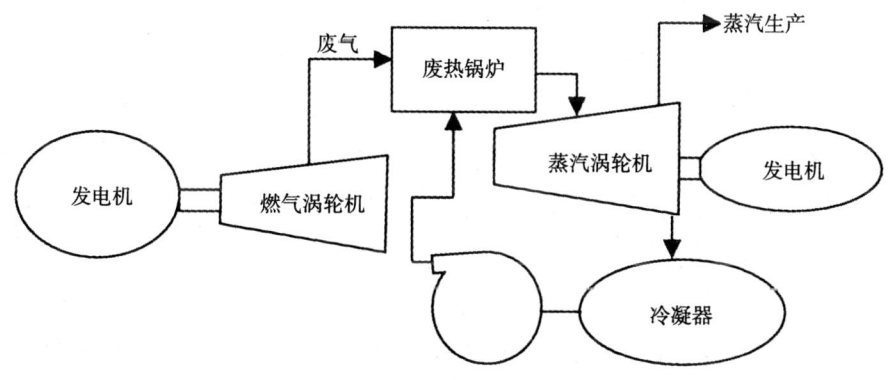

图 5.30　联合式循环热电联产系统

正如第 3 章所讨论的，在东非进行热电联产的潜力非常大，但还没有被完全利用，而且已有证据表明，如果有合适的营销方案，现在许多农机产业都愿意投资于商业发电。而来自政府的支持和国家供电企业的合作，将决定在这些地区实施商业联产的普遍程度。然而可以确定的是，热电联产为持久利用生物质能源提供了最佳条件。许多其他类生物质能源的工业应用，如制烟产业、茶加工业和制砖业，都是净能源的消费者，因此我们有必要积极支持生物质再生产业，尤其是在农林业方面。

5.6.5 沼气

将生物质材料转化成可燃烧气体的方法主要有两种，其中最普通且最简单的方法就是将已经经过加工的生物质材料进行再加工，通过微生物将其进一步分解，在这个过程中就会产生一种可燃烧的气体——沼气，用于烹饪和照明。第二种方法则较复杂，它主要是通过一种所谓的气化过程，直接将生物质材料转化成气体。在这一节，我们将会讨论生物气的生产过程，这是一种小规模的能量生产活动，却在东非备受关注，尤其在坦桑尼亚，在当地政府的大力支持下已经有超过 1000 座沼气池投入使用了。但在肯尼亚和乌干达，截止到 20 世纪 90 年代，分别只有 500 座和 10 座左右。生物气的生产科技十分简单，但气体生产率十分低，甚至与气候条件密切相关。

生物气，有时候也叫生物甲烷，因为它的主要成分即是甲烷（CH_4），是一种可再生气体，性质基本同天然气。它从生物质材料中获得，以固体或液体废弃物如牛粪的形式存在。这种气体的生产需要经历微生物在无氧气条件下在废弃物上进行活动的过程，这个过程叫做"厌氧消化"。整个过程发生的场所称作沼气池，沼气池可以有不同的形状及大小，而且可以用来完成其他必要的废弃物处理过程。传统的沼气处理系统已使用了多年，且已用来处理不同的废弃物。其中一种有趣的沼气池类型是与污水处理厂密切相连，以用来降解活性污泥和污水渣滓，同时产生用于其他用途的生物气。

人们关于生物气的兴趣已经导致了高速率、高效率厌氧沼气池的出现，它们也叫"贮留式生物质沼气池"，因为它们是主要基于分解污泥以贮留不同生物质的原理进行工作的。这些沼气池的类型包括分批处理、完全混合、持续气流和废弃物覆盖处理贮留池。生物气的本质决定了它是一种农村科技，但却对农村能源发展战略的制定起着不可忽视的影响。目前有许多沼气池的设计，其中著名的几种包括在印度产生并兴起的浮动式鼓形型和由中国研发的固定式圆顶型。但这种印度式沼气池很快就被淘汰了，因为由中国研发的固定式圆顶型沼气池更加耐用，使用期可延长至 20~50 年。当然还存在其他类型的沼气池，比如由中国台湾研发的箱式沼气池、南非研发的推流式沼气池和在美国使用的覆盖式厌氧贮留池。然而，它们生产生物气的过程都是相同的。在所有情况下，沼气池都必须提供厌氧环境，那些废弃物如牛粪首先必须与水 1:1 混合，然后再把它们倾倒进口槽中，由此流入沼气池中（如图 5.31 所示）。如果流入物太稀，那么固体微粒就会沉积在槽底；相反，如果流入物太稠，那么它就会阻碍气体流入泥浆。沼气池中进行的第一个过程是分解植物或动物废弃物。在这个过程中，所有有机原料都被分解成碎块，然后被再次降解并转化成有机酸，有机酸接着再通过某些化学反应转化成沼气。这种有机物的分解以及接下来的生物气的释放都通过一些细菌完成，它们主要都生活在无氧条件下。由此，一个沼气工程的主要组成部分便是沼气池。

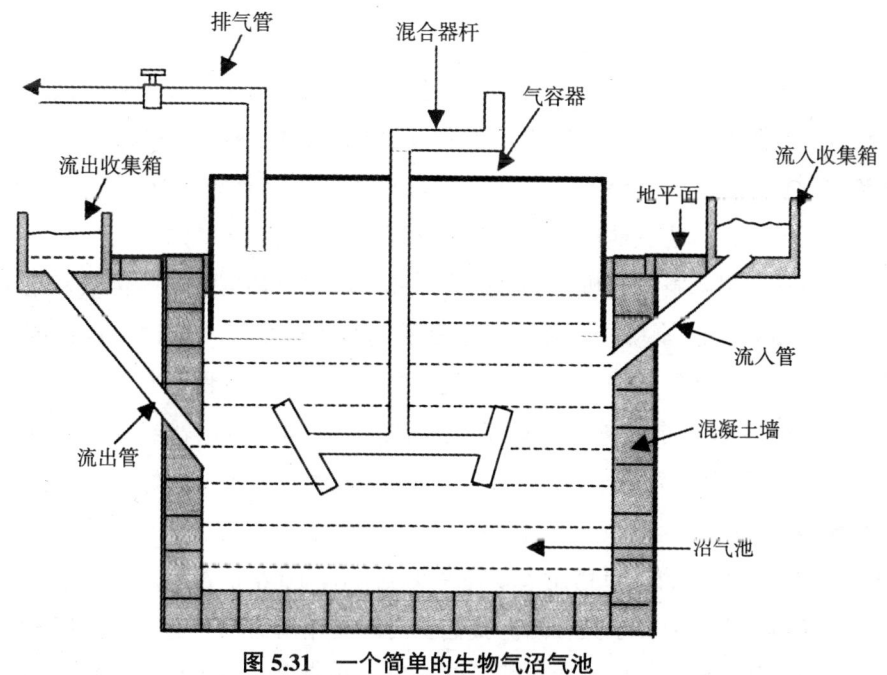

图 5.31　一个简单的生物气沼气池

那些促进气体释放的细菌对于沼气池内的温度和酸碱度十分敏感。对于一般的细菌种类，合适的沼气池温度在30℃~40℃，以36℃最佳。当然一些沼气池的操作环境可以超出这些范围，但此时如果不加以严密控制的话，整个系统将变得十分脆弱。通过对这些废弃物进行消化后，残余的液体主要由水和一些稳定的废弃物组成，它们则可以用作肥料。实际的消化过程主要由三步完成。第一步是水解作用，即利用细菌酶将蛋白质、脂肪和糖类分解成单糖。下一步则是酸形成的过程，此时细菌把单糖转化成乙酸、二氧化碳和氢气。最后，酶再把酸转化成甲烷和二氧化碳。氢气，主要是在酸形成的过程中产生，也可以和二氧化碳结合，生成沼气和水。最后生成的生物气中含有多种气体，如氢气、氮气，但主要组成部分还是甲烷（CH_4）和二氧化碳（CO_2）。一个高效的沼气池应该以甲烷作为主要气体，接着是二氧化碳，两者总量应该占全部气体的80%以上。一个影响沼气工程操作的重要因素就是其碳氮比率（C/N）。如果这个比率在20~30，则被认为是厌氧消化的最佳比率。在选择放入这个沼气池的废弃物类型时必须考虑它的碳氮比率。例如牛粪的比率大约为24，水葫芦则为25，猪排泄物为10，鸡排泄物为10，人类和鸭的排泄物均为8。其他材料如稻草和锯末则具有十分高的碳氮比率。如果这个比率高于最佳范围，那么几乎没有多少氮元素可以提供给细菌消耗满足它们的蛋白质需求，这样气体的产生比率也会减少。另一方面，如果这个比率过低的话，就会产生过多的氮元素，进而促进氮的形成，而这将会提高系统的酸碱度，导致微生物数量的减少。当酸碱度值高于8.5时，整个环境就开始对细菌产生毒害，因此这在沼气池中是绝对禁止的。微生物的种类很多，且它们的特征各异，但它们对沼气池内小气候的敏感程度却是大体相同的。

尽管任何可降解的有机物都可以用作原材料放入沼气池中，但最好还是选择一种产气量较高的原料。如果原材料是通过购买得来的，那这一点就更加重要了。然而，我们同时必须注意保证沼气池的设计与所放入的原材料可以兼容。作为一种十分普遍的原材料，牛粪容易使用，且在同一地点就可以获得巨大的数量，但其气体产生潜力仅分布在每千克0.02~0.04立方米，恰好与人类排泄物的比率相当。鸡的排泄物则具有相对较高的气体生产潜力，大约在每千克0.06~0.12立方米，而猪的排泄物比率则在每千克0.04~0.06立方米。一些植物，如水葫芦的气体产生潜力和牛粪相当。我们也可以使用所有这些有机物的混合物，尤其当其中一种材料的气体产生率虽然低，但却相对另一种气体产生率较高的材料更易得到时。类似地,碳氮比率较低的材料也可以和碳氮比率较高的材料混合,这样便可实现适合于细菌工作的环境构成了。另一种重要的因素就是稀浆混合料中挥发性固体的数量了。挥发性固体的含量越高,气体产生量也就越高,因为气体主要来自这些固体而非那些水含量。为了理解在消化过程中所发生的化学反应,我们十分有必要了解投入废弃物的化学组成。这些材料包括碳水化合物、脂质、蛋白质和无机物质,它们首先在细菌所释放的酶的作用下分解成单糖(如葡萄糖),然后这些单糖再在生酸菌产生的酶的作用下进一步发酵成酸。其中最常见的酸是乙酸,同时里面还掺杂了少量的丙酸、丁酸和乙醇。最后,以下化学反应在酶的催化下,产生生物气(甲烷)。

$CH_3COOH \rightarrow CH_4 + CO_2$

$2CH_3CH_2OH + CO_2 \rightarrow CH_4 + 2CH_3COOH$

$CO_2 + 4H_2 \rightarrow CH_4 + 2H_2O$

这些反应持续发生,可以产生甲烷,构成生物气的主要组成部分。除了要控制沼气池内的酸碱度和温度外,我们同时还要注意添加速率、保留时间以及其他可能引起毒性的物质。过度添加原料或添加原料不足都将会降低气体的产生率。添加原料的速率将由当地条件决定,但总体上来说,在热带气候条件下,添加速率建议为每天向沼气池中每立方米体积添加5~8千克牛粪。具体数量当然也取决于沼气池中微生物能够完全作用于一定量的粪便所需的时间,这就叫做保留时间。对于牛粪,在热带温暖的气候下,保留时间通常是在40~70天。通常情况下,温度越高,其保留时间越短。关于沼气池的表现情况可能很大程度上受到原料中有毒成分的影响。矿物质铁、重金属以及清洁剂,仅仅是有毒物质中的一部分,但如果这些物质(如钠、钙、铜、锌、铅和钾)的量很小的话,却可以促进细菌的生长。但为了保险起见,如果肉眼可观察到这些物质的数量,则绝不可以投入沼气池中。

5.6.6 生物质:生物质气化技术

生物质固体材料同样也可以经过一个所谓的气化过程直接转化成可燃烧气体。所产生的气体通常叫做发生炉气,它还可以用作一种热源来促进一种热能机,如发电机或车辆发动机的工作。这个转化过程包括在气化炉中进行的部分氧化和高温分解。这个转化过程的原理可能是由于生物质材料，如木柴、农业废弃物和废物，通常都是有机的，其中含有炭、氢和氧元素，以及一定的水分。在低氧、高温的控制条件下，大部分的生物质材料都可以直接转化成一种气体燃料。将固态生物质通过热化学技术转化成气体燃料的过程叫做生物质气化过程。尽管气体的发热值相对较低，但它可以在高密度情况下，通过液体燃料燃烧设备进行（炉灶）高效地燃烧，实现高热效率和有效控制。

气化技术早在一个世纪前就出现了，但当其他液体燃料如煤油出现时，人们对它的兴趣又逐渐消失了。然而，最近由于日渐增长的燃料价格和环境问题，人们对它的兴趣开始复兴，这再一次将其发展推向了一个更加完善、复杂的阶段。气化过程包括一系列复杂的热化学反应，严格上讲这些反应是无法拆分成单独个体的，但如果要产生气体的话，生物质确实必须经历一些阶段。所使用的设备可能看上去十分简单，而且通常要包括一个圆柱空腔（用来放置燃料）、一个进风口、一个气体出口和一个格栅。建造材料同样也是普通的建筑材料，如混凝土、砖、钢铁或油桶。

气化过程的主要阶段包括干燥、热解、氧化和降解。当需要被气化的物质放入气化炉中时，它首先需要在120℃~160℃的温度下进行干燥，这样所有的水分都转化成水蒸气从物质中移走了。在这个阶段，燃料不经历任何分解过程。接着干燥的生物质在无氧条件下进行高温分解，这就是热解阶段，此时温度在700℃以上，产物包括三种：固态（主要是炭或木炭）、液态（酸或煤油）以及其他（主要是一氧化碳和氢气的混合气）。紧接着这个阶段便是氧化阶段，在氧化过程中，氧气将会被导入气化炉中，温度仍然保持在700℃以上，这样可以促进空气中各成分和固态碳化燃料的反应，产生大量的一氧化碳和水蒸气。最后一个阶段是降解阶段，它同样发生在700℃以上的温度和无氧环境下，这可以促进高温化学物质反应并产生更多的一氧化碳、氢气、甲烷和水蒸气。如果整个气化阶段都完成，那么所有的炭都会被燃烧或降解成一氧化碳及其他产品被蒸发，但通常情况下残留物都是灰烬、炭或木炭。对于理论上生物质的完全燃烧，若使每千克的生物质燃料转化成二氧化碳和水作为主要产物的话，则至少需要6千克的空气。而对于高温分解，保证每千克的生物质产生可燃烧的气体仅需要1.5千克的空气，但这些气体只能是一氧化碳和氢气的混合物以及少量其他气体的混合物。

对于发生炉煤气里肯定包含的焦油和其他某些物质，如果炉煤气是用来给发动机做燃料的话，这些都必须被移除。由此，除了以上所提到的四个阶段外，生成的气体还必须经过"清洗"以除去杂质，然后使用前再进行"干燥"。如果最终的使用仅仅需要热量的话，那么对原气体的清洁只需要达到热过程的要求即可。尽管通常情况下发生炉煤气中会含有一定量的其他气体，但一个设计良好的气化炉应该能产生一个一氧化碳和氢气的高混合比率，如55%的一氧化碳和25%的氢气。发生在气化炉中的反应应该加以控制，以保证产生正确比率的混合气体。其中的一些反应还需要吸收一定的热量，而其他反应则会释放热量。以下便是一些例子：

$C + O_2 \rightarrow CO_2 +$ 热量

空气中的氧气可以支持炭的燃烧，然后产生二氧化碳和热量。同时，空气中的氢气与氧气反应，生成水蒸气：

$H_2 + O_2 \rightarrow H_2O +$ 热量

在降解区，化学反应同样也会在高温、无氧的条件下发生，这样这些反应的主要参与者就是二氧化碳、炭、氢气和水蒸气。

$C + CO_2 \rightarrow 2CO +$ 热量

$C + H_2O \rightarrow CO + H_2 +$ 热量

$CO_2 + H_2 \rightarrow CO + H_2O +$ 热量

$C + 2H_2 \rightarrow CH_4 +$ 热量

如上所述，一个优良的反应器应该能产生更多的可燃烧气体。

汽化炉的尺寸也各有不同，从巨大的工业用综合设备到微型可迁移系统。大设备适合于发电，而小设备用于带动小型发动机，如车辆发动机。关于汽化炉类别的划分并不容易，因为其设计上也各有千秋。如果根据空气的流动来划分的话，那可以分成上吸式、下吸式、平吸式和双火式汽化炉。前三种是最常见的类型。图5.32是一个上吸式汽化炉的例子。它们同样也可以根据各自的操作方式进行划分，例如螺旋钻反应器、加压整体道床式、氧气吹入和内部循环流化床式汽化炉。

在某些领域，如果那里的生物质已经相当廉价甚至完全免费时，如东非碾米厂、制糖厂、造纸厂，汽化炉系统不仅能在节约木柴和减少二氧化碳排放上为环保做贡献，它同时也提供了许多经济优势。产出的气体同时也有潜力在某些运用中替代以石油为基础的燃料，节约了本国用于进口石油燃料的外汇。除此之外，

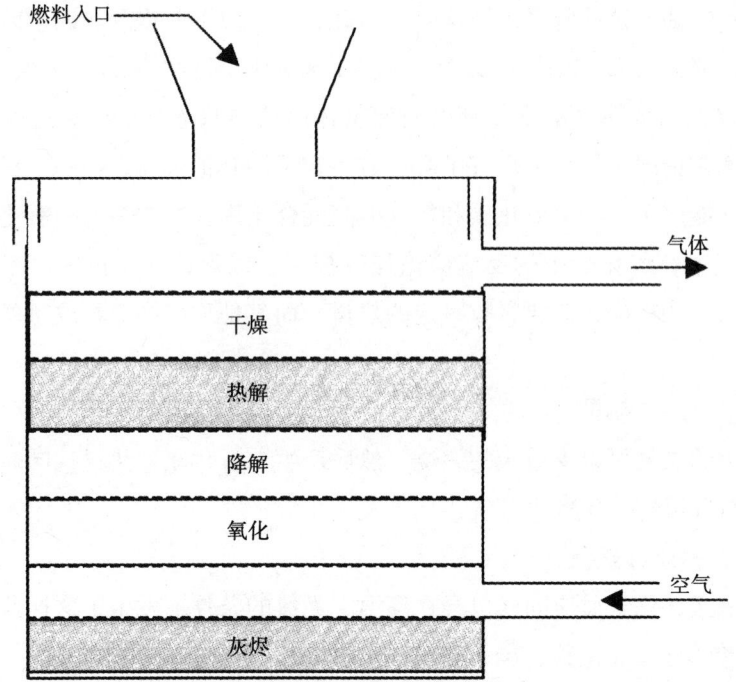

图 5.32 上吸式生物质气化炉

其他一些产品如肥料、化学药品和塑料制品也可以在整个汽化过程中获得。同样,我们还可能获得高达 1200℃ 的火焰温度,如果空气能够进行合理预热并与某些气体混合的话,就可以使气化炉用于热处理应用或作为陶瓷窑和锅炉的燃料。同其他气体燃料一样,生成炉煤气较固体燃料更容易控制功率级,因此其利用操作更高效、更清洁。如果燃烧是为了获得热能的话,那么从 1 立方米的气体中可以获得 4~5 兆焦耳的热量,最高至 1200℃ 的火焰温度也可以由此获得。它同样可以用来混合燃料(如柴油)至不同的比率,仍然可以实现良好的输出功率。

生物质能源在东非是一项至关重要的能源,而且需要进行进一步的分析,这样不仅能完全理解其角色地位,同样能形成一项更加完善的能源政策,以解决现实的能源计划战略问题。因此,对生物质能源进行详细的分析十分重要,它可以作为东非普遍情况的一个综述。

5.7 东非生物质能应用：以乌干达为例

生物质能源战略在东非的三个国家都基本相同，其中唯一的不同就是其在某些领域的重视程度和应用。我们因此需要仔细考虑乌干达的情形，以作为整个东非大陆的典型。

5.7.1 乌干达的生物质能政策

1999 年，乌干达能源与矿产开发部（MEMD）展开了一个能为在《全国能源政策》的指导下发展的电力部门建立新政策的行动。这项政策是独一无二的，其中一节专门讲述生物质能源。回顾自 1998 年开始的《林业政策》，新旧（1988）两种政策都试图解决生物质能源问题。林业部门甚至进行了更深一步的探索，起草了一项《国家林业计划》作为《国家环境行动方案》的一项补充措施。

由国家林业局发起的国家生物质研究（NBS）自 1989 年开始就在全国范围内收集各种有关生物质分布的数据。这些信息对于制订生物质供给的计划十分有用，同时它还包括了有关农作物的分布、面积、牲畜放养率的相关信息，这些都可以帮助确定大概有多少农业废弃物可以用于能量生产。但需要注意的是将农业废弃物用于能量生产并不意味着我们一定要剥夺其可以用作天然肥料的优先性，因为乌干达的大部分农民仍没有足够财力去支付商业化肥。

乌干达能源与矿产开发部门已经为农村电气化、汽油供给和能源效率问题制定了一系列的战略措施。尽管生物质能源在全国能源平衡上占据重要地位，大约占全部能源消耗的 93%，但目前仍然还没有任何全面的生物质能源需求战略。木材是家庭烹饪和工厂及机构供热的最主要能源。木炭的生产和消耗也是国家经济的重要组成部分，它不仅为大部分城市区域提供了烹饪燃料，并由此提供了大约 2 万份全职工作。鉴于其高消耗率，我们有必要相信生物质能源的使用率要远高于其生产率，但目前数据尚不足以证明此观点。不仅如此，很多关于生物质生产的土地正逐渐转化成农田，由此经常出现缺乏树木的情况。能源与矿产开发部门及其他部门已经开展了许多独立的生物质工程。

这种策略试图对所有能源政策、国家林业计划和国家环境计划中有关能源的战略进行同步。所提出的生物质能战略主要依据以下六大原则所形成：

- 制度建立；
- 人力资源发展；
- 财务资源调动；
- 意识传播；
- 质量控制；
- 科学研究。

乌干达1995年的宪法已经意识到了能源政策应该针对贫困群体的必要性，其中陈述道："国家应该制定并实施满足人民基本需求和环境保护的方针政策。"关于能源对穷人的重要性以及对整个国家发展的重要性在2000年修订的《扶贫行动方案（PEAP）》中已有明确体现。能源对于缓解贫困状况有着直接的影响。改良的电力供给也旨在通过提倡私营部门引导经济发展和修正贫困所造成的影响来提高缓解贫困的意识。关于能源和引进新型科技至农村地区农产品过程之间的联系与政府的《农业现代化计划》尤为相关。扶贫行动方案同样强调了能量与基本需求之间的联系，并注意到了人们对于木材燃料的依赖将增加妇女的负担，并导致环境质量下降。它进一步指出攀登能量阶梯的第一步就是使用改良的烹饪科技和引进更加高效的木炭生产方法。

在乌干达所使用的能量中，大约有93%来自生物质能源，它包括木材、木炭和农业废弃物。95%的木材供给用于能源消耗，它们具备以下特征：

- 木材是穷人获得能源的唯一途径，因为仅有1%的农村人口可以使用电力（大约2000人）。
- 木材的缺乏会影响到烹饪食物的营养价值，因为这样会限制饮食类型和熟热程度，所以很多人正在努力保证木材永远可用。
- 木材是一种可再生能源，前提是实现对其再生与使用的可持续规划。
- 木材是工厂中产热的主要能源，因此它除了作为建筑材料直接使用外，还对整个国家具有重要的经济价值。

这些特征使我们再次确信木材在未来的几年仍将是乌干达最重要的能源，即使其水电潜力将会被全部开发。但其中一个主要的担心就是大多数乌干达家庭目前利用生物质能源的效率都非常低。对于改良的木材炉灶和其他形式的能源（液化石油气、太阳能、煤油和电力）的使用在大部分区域都十分有限。一些机构，如学校，已经从明火过渡到了改良的烹饪炉灶，一些高收入家庭和移民则已经开始使用液化石油气和电力烹饪。

在坎帕拉，市场能够有效地、持久地并且相对廉价地提供给消费者木柴和木炭。然而，这些价格甚至比它们的成本还要低，这主要是因为木柴税和财政依从率较低，再加上由于放牧和农业生产而导致土地征用急剧增长，使得大量木炭涌入城市。这种现象同样在姆巴拉拉镇得到了证实，在那里，伴随着木炭贸易者尤其是驾着卡车销售的批发商数量的急剧增长，木炭包的价格已经从每吨 12000 乌干达先令跌到了 8000 乌干达先令（约从 6.5 美元跌到了 5 美元）。因此，由于需求的逐渐增长，人们储存木材和木炭的经济动力便在过去 5 年里逐渐消失了。加在木柴上的税费也并没有起到任何监管作用，这就意味着人们购买更多能量效率型炉灶的财务奖励也就消失了。

5.7.2　乌干达能源政策概况

能源部门一直以来都十分重视能够解决能量商业来源供给问题的政策，然而却忽视了生物质本身的问题，但生物质实际上是整个国家最主要的能量来源。

新《全国能源政策》的主要目标是满足乌干达全体人民以环境可持续发展的方式发展社会和经济的能源需求。第二大目标是增加人们对于现代可支付且可靠的能源服务的使用，作为对消灭贫穷的一项贡献。在需求方面，有关家庭和社区的主要目标是提供最基本的服务，包括生活用水供给和公共卫生、健康、教育、公共照明和交流，以提高农村人口的社会福利。

这一部门的具体目标主要包括：
- 实现对低收入家庭能源安全的稳定水平，以减少家庭层面上的贫困状况；
- 提高生物质能源使用上的效率，同时能意识到生物质在不久的将来，仍是以农村区域为代表的大部分地区的最主要能源；
- 具体提供能源的相关生产活动，如以家庭为基础的工厂，以迅速提高家庭收入；
- 培养妇女提高对能源和科技选择的敏感性，以减少与生物质能源使用相关的劳动力、负担和恶劣的健康环境。

《全国能源政策》指出了提高能源供给在农村区域可能扮演的角色，由此产生了将生物质能源纳入国家能源计划领域的必要性。

它同时提出了木材燃料的使用对森林退化所造成的影响，因为许多地区的木材资源正在急剧减少，而其对环境和对最终用户的健康的影响以及由于收集木柴对妇女和儿童产生的负担也正由于生物质燃料使用的增加而逐渐增加。在这个国家的许多地方木柴燃料现在已变得十分短缺。这些问题可能会在需求方面管理上得到一定程度的解决，这其中也包括对能源高效设备及相关资源的使用。

关于此国家对于生物质燃料的需求与供给方面的数据尚且不足，同时对生物质能源科技的潜力的意识也尚待提高。这项政策考虑到了对生物质一些方面，尤其是作为制订计划主要目的需求方面的数据库的巩固。

这项政策意识到了在政府机构内部为下级部门制订计划并进行监管以及研究和开发的不足。该能源政策计划通过发放补贴的方式提高个体部门的参与度，补贴会特别针对个体部门对效率的以及对新科技的采用。政策的重心尤其会放在对终极使用链的生产中生物质使用效率的提高上。

生物质政策提出了解决不同部门，包括家计部门、国民经济的机构部门、工业部门、商业部门、交通部门以及农业部门在内的需求方面的各种政策。能源效率是需求面管理的主要推动力。除此之外，该政策还提出了关于解决不同子部门供给方面的政策，如能源子部门、石油子部门、生物质能源子部门以及其他可再生能源的子部门。关于生物质能源和其他可再生能源战略的主要目标是提供对其发展、提高和其在不同规模上应用的集中支持。

5.7.3 林业政策与国家森林规划

乌干达的森林和林地资源被看做是三大可持续发展产业——工业、社会和环境的中流砥柱。森林政策同时也提出了乌干达的森林资源所提供的能量，大约占全国能量需求量的93%。

公共森林保护区，大约占全国所有森林面积的40%，却不是当今甚至未来生物质能源需求的主要供给源。每年大约要消耗3500万立方米的木柴量，这远远超过了每年对全部保护区内森林资源大约35万立方米的总允许开采量。由于这些森林仍然存在立木蓄积量，这就意味着用于能量开发的生物质能源主要来自森林保护区以外。然而，目前仍未存在任何有关这些生物质能源中究竟有多少来自公共森林区的记载。

森林政策把农场林业看作是确保有足够生物质能源供给的主要策略，那么林业部门的角色也将转变成向基层的推广官员供给充足、清洁的种子和咨询服务。在国家农业咨询（NAAD）指导下计划的推广服务是能够接触到全国各地糊口农民的一项有效途径。这项政策同样计划充分利用政府承诺的优势，利用《农业现代化方案》提升和发展农场林业。

使用森林废弃物所谓能源虽然并未明确提出，但却得到了不少默许，因为目前尚未存在任何能源林场，所以正如《国家森林权威性商业计划》中所述，森林保护区仍需要提供一定的木柴资源。采伐作业中的树冠和树枝将作为木材燃料售出，这些木柴燃料将从加工循环中获得，正如某些森林保护区的管理计划中所述。

森林方案同样还提出了利益相关方之间的合作，如贫困的农村人口和城市居民、木材厂的工作人员、森林产品的消费者、相关部门的公仆及国内甚至国外民众之间的合作，但它却没能提出明确的战略计划。不仅如此，这项政策还细化了农业、土地使用、水资源、野生生物、工业和能源部门之间的合作。

5.7.4 林木生物质的可用性

关于生物质能源供给的数据是假设所有的生物质能源都对人类可用。但实际上，大量储存在森林中的生物质却是不可利用的，这既可能由于距离遥远，也可能由于森林保护区、狩猎区或国家公园等区域内的管理限制。为了计算简便，我们尚且假设保护区域内的所有资源都是不可利用的，那么此时关于可供使用的生物质能源将立即降低至大约所有可利用生物质能源的50%。

用于制造木柴和其他林产品的木材资源同样可以通过这些分配方式和土地使用类型获得，例如距离最近的可获得木材燃料的地方可能是赖以生存的农田区域或附近的原始林区。

5.7.5 农业

来自农作物的生物质能源主要是从农业废弃物中获得,这些废弃物既可能是正在生长或收获的粮食作物,也可能是相应的经济作物。在乌干达最常见的粮食作物包括车前草、青香蕉和黄香蕉;谷物:龙爪稷、玉米、高粱、水稻和小麦;块根农作物:甘薯、白马铃薯、木薯;干豆类作物:菜豆、红豌豆、大豆和木豆;其他类作物:落花生(有时也叫花生)和芝麻。而经济类作物包括咖啡、棉花、茶叶和甘蔗。这些作物在整个国家的分布主要取决于不同作物生长的具体要求,如对土壤的要求和对气候的要求(如降雨类型和分布)。

5.7.6 农业废弃物(粮食与经济作物)

农业废弃物是指收获或生产作物过程中残留的某些物质。多数情况下关于直接显示农业废弃物的数据并不充足,因此对于废弃物数据的获得主要通过利用合适的换算因素(残渣—产量比)计算每种作物的产量而来。如果总的农业废弃物大约800万吨,那么其中有173.4万吨可以用于能源使用。

5.7.7 牲畜

乌干达最近并没有进行详细的牲畜普查活动。由此,以下所列出的数据仅出自农业部、动物行业和渔业的统计摘要(2000):据估计,每年将会养殖5000头牛,生产出900吨干物质,其中的240吨可以当作能源使用。

5.7.8 生物质能生产与应用概况

1995年,在乌干达林木生物质的全部潜在库存大约为4.772亿吨分析基。然而,如果将保护区的生物质移出国家库存总量,那么可用的库存净值将减少至2.759亿吨分析基。

同样需要注意的是在实际应用中,仅仅只有小型的树干、树芽和树枝投入使用。如果考虑到这些因素的话，那么可用的库存值将进一步减少至原来的30%左右（约为9000万吨木材）。

相关数据已显示出全国生物质的持续生产和消耗量，但其信息仍然太简略以至于无法用于有效的规划中。关于持续性的概念是指每年的消耗量不可超过每年的平均增加量。全国持续总产量大约为每年0.204亿吨。然而，如果仅仅考虑来自非保护区域的可供给量，那么这个产量将会降低至大约每年0.145亿吨。

由此可以预估，来自树木的生物质供给量最高（每年0.144亿吨，地上分析基生物质），紧随其后的是来自农业废弃物（每年170万吨），其余的才来自动物排泄物。

在消耗方面，由家庭使用的木柴总量占全部生物质消耗量的比例最大，其后是木炭、商业用木柴量和废弃物。仅有50%可用于能源生产的农作物废弃物被消耗了，因此应该考虑增加来自该原料的能源供给量。

关于土地使用分布情况、面积、现存量（生物质密度）、农作物面积和产量以及动物排泄物的产量的数据都可以用来确定生物质供给的总量。而来自可供参考的文献中有关木炭和木柴的数据则可以用来确定1995年生物质的消耗总量。

在供给方面，乌干达在1995年一共有47.72亿吨的林木生物质库存，每年林木的生物质总产量约为0.204亿吨（年平均增长量），农作物废弃物的总产量约为800万吨，而动物排泄物约为470万吨。

库存中约有2.759亿吨的林木（不包括被保护区域）可用作能源，而每年林木的能源产量约为0.1446亿吨，废弃物的产量约为173万吨，动物排泄物的产量约为23.6万吨。

在消耗方面，同年共有0.202亿吨的能源被消耗，其中将近80.5%为木柴，14.5%为木炭，而4%为废弃物。

基于以上可持续生产的生物质只能得出一个在1995年每年380万吨的负差额。此项赤字对林木质生物质甚至更高：同年负差值可达每年490万吨。

数据中显然存在一些缺口，而且对以上生物质的估计值也需要谨慎处理，因为还有众多因素会影响到总供给量和消耗量，但却没有考虑在内。然而，我们大致可得出的结论是由于380万吨负差额的出现，对于这项资源的可持续利用仍然面对着严峻的挑战。在某些地方，情况可能更加糟糕。在当今的情况下，对乌干达未来生物质能源的供给仍然无法得到保障，这主要是因为对生物质能源的需求会随着人口的增长而变得更加旺盛。因此有关部门必须在情况进一步恶化前采取相应的补救措施。

5.7.9　生物质能发展相关挑战

本节首先回顾了该国家使用生物质能源的某些发起活动，然后检查了在传播生物质能技术（BET）的过程中所遇到的某些阻碍。其中的某些发起活动主要涵盖了提高植树和使用高效率能源科技的意识，尤其在改良的炉灶和木炭生产技术方面，增强相应技术的传播。当然还包括某些活动增强能力建设。大部分的非政府组织（NGO）和公共部门的行动都会得到经济上的支持，而个体部门的活动则主要接受来自母公司的支持。

能源及矿产开发部（MEMD）在其开发伙伴的支持下，正在推行一种家庭和工厂可持续能源使用（SEUHI）的工程。此项工程的主要目的是提高能源转换的效率，推广其在家庭和小型工厂中的使用，同时该工程还解决了坎帕拉、索罗蒂、阿朱马尼、卡巴莱和托罗罗中农村和城市的家庭壁炉问题；卢韦罗、纳卡松戈拉和马辛迪中木炭生产的问题；还有卡塞、基索罗和托罗罗中石灰生产的问题。

能源及矿产开发部已经做到：

● 在卡巴莱、托罗罗、索罗蒂和阿朱马尼地区的 34 个下属地区里发放改良的炉灶，已经对超过 400 人进行了培训，有 7000 个家庭现在正在使用高级炉灶。

● 对坎帕拉和卡巴莱地区大约 70 个工匠进行了关于改良的木炭炉的生产和市场营销方面的培训。

● 对纳卡松戈拉、卢韦罗和马辛迪地区超过 130 个木炭生产商进行有关改良的木炭生产方法的培训。

● 建立了三个木炭生产联盟。

● 使两个木炭生产联盟由于开拓了坎帕拉市场，从适度循环基金中获益，这两个联盟自 2000 年 8 月开始已经在 Wandegeya 和 Namasuba 市场进行木炭销售。

● 在托罗罗完成并发布了一种改良的石灰炉，而且正在基索罗建立另一种石灰炉。

● 在许多以生物质为基础的工厂中推出了能源审核。

● 在卡巴莱地区的一些下属地区里建立了 8 个苗圃。

- 在与许多以农业为基础的机构的合作中，于阿朱马尼地区种植了超过50万棵树苗。
- 在能源问题上向Nyabyeya林业大学提供协助。
- 建立了20个沼气池，并对20个工匠进行了沼气池建设的培训。

在欧洲发展伙伴所支持的能源咨询项目的指导下，能源及矿产开发部（MEMD）筹建了国家能源政策、子行业发展策略和能源信息系统，同时还向不同的非政府组织工程和媒介提供了技术援助。一项生物质能源发展规划（BEDP）同时也正在筹备中。能源及矿产开发部（MEMD）计划消除任何阻碍农村和城市边缘带中家庭及小型工厂内生物质能源效率提高的一切因素。这将通过发展先进科技、能源节省策略和燃料替代物来实现，但优先权首先要给予城市家庭、机构和小型工厂，因为在那里降低燃料成本的管理和激励措施会很快投入使用。

生物质可以为一系列活动提供能源。其中的一些如卷烟，还可以鼓励使用者在消耗可利用生物质材料的同时种植树木。一些当地的非政府组织和群体，如联合能源和环境工程（JEEP）、综合乡村发展倡议活动（IRDI）、可再生能源发展中心（REDC）和一些学习机构，已经展开了与各种国际发展组织的合作，以倡导植树、加大对高效能源设备的使用。

5.7.10 信息不充分性

目前完整的、可靠的数据仍然不充分，尤其在消耗方面。生物质能源计划依赖于来自不同领域的大量的信息（既包括定量信息又包括定性信息）。某些相关机构如能源部门和国家统计局，却因长期缺少财政或人力资源，经常只能在国家计划背景中扮演边缘角色。其中一些最基本的数据，如全国不同地区木材燃料的价格，都可能缺失或数据缺乏一致性。更常见的是，一些独立估计值中的前后不一致也表明了数据源的连贯性差和可靠性低的特点，并由此导致了在政策和战略的制定及优先权的确定和形成方面显而易见的负面影响。一些能够表明相关子行业在提供就业和对国家国民生产总值做出的贡献中所扮演的中心角色的数据及事实也没有被及时记录在案。如果关于支持这些子行业贡献的有效论证，如它们在资源配置中做出了巨大的贡献，能够胜出，那么应该有明显的相关事实和数据足以支持这一论证。

5.7.11 技术落后

子部门主要以某些具备完善的生物质能源技术（BET）的生产商或制造商为特点。当然也存在大量的生产商只能生产出劣质产品，其效率、耐用性及其他特性有时候甚至比"传统"科技还差。这主要是缺乏相关的知识来了解新科技的有效性以及相关科技所带来的优势和限制。先进的生物质技术，如气化和现代砖窑技术，在该国几乎不为人知。这显然在子行业缺乏质量控制和管理。

5.7.12 组织机构不完善

在包括能源及矿产开发部、非政府组织和个体企业在内的众多生物质子行业的主要机构中，正在面临着一项在生物质领域缺乏合格的人才和专家的严峻问题。这些组织却主要集中于众多其他类问题，而生物质方面的活动或项目仅占它们日常活动的很小一部分。这种局面由于不同部门间技术联系相当微弱或在某些领域甚至不存在而进一步被恶化。因此，我们有必要加强各个部门间的合作与经验交流。如果这个局面由于财政机制而再次被恶化的话，那么它将无法投入使用生物质能源技术了。由于农村人口的增长，许多小型财政机构仍然无法相信这些科技所带来的巨大潜力。

5.7.13 生物质能发展战略目标

一项理想的生物质能源战略应该确保资源能够合理利用，不带来任何社会、经济和环境的负面影响。这就需要平衡生物质能源的供给与需求了。尽管能源部门需要对能源的供给和需求负相当的责任，但一系列其他部门也需要在生物质能源的问题上起一定的作用。这些部门可能涉及林业、农业、环境、工业、健康、人口、性别和教育领域。众多其他利益相关方也将牵涉进生物质能源的供给和需求中。

能源部已经制定了《全国能源政策》。在最终使用部门实施能源政策的主要战略即是提高能源效率。生物质能（以及其他可再生能源）供给的子行业的目标是作为"管理者提供集中支持，发展、提升和使用可再生能源投入无论大小规模的应用"。该政策列出了多项战略措施，但为了解决该部门的需求问题仍然需要进一步发展。《国家森林计划》强调生物质能源的转变要通过"发展一种生物质能源战略，提高高效能源技术的应用，发展生产、加工和能源消耗方面合适的科学技术"来实现。《国家环境行动计划》同样强调能源的高效性、树木的高产量和其他能源的高使用率。

此首创精神的主要目标是同步并依赖由以解决生物质能源需求为职责的不同部门制定的一系列发展战略，确保子行业的利益相关方可以根据它们在制定和实施生物质能源需求战略上的相对优势发挥相应的作用。

此项战略强调的问题主要包括：

- 制度的建立；
- 人力资源的开发；
- 财政资源的调动；
- 宣传与教育；
- 质量控制；
- 调查研究。

5.7.14 制度的建立

生物质能源不应该被看作是一项独立的子行业，相反，应该作为发展过程中一项不可或缺的部分。乌干达经济以农业为基础，而生物质能在众多农业加工的产业中都扮演着至关重要的角色；因此，在生物质能子行业的发展也将会为《农业现代化规划》（PMA）做贡献。生物质能在确保食物安全方面也同样起着重要的作用，因为不仅现在，在未来的十年内，它都将会是烹饪的主要能源。在一些木材燃料紧缺的地区，家庭饮食不得不由烹饪时间较长但更加营养的食物转向容易烹饪但营养价值较低的食物。

除了现存的价值外，生物质同样能在乡村工业发电方面占据一定的地位，因此也对该工业的发展做出了一定的贡献。

关于木材燃料价格和税费政策的修正也为政策目标的实现提供了一定的条件。关于税费水平也需要一步步提高，以提升资源基础的管理。有关对家庭能源征收税费的政策的主要目标应该是纠正市场的不完善，因为它可能会阻止市场价格反映燃料真正的经济成本。这样便可以向消费者传递正确的价格信号，使他了解自己使用的燃料对社会造成的成本，并由此鼓励其向高科技及其他能源的使用转变。

社会上目前亟须创新的制度主导战略以确保依赖于生物质能源的部门关于能源上的需求可以得到满足。重要的制度主导战略包括以下几种（当然不仅仅局限于以下几种）：

● 仔细回顾现存的制度框架，以抓住合理化机会，提高效率。这其中包括对参与到生物质能子行业的经销处的职能分析，除此之外，分析现存制度框架的优缺点还将有利于鉴别需要加强或提高的地方。

● 对简单的、可以在低成本下实现高收益的政策工具给予优先考虑。

● 形成简单的、可控制的、与当地执行能力和监管能力相匹配的财政措施。这些政策应该有利益相关方的参与，并且是在实际的、经过技术论证的发展战略的基础上所建立的。例如，在当地政府准备包含当地能源在内的环境行动规划时，村庄、教区或次级县中持有执照的木炭生产商和薪柴贸易者就会直接受到影响。

● 利用研究结果指导决策过程。

● 在小地区内制订能源计划，如区级地区或子级县地区。

● 对以往生物质能源政策、项目和发起进行定期且周期性的回顾，以保证所吸取的教训可以运用到目前或将来的活动中。

● 确保政府部门可以专注于自身管理、评估和监管的中心职能。

● 为木材燃料建立合适的定价方案，以保证能源作物成本可以完全恢复，并由此为商业能源林的投资创造一个有利环境。

● 强化多机构数据库，倡导主动性，并加强有效的国内合作。

● 鼓励对于开发、检验、生产和销售高效能源科技感兴趣的能源服务公司（ESCO）的建立。

● 鼓励专业的、与能源相关的组织的发展。

● 鼓励农村发展项目中涵盖生物质能源问题。

5.7.15 人力资源开发

撒哈拉以南非洲地区成功实施的能源计划都是当地的主动性在项目中从概念形成到实施应用都扮演着主要角色。生物质能子行业如果能出现快速的发展必须需要国家人力资源的调动、加强和有效组织。当地有限的参与只可能阻碍当地技术的增长，使乌干达更加依赖于外来专家。短期内，如果能优化利用现存技术就一定能以最低的成本获得最大的利益，因此，我们首先有必要掌握乌干达当下的人力资源能力。在过去的几年，这个国家的能源部门非常依赖于外来专家，那么一定的长期和短期培训十分必要，以确保那些就职于生物质能源需求子行业的人员可以有效参与各类生物质能源的生产、分配和使用环节。而对于最终使用者，他们关于生物质能源的高效技术以及这些技术的实用性的相关知识都十分有限，他们很少能进行能源效率分析及简化，不了解通过这些方式可以节省能源以增加小中型企业的生产和盈利。

一些高校如马凯雷雷大学的林业及自然保护学院和 Nyabyeya 林业大学已经将生物质能源内容加入林业培训课程中，而这只是向被培训的干部提供此子行业信息的过程的一个开始。为了加速科技使用效率，我们也有必要将生物质能源保护内容融入其他高校教育及低年级教育中。某些林业及环境保护方面的知识现在已经成为乌干达小学和中学的一部分课程。我们十分有必要保证年青一代可以将他们在学校学到的知识应用到实际生活中，而这种思想也可以贯彻到生物质能源保护中。

一系列的机构，如 Nyabyeya 林业大学及马凯雷雷大学科技学院，正在规划在全国的不同地方建立"生物质能源中心"，不仅如此，最近 12 个在国家农业研究组织的管理下的农业研究及发展中心（ARDC）（前身是区域农业研究所）和在当地政府管理下的农业发展中心（ADC）都可以用作生物质能源技术的培训机构。这些工程需要进行合理的协调，以防止出现资源浪费。

一些正式与非正式的企业已经开始向利用生物质能源科技的生产，尤其是改良的烹饪器具的生产进行投资。他们的技术及商业管理技能稍欠缺，结果导致这些企业都没能取得预想的成功。多项小型工程都计划向改良的炭炉生产商提供技术及商业管理方面的培训。当然，其他该子行业的小中型企业同样需要接受培训。

为了创造一批技术优良的人员配备，我们有必要做到以下几点：

● 在主要使用者及销售者中展开人力资源的调查，掌握当下人力资源的能力。这有利于对人员进行水平分级，进而计划有针对性的培训。除此之外，一个培训需求评估也需要在利益相关方中展开。

● 发展所需的人力资源能力，以实践《国家生物质能源需求战略》，可以通过以下措施完成：

——向从事生物质能源项目的不同水平的人员提供正式的在职培训。培训课程应该建立在以目标群体的需求为特色的基础之上。

——向生物质技术相关部门的推广人员提供培训。有地区政府雇用的NADDS系统的推广人员将会是联系农民的主要纽带，如果农民能够认识到生物质能源转换技术对他们的农业生产活动十分必要，那么对此类人员的培训则必须展开。

——培训需求评估完成后，向从事技术及商业管理行业的中小型企业员工和经理提供培训。

● 建立培训后能源类审计员网络，他们将擅长于鉴别和实施有益的生物质能源效率想法。

● 将生物质能源保护内容融入国家中小学课程中。

● 整合生物质能源中心的活动，在农业研究及发展中心（ARDC）和农业发展中心（ADC）中树立榜样。

5.7.16 财政资源调动

在乌干达，依赖于外来资源支援能源发展的现象非常普遍，以至于人们很少考虑调动当地的财政资源。一方面，乌干达主要从外部大量引进财政资源发展本国能源的子行业。另一方面，在生物质能源子行业，这项关乎乌干达人民日常生活的能源业，却主要是从小规模拨款中获利的。调动当地财政资源是维持国家能源稳定发展的先决条件。尽管一些个体部门的生物质能源想法都已经利用当地资源付诸实践了，但关于这些实例的成功经验却少之又少。生物质能源供给应完全由当地的资本支持，然而它却以资源的低估价值为特征。一些财政机构管理着一系列特殊的贷款项目，且这些项目主要是为中小企业服务的，所以从事生物质能源行业的个体部门应该充分利用这些贷款项目。

一些生物质能源技术，如沼气系统和机构式炉灶，以及一些指导其他能源发展的科学技术都具有相当高的投资成本，这在很大程度上阻止了最终使用者学习这些技术。第一种引进乌干达的沼气池是由混凝土或砖制成的，而这对于大部分农民来说是根本无力支付的。最近的《农村综合发展计划》正在宣传一种管状沼气池，它的价格则相对便宜，但农民可能仍需要资金支持才有能力购置此类沼气系统。高投资成本同样会影响到液化石油气的使用，尽管此产业已经引进了廉价的单头炉五公斤油缸。

高效的财政资源调动可以通过以下途径实现：

● 发展当地资本调动机制，以支撑生物质能源工程。同时可利用一定比率的全国供销商所缴纳的税费建立一项能源发展资金，这一比率可能取决于某商业规模的大小和某燃料所带来的环境污染的程度。

● 鼓励当地银行积极参与生物质能源的投资，如同积极参与太阳能家庭系统的安装一样。中小型企业应主动利用银行机构发放的相关贷款。

● 将对生物质能的大力度补贴纳入已建立的农村电力化基金的一部分。

● 对与木柴生产、转变、运输和销售相关的收入、费用和税费的收集在地方层面实行合理化安排。应充分利用以上基金，保证当地政府实现利益的最大化，同时鼓励商业化林木生物质部门在可持续发展的基础上运行。

● 为发展生物质能源项目的中小型企业提供合理的融资方案。

● 通过分期付款购买的制度鼓励新型科技的掌握，尤其是在可替代燃料方面。这在木炭生产科技、机构式炉灶技术、沼气和液化石油气方面十分适用。不仅如此，还可以建立帮助农民学习管状沼气池的使用的循环资金系统。然而，对于这些最终使用者的财政系统在广泛运用前首先要进行一定的评估。

5.7.17 宣传与教育

许多机构现在正积极投身于改良的烹饪器和树木种植的教育与宣传活动中。对大部分生物质能源消费者来说，降低最终使用时能源的花费在传统上还没有成为一项首要考虑的问题。现在我们需要促进信息的便捷化，以帮助生物质能源使用者将能源效率纳入他们的日常使用中。尽管不同的实践者多年来一直开展着生物质能源科技的宣传工作,其中某些实践者还实现了成功宣传的效果。因此,我们有必要从不同的实践者那里学习经验,同时也需要巩固这些宣传工作,将活动放在最有需要的地方。与环境和能源问题相关的不同的媒体(报纸、广播和电视)及专业的组织将会在筹备和宣传这些信息上扮演着举足轻重的角色。

有创意的宣传和教育方法将会包括:

● 举办一种全民教育活动以普及生物质能源技术的知识,同时保证实践者完全明白生物质能源需求战略中重要的组成部分。此类意识活动还将提供一些关于生物质能源节省方法上的其他信息,其中包括对不同科技的选择、主要的实践者和信息源等信息。不同的媒体和记者组织将会接受培训,要求传播正确的信息。

● 建立数据库,提供以下信息:可用的科技及其相关的效能参数、制度,和它们在生物质能源需求战略中扮演的角色,过去、当下和将来的相关项目,以及其他可能有用的信息。

● 记录并公开对相关科技宣传活动的评估,保证所有实践者可以从以往的项目中获得成功的经验和吸取失败的教训。

● 巩固由不同实践者推行的宣传活动,防止重复做功或将活动中心仅放在全国某个特定地点。这将有利用鉴别当下不同宣传方法的差距。与生物质的增长、需求和供给相结合,这些宣传方法将同时发现最适合于生物质能源计划实施的地区。

5.7.18 质量控制

一些低质量的生物质能源技术正是阻碍相关大规模宣传的一个重要因素。这在改良的炉灶上尤其适用,但它同时也可能影响到其他生物质能源技术,所以我们有必要在其进一步扩散前遏制这一趋势。

据此,我们倡导:

● 在马凯雷雷大学建立一个全国能源参考中心,在那里同时建立某些针对改良炉灶的测试设备。

● 实施一项定期检查计划,保证产品和服务的质量符合标准。

● 建立一定的质量的参考方针和生产不同生物质能源技术的参考标准,并向技术生产商提供相关信息。

● 鼓励技术生产商在他们的所有商品上使用注册商标。

5.7.19 调查研究

关于生物质能源技术的研究支持十分有限，科研活动也主要集中在煤炭生产和改良炉灶的制造上。乌干达主要依赖于其他国家开展的科研结果。继续依赖其他国家的科研成果可能仍会持续很多年，但必须做出努力降低这种依赖程度。然而，科技的应用同时要考虑当地的条件。因此，研究方向可主要集中在以下几个方面：

● 依据生物质能源战略的实施，收集并加工相关数据。关于生物质可用性的数据是低级规划上的一项重要输入。

● 在分析不同能源选择上考虑环境成本的因素，保证生物质能源使用实际的成本。

● 采集体现全国能源效率的表现的数据，建立管理体制，同时规定不同生物质能技术的具体描述方法。

● 在本国先进技术仍然不可用的领域，发展并使用普通的生物质利用技术。

● 探索利用生物质发电以及将生物质作为液体燃料混入进口的以石油为基础的燃料中的可能性。

● 开展能源政策分析研究以评估不同能源混合战略的效应。

5.8 结语

能源的发展在很大程度上要依赖于科学技术基础，它们都需要创新能力和能将新型能源技术调整至适合于当地环境条件的科学能力。能源供应在本质上是一项非常昂贵的服务，因此其消费者必须有一定的经济实力以偿付它。本章呈现了发展不同能源所需的基本科学技术信息，描述了制造不同能源转化设备的完整过程。这些信息，在一方面可以作为解释这些转换设备为何如此昂贵的原因，另一方面缓解了发展中国家的恐惧，因为他们曾经畏惧这些过程过于复杂，进而在当下的环境中几乎不可能去实施。本章是此书中最长的一章,它旨在鼓励研究者和政策制定者将更多精力放在当地可利用能源的发展上。从这一角度看,本章刻意减少了理论知识的阐述,而将更多笔墨放在实用信息的呈现上。然而对于某些理论知识由于其重要性,确实进行了一定的阐述,这也保证了更加全面地理解其他实用信息。①

---

① 本章的参考材料可参考书后参考文献 [2,10,13,25,26,27,38,46,47,48,50,56,58,64,65,66]。

第6章 东非可再生能源概况

6.1 引言

我们已经鉴别了东非的不同能源，同时注意到最主要且最经济实惠的能源通常以化石为基础，其他大部分形式的能源，包括电能在内，都可以通过以煤油发电的机器获得。但不幸的是，东非并不盛产煤油，且不得不依靠进口获得，而这则会花费国家很大一部分的外汇收入。水力发电及地热发电仅能产生小部分电力为家庭照明或帮助各类机器运行。它们无法发挥煤油所具备的各种功能，尤其是在运输行业。由此，如若完全满足东非的能源需求，无论是煤油还是基于其他能源的发电形式都必须继续使用。当然，煤油由于它的多行业可用的性质，始终充当着最重要的能源形式。它可以提供电力、热能、光能以及支持交通运输，且在未来的多年里继续扮演着重要的角色。然而，目前还是有可能在某些可以寻找到替代能源的行业中限制其使用的。用于加热、照明和家庭娱乐的能源可以通过其他当地的资源获得，那么就这一点而言，最高优先权应该放在最可能维持生计且最易得的资源上。多年来一直在东非使用的传统能源应该得到更多的关注，因为它们已向我们展示了它们经久不衰的供给力。这些能源包括生物质能、太阳能、水利能和风能。这些能源的大部分使用情况从来没有经过政府规划，因此只有个人和小型的非政府组织在它们设定的有限目标上任意地掌控这些能源的完善与开发。由此，合作的缺乏与机构支持的不足只能阻碍那些本可以有效治理这些能源的科技的进一步发展。新的方法必须精心设计并整合这些能源的技术发展。在过去非政府组织和捐献机构的努力下，已经积累了大量在东非分配可再生能源的知识，但是许多技术发展的相关努力结果却不尽人意。这在很大程度上是因为关于恰当技术的选择、发展和运用过程既没有得到法律的支持，也没有得到制度的维护。政府似乎并没有意识到这项过程的复杂性，并认为随着知识与经验的积累，恰当的技术转变就会发生。但不幸的是它并没有发生，而且本能将该地区的发展程度推向更高水平的机会也白白浪费了。

20世纪70年代，当时的煤油危机促使全球将注意力转向其他可替代能源，这时几乎所有受害严重的国家从同一起跑线开始进行科研，探索能够更加有效治理太阳能、风能和生物质能的技术的发展。如果当初撒哈拉以南的非洲地区能够像发达国家那样对这些研究给予足够重视的话，那完全不会造成今天这样的情形。事实上，对于像肯尼亚、乌干达和坦桑尼亚这样的国家，它们恰处赤道附近，一年四季接受充足的阳光，但仍需要从世界上其他仅接受少量日照的国家进口太阳能设备，这是十分可悲的。同样可悲的还有，在这些将近90%的人口依赖于木材燃料的国家，却没有做出任何努力去发展或使用现代的生物质能转化科技，尽管该地区的相关需求量仍在上升。这些国家同时还分布着多个高原地带，在那里还有大量的未开发的风能。由于风速会随着海拔的升高而升高，而且一般情况下东非人民也不会在这些多山或高原地带生活与畜牧，因此这些地区可以安装风力发电机，进而为周围贫困山村的照明供电。由于环山或环高原地带干爽的气候和肥沃的土壤环境，这里人口密度通常较高，因而会有大量人口从此类风力发电机中获益。问题的关键既非对能源的忽视，又非能源的缺乏。许多领导人及当地的技术专家已经完全意识到了可再生能源中的潜在机会，因为他们已经同诸多国家，如德国、美国、丹麦和英国等一些在可再生能源科技方面，尤其在风能方面居于世界领先水平的国家进行过密切的交流（主要以高等教育的形式）。不仅如此，这些地区生产的某些风力发电机已经在东非地区成功地运行了，这都表明当地对风能技术的使用已经具备了一定的认识。

考虑到投资资源的可用性，这些科技并不像其他已受政府监管的开发那样集约资本。建立沼气池、气化炉、风力发电机和太阳能电池的生产车间的费用并没有其他在当地已经建立的项目，如造纸厂、制糖厂或轧钢厂以及水力发电站，那样昂贵。可再生资源本可以让多数人类赖以生存几个世纪，但它们却被领导人刻意忽略了。当然这并不意味着只有政府直接参与这些工程才能成功，甚至在一些情况中，政府的直接参与可能有害于可再生能源科技的发展，但是政府十分有必要通过合适的法律与制度框架，提供某些切实可行且具有吸引力的激励办法。除此之外，政府还可以利用广泛的服务传递网络，通过制定与实施推销政策，要求所有政府机构，如学校、乡村住宅建筑、诊所和医院，使用合适的可再生能源，成为这些科技的最大消费者。在任何发展过程中，尤其是农村发展的过程中，都应该强调能源的重要性，并呼吁以引起注意，由此国家也有必要建立相关机构来专门监管可再生能源的发展与应用，以支持其发展。该地区现存的能源利用机构还没有承担起这些责任，而且考虑到它们的兴趣与局限性，关于它们能否有效倡导可再生能源技术的发展仍然值得怀疑。

为了使东非的能源生产更加多样化，我们十分有必要考虑它们的最终使用方向，然后有针对性地选择合适的能源。如果最终使用仅为了取热，那么就需要选择一种能源能够有效提供热量；如果最终使用是为了缓解用电负载，那么所使用的能源必须具备这一功能，而在这一情况下，合适的能源包括太阳能、小水电、风能或气动发电机。同时，分析消费者的数量和集中程度也十分重要，因为这将决定资源是应该密集化还是分散化。很明显，对于东非分散的农村居住状况，最合适的能源供给应当是那些分散形式堪比居民分散居住状况的能源。这种安排不仅可以解决昂贵的运输费用，同时会赋予社区拥有并且管理设备的权力。此类社区参与的形式同样也是可持续发展的重要特征之一，但它们仅能由诸如小水电、太阳能、风能和现代生物质能技术（沼气、热电联产和汽化）等可再生能源提供。到目前为止，一个最主要的问题是缺乏关于不同可再生能源的使用地点和可用性的完整数据，这使得投资者除进行其他可行性调查外——一项大部分投资者都不愿从事的烦琐过程，还必须展开一项数据收集工作。因此，东非国家十分有必要进行一项广泛的可再生能源评估工作，这不仅包括地区层面，也包括国家层面，然后尽可能精确地记录评估结果，认真描述可再生能源的使用类型、使用地点、使用数量，以及每日、每月、每年对生物质能源的不同使用量。同时关于在适用场所上（无论是经济还是技术上都可行的且社会上普遍接受的）额外的信息，也需要清晰地呈现出来，以保证有兴趣的投资者作出知情决策。

关于质量控制与安全保障的问题也应该通过合适的法律和制度框架进行管理，尤其是在可再生能源的发展与应用上。先前在该地区倡导可再生能源技术的尝试遭受严重挫折，主要就是因为低质量以及未经审查的、错误的维护程序严重削弱了消费者的信心，结果导致大部分技术都经受不起时间的考验。这也是威胁肯尼亚陶瓷吉高生存的一个原因，它曾被认为是东非一个十分成功的可再生能源设备。许多工厂充分利用高需求形势以及无须执行质量控制的工作环境，使用不符合标准的原材料生产低质量的炉灶，这样的状况很快削弱了消费者的信心。安装劣质或不完整的太阳能系统，如太阳能热水器、光伏电池板，或因为某些寡廉鲜耻的销售商，他们几乎不懂如何科学操作该系统，因而给予客户错误的操作信息，这些都导致这些设备在肯尼亚的需求量严重下滑。20世纪80年代，由捐献者大量投资建成的沼气生产工程由于管理不善（维护不规律、维修状态极差或经常推迟等）已不再拥有良好的工作状态。类似地，块状燃料生产机器和沼气生产工程一样都是在20世纪80年代建成的，都是由于管理不善和维护问题而无法正常工作或已经不工作了。良好的可再生能源系统，由于技术支撑及分配的不足或质量监管及执行机制的缺乏，而没能成功的例子还有很多。显然，农村的环境条件对贸易者来说也并不有利，许多问题的出现也是因为有极少贸易者会明明知道成本过高但还会坚持跟进这些长距离分散安装的机器的运行状况，所以，结果就是，很多此类安装的机器一旦停止工作就再也没有被维修过了。其中，已经安装的、用于抽水或发电的分力机遭受此类影响最大，例如在肯尼亚，激流风泵的安装十分分散，因此为了维护它们，技术专家需要长途跋涉，这样使用者不得不承受相当高的维护费用，进而抑制了该类科技的传播。滨海风泵的生产商渴望继续在市场上销售产品的欲望迫使他们只能把产品卖给可管理的距离内的顾客，这样他们就能更有效地服务自己的顾客了。

现在，可再生能源设备，尤其是风能、太阳能和某些生物质能设备在广阔的东非地区几乎没有得到任何传播，而且能够对机器进行性价比高的维修、称职的维修人员也少之又少。如果设备是完全进口的话，那情况只能更糟，因为设备一旦出现问题，使用者几乎找不到任何人来寻求帮助。所有的这些因素都为可再生能源系统的发展套上了一层层的枷锁，所以我们必须付出额外的努力来解决这些问题。其中一种方法是鼓励当地生产中心生产需要大型初期投资的系统，如风力发电机和太阳能系统，并且发展当地维护与维修该类机器的人力资源。人力资源的发展应该贯穿社会上的所有部门，它必须涵盖从手工艺者到高校毕业生的所有有能力从事科研与技术发展工作的人员。这就需要在不同教育阶段和不同培训机构中开设合适的培训课程。关于设立机构专门负责内部发展、外部学习，适合于不同环境下不同使用者的可再生能源科技的需求，但只有通过这类机构，某些进步才能够实现并接受评估。

许多政府部门如果对能源问题负责的话，都应该设立一个可再生能源发展子部门，宣传并协调能源科技方面的问题，并以此作为他们最主要的延伸责任。到目前为止，已经有一系列的机构负责不同的问题了，如货币研究、合作发展、气象研究以及大众传媒等，但仍然没有任何部门可以负责能源研究与发展。然而，没有能源方面的进步，就没有以上其他任何领域的进步。众所周知，现在已经有一些可再生能源活动在东非某些研究机构与高校产生了，但这些活动都非常无计划，而且没有任何国家层面的参与。在肯尼亚，肯雅塔大学建立了适用技术中心，培训最高至硕士学历的学生，研发与可再生能源科技有关的科技，并以此作为各种项目的中心环节。其他公立学校的机电工程部门同样也开始从事有关可再生能源科技的研究了。内罗毕大学、达累斯萨拉姆大学以及马凯雷雷大学都开始进行有关可再生能源科技不同方面的研究了，如用于光伏电池生产的太阳能材料的研究。然而，在国家或地区层面，却没有人关心这些学术研究的具体结果会是什么。

在开始进行投资时，能够意识到能源的重要性是十分重要的，这样政府与个体部门就可以共同合作，不仅支持可再生能源的发展，同时还能进行相关的技术交流。人们不应该把决定研究能源哪一方面以及如何研究的问题统统丢给某个研究者。尽管国家政府目前对此还漠不关心，但一些当地的能源专家已经推出有效的研究成果，可以为将来制定可再生能源发展战略提供依据，但同样地，如果将来没有任何有计划的、集中的能源发展项目，这类信息仍然毫无用处。人们首先要做的是建立一个科研机构，管理可再生能源方面的研究以及使用此类能源的适用科技的发展。

目前，国家政府支持各种研究组织，这类组织多以个体出现，而且几乎没有任何机构间的合作，但这并不是一个资源十分有限的发展中国家管理科研活动的最好办法。个体机构的维护需要能够在一个完整的国家机构内进行的技术合作式管理，需要更高的费用。除此之外，单独的机构在有限的职能领域内工作只会限制它们适应新科研及频繁出现在发展中国家的发展领域的灵活性，结果导致当现存机构无法解决某个职能范围外的问题时新的机构不断出现。发展中国家已经并在将来都会继续遇到新的发展问题去处理，因此它们有必要根据新的方法重新组织科研及发展机构，这样这些机构才可以在新问题出现时覆盖所有的这些问题。当然相关领域的机构也可以分组的形式构成一组，以帮助提高内部交流，分享专家与设备。举例来说，大类别的机构可以是社会经济发展、科学与技术发展、管理与政策发展等。所有的科学与技术问题都将由国家科学技术学院负责，而这一学院主要由高水平的科学家管理，负责能源、机械、农业、牲畜、材料等方面的研究与科技发展问题。这类以大范围为基础的中心，如有必要，将会用于研发提升国家发展水平的某些技术。对于此类项目建立的管理必须在与高校的合作机制下实现，这样才会在假期与借调安排下出现大量的专家交流。这是唯一的一种途径能够有效并且高效地使用有限的人力资源和需要巨额操作经费的科研设备。此类安排应该确保能源的研究与发展能够在整个区域内发现适合自己的位置。一旦这些合适的机构式框架形成，那么人们所关心的能源问题都应该集中于当地的能源上，并且在乙醇生产、热电联产、小型水力发电、太阳能、风能和生物质能方面使用现存的潜力去发展可以导致农村清洁能源使用的技术。因此，目前的首要目标是逐渐减少生物质原材料作为主要能源在当地的使用，这可以通过进行深思熟虑且运转协调的努力来逐渐地、系统地引进它的替代物。为了能够成功达到此目的，必须将注意力放在改变该地区的能源消耗模式上。

乙醇生产的潜力必须在国家或者地区层面上被挖掘出来，以解决该地区在将来可能面对的石油短缺问题。太阳能、风能以及小型水力发电技术的发展主要应该符合当地提高农村供电的总目标。鉴于此，太阳能应用技术可以通过两种途径实现：使用光伏科技产生电力，以及使用太阳能集中器加热液体产生蒸汽、带动涡轮机工作产生电力。尽管这两种科技都还处于发展阶段，但目前已经掌握的过程可以根据当地环境进行调整，然后合理高效地产生电力。由此，考虑到太阳能电池在当地可能产生的长期效益以及其他能源在未来供给量上的不确定性，对东非地区的小型太阳能电池生产车间进行投资会十分有价值。20世纪90年代早期曾出现过一项关于太阳能发电成本与电网输电成本的对比分析，其结果表明太阳能发电的全部费用要比电网输电费用少25%。从那时起，太阳能光伏电池板的单位峰值功率价格开始下降，以保证这项能源可以更具吸引力。关于其他能源的使用当然也应该进行多样化管理，比如生物质能技术同样可以集中于生产发生炉煤气、天然气、块状燃料、热电联产、乙醇生产以及系统且高效的木炭生产方法上。

6.2 可再生能源的研究与开发

尽管治理化石及水利能源的技术在世界范围内的平均水平较高，但可再生能源的发展水平在东非并不乐观。不仅如此，电力与煤油的分配同样无法满足农村人口快捷或简易获取的需求。除此之外，使用这些能源的技术的购买及维护费用对普通人来说都过于昂贵。相反，使用廉价、低水平科技的且随手可得的生物质能源进行照明及取暖的技术则更容易管理。

实际上，所有的东非国家在它们的科学研究上的花费不及它们国民生产总值的1%。结果，仅有非常少的资源，如果确实有的话，使用在可再生能源的研究和发展上。大部分与可再生能源科技有关的活动都是由外部支援的或由刚从海外培训项目学习回来的新专家发起。在许多情况下，这些项目仅仅是海外研究工作的一项延续，由此对当地可再生能源的发展项目没有任何积极贡献。渐渐地，这些科学家就被当地盛为流传的内部官僚制度和欠缺的资金支持所"钝化"了，这迫使他们不得不开始从事其他活动。尽管如此，一些高校里仍有一小部分研究者从事可再生能源科技的重大研究。本节主要讨论诸如太阳能热水器、沼气工程、风力涡轮机、炭炉及木柴炉等科技的商业生产和安装。政府或半国营企业通过地热、水力或大型燃油发电机控制着整个国家的发电产业。其他组织，如非政府组织则主要从事其他外延工作，很少进行科技的研究与发展工作。

6.2.1 生物质能

生物质能源实际上是东非所有国家内农村多数行业的最主要的传统能源。这个地区的第一批人口增长也正持续拉动着人们对木材燃料需求的增长，这样森林的消耗速度要远远高于其再生速度。因此人们有必要合理控制木材燃料的使用，使其有机会发挥再生功能。在过去的20年里，由于木材燃料的使用而导致的森林采伐正是大部分非政府组织所关心的主要问题。由此，它们开始开展一系列活动来改变这一情况。这些活动包括：改良炭炉、木柴及锯末炉、机构式炉灶；推行能源转化技术，如由木材至木炭的转化，米糠至炭球的转化，动物排泄物至沼气的转化，以及固态沼气至气态沼气的转化。其中的一些活动还取得了相当大的成功。比如，肯尼亚陶瓷吉高，一项从泰国引进并发展的技术，首次引进肯尼亚后，成功传播至坦桑尼亚、乌干达、埃塞俄比亚和苏丹。

一项还没有得到广泛关注的生物质能源是从能源作物中提取的煤油燃料。关于这方面的研究非常重要，尤其当关于化石燃料的直接替代物的研究还会继续的话。

沼气，同样被归为生物质材料的产物，也得到了研究与开发。尽管如果考虑到沼气工程副产物可以用作土壤肥料的话，它的优势十分显著，但相关科技仍未成功地得到广泛应用。它的初期投资成本相当高，而且需要高科技人才以及频繁的关注，以保证高效率的操作。然而，坦桑尼亚已经发现了这其中的某些限制条件是可以克服的，但更进一步的工作仍需要展开，以探索出将沼气而非工程本身进行商业化的可能性。

6.2.2　太阳能

将太阳能转化成热能和电能的科技已经得到了迅速的传播。目前已经有大量的太阳能热水器安装在家庭、旅行社、医院以及宾馆。关于光伏电池的使用率同样也在增长，但速度较缓慢，这主要是因为它们有较高的安装费用，尤其当它们是从外部进口至该地区的时候。

如果想要降低成本的话，就要面对双重挑战。在开发与生产方面，有必要增长能源的转化效率，而在消费者方面，应该充分利用这些系统。但不幸的是，太阳能电池的研究与开发都需要关于该材料结构的深层次的知识体系和极其复杂的科技知识。因此，在当地高校开展的相关研究都受到了无能力获得所需的高精确设备的严重限制。

6.2.3 风能

通过合理安装机械联动装置,风能可以经过治理驱动水泵或进行发电。然而,风能是一种极其多变的能源,因为它的速度会随着地理位置、土地特征、海拔、同一天不同时间及不同季节的改变而发生改变。由此,开发风能技术的挑战主要是能安全、可靠地产生最大能源的机器设计。尽管其基本技术很简单,但战胜这一挑战需要建立在空气动力学原理上的复杂的科技知识,以及先进的材料和电子设备的使用。由此,为了在限定的条件下发展一种优良的机器,则需要大量的财政及技术支持。不同于太阳能设备,风力发电机与其安装地的环境条件相匹配。这些限制条件都阻碍了风能技术在东非的广泛发展与传播,因为几乎没有任何研究可能在需要它们的地方展开。

6.2.4 研究与开发

目前,关于可再生能源技术的大部分活动都属于延伸型的,只有非政府组织和个体部门扮演着主要的角色。关于这项研究和延伸工作的大部分资金都来自外部资源,而一些在高校及国家科研机构开展的研究与开发项目几乎没有取得任何与政策制定者的合作或来自其外研机构的资金支持。

关于这个地区可再生能源的研究与开发项目同时受到了多方面问题的困扰,这其中包括人力资源的不充足、明确目标的欠缺、分析技能及设备的缺乏以及给予研究者的不足的激励措施。除此之外,大型企业尽管从事与能源相关的活动,但很少在当地展开或将工作重心放在可再生能源的发展上。于是一些政策孤立了当地的研究者,遏制了当地发展可再生能源的能力,而且大部分问题都是由东非的大部分国家所实施的薄弱或模糊不清的可再生能源政策所引起的。事实上,有些国家的整体运行都只是基于无计划的公共政治声明。

普遍来看,这些地区都具备充足的生物质能和太阳能能源,而两者都可以作为小规模的分散式能源在农村地区使用,因为考虑到那里的成本与可用性因素,可再生能源可能会是它们唯一的选择。然而,关于这些资源的利用,在很大程度上将取决于每个国家为利用该能源所创造以及加强相应环境条件的能力。

考虑以上因素，对于无法大规模地使用这些技术的情况不应被看做是缺乏合适的转换设备，相反，它反映了这些技术的研究与开发水平还不够完善。此外，为了实现这些技术的利益最大化，研究者能够意识到使用者的需求，并将他们的需求与现存科技紧密结合也十分重要。但不幸的是，在这些地区中，许多研究项目在最初开发阶段都没有考虑这些问题。

6.3 能源使用的环境影响

地球是一个巨大的能源储存中心，而且它储存能源的能力主要取决于大气层的组成成分，而这又在很大程度上受到与能源生产与消耗相关的因素的影响。大气中各种物质浓度的改变都可能为降低地球承载生命的能力创造气候条件。能源的生产与消耗都会产生污染物，这些污染物也有能力提高大气中令人满意的物质浓度。因此，每一种能源激发都必须考虑到可以保护大气的战略，这样地球才能维持合适的气候条件。鉴于此，评估由于东非能量使用而造成的大气污染物的排放量也变得十分重要。我们可以从肯尼亚发现很多相关实例，因为它是这些地区最大的能源消费者。这一信息将有助于能源规划者为该地区选择合适的能源发展模式。

对于动态的大气环境，事实上它也确实是动态的，如若想要保持它的组成成分不变，同时产生合适的全球气候环境，这些都需要能源。这些能源都来自太阳，而且所有的必要的转化与转换都需要通过太阳能辐射与相关物质的反应来完成。这些过程自然包括为实现恰当的气候条件所需的必要水平的大气组成成分。

如果地球没有大气层，那么地表的平均温度将达到 253 开尔文左右（约-20℃），但由于大气层的存在，目前所观察到的地表平均温度为 288 开尔文左右（约 15℃）。由此地球才能在大气层的温室效应的影响下维持在一个相对稳定且温暖的平均温度，当然此类大气成分应该是保持不变的。但是我们对不同类型的燃料的依赖程度仍会持续增加，而且这将影响到整个大气成分的自然组成平衡。在现代世界里，关于能源的生产与使用将决定地球发展的速度与水平。能源是地球物理发展的最基本的单位，它为人类生活提供着最核心的服务，如，它可以为交通运输、机械作业、烹饪和生产制造等提供动力。这些能源主要来自石油、瓦斯、煤、木柴、原子能和类似于太阳、风和水的初级能源。所有的这些能源都必须转化成合适的形式，以应用于不同类型的机器或其他类型的设备以及其他应用。然而，每一种能源都有其独特的经济和环境成本、利润以及风险，因此人们必须在完全掌握了它们的环境与经济效应后才能做出正确选择。当下关于持续增长的能源消耗趋势和能源副产品所产生的环境风险都是令人十分担忧的。

其中的一个风险是目前已观察到的一个现象，即由排放到大气中的气体所引发的温室效应很可能引发全球气候的改变。二氧化碳气体则是其中的一个最主要的气体成分，单是这一种气体所带来的温室效应就可以占据当下全部气体所造成的综合效应的50%。但另一个令人担忧的事实是目前还没有任何一种有效的技术可以消除化石燃料燃烧中二氧化碳气体的排放。最近的评估表明，如果始终不推行任何措施来制止这一趋势的话，二氧化碳以及其他微量气体在大气中的积累将会导致全球地表平均温度在2030年前增加1.5℃~4.5℃。这种全球变暖的趋势将给人类生活带来灾难性的破坏。

现在让我们把讨论集中于向大气排放二氧化碳的问题上。如上所述，二氧化碳是其中造成大气温室效应最严重的气体之一，而它逐日增长的密度也将对气候造成负面影响。其中一个广为人知的事实是在21世纪的大部分时间内，大气中二氧化碳的密度正以平均每天4%的速度增长，而且据估计，以此增长速度，每年将有大约5×10^{10}千克的碳元素排放至大气中。森林砍伐以及土地使用的改变则是造成大气中二氧化碳增加的另一原因。尽管海洋和森林可以作为被排放的二氧化碳的部分吸收池，但很明显，如果继续使用化石燃料的话，大气中二氧化碳的浓度仍会继续增加。气候观察与对气候模型的研究表明，在其他因素保持不变的条件下，如果大气中二氧化碳的浓度增加1倍，那么全球平均地表温度也会增加1.5℃~3℃。

6.3.1　肯尼亚能源消费碳排放

大部分关于由于持续增加的大气温室气体所造成的未来气候改变的预测与报告，既是仅凭一系列的猜想，同时也是建立在根据当下可利用信息所进行的"推测的估计"上的。然而值得注意的是尽管这些"推测的估计"是合理的预估，但它们的信息基础会随着更多数据的获得以及我们对大气—海洋—生物区系统之间反应的理解的加深而不断发生变化。

我们将会在以下内容中根据最近的评估数据对肯尼亚二氧化碳的排放量作出预测,这对本书的价值非常有益。

发展中国家向大气排放的二氧化碳总量约占全球二氧化碳总排放量的15%,那么从全球角度看,像肯尼亚这样单独一个发展中国家的二氧化碳的排放量似乎微不足道。然而我们必须将杜绝大气污染的观念牢记于心,因此保护气候环境则变成全世界所有国家义不容辞的责任,而且只有所有国家共同努力才有机会拯救整个地球。正如最近几年世界上大部分国家所遭遇的一样,肯尼亚的季节更替开始十分不规律,而且降雨量也开始逐年减少。这可能就是因大气中温室气体的含量增高而导致的全球气候变化造成的。疟蚊,这种曾经只在维多利亚湖及赤道附近的高温低地生存的昆虫,最近却在肯尼亚高地出现了,这些地方原本因为其过于寒冷的气候而不会出现这些昆虫的,显然,这只能因为这些高地的温度开始升高了,或者这些疟蚊已经能适应寒冷气候了。

目前一个不争的事实就是随着大气中现存的温室气体量持续增加,全球气候还将继续变暖。二氧化碳是其中一种最重要的温室气体,而且在肯尼亚,由于化石燃料的直接燃烧、森林砍伐和木材燃料的消耗,它在大气中的浓度也持续增加。肯尼亚也十分依赖于此类能源,其中木材是最重要的一种能源,由于大量人口都使用木柴或木炭能源,故它的使用几乎能占所有能源使用的72%。在肯尼亚,大部分木材都用于家庭烹饪和空间取暖了,但这种对木材燃料最原始的使用也是二氧化碳排放量持续增加的主要原因,同时这一现象还因木材燃料的高消耗率远远超过其补充率而被进一步恶化了。不仅如此,相对肯尼亚的全部领土,其森林覆盖面积仅占极小的一部分。它的所有领土面积是560186平方公里,其中水资源覆盖面积为11239平方公里(其中包括河流、湖泊以及长约400公里的部分印度洋海岸线),而所有的陆地覆盖面积中大约只有15%的面积用于集约型农业,并且支撑大约65%的农村人口的生活,同样也是在这一小部分的面积中生长着该国家的大部分森林。

人口数量与木材燃料的需求率正并肩齐驱地高速增长,而在土地使用上的各种变化也导致了对森林的砍伐,这同样再次引起了本来就小的森林覆盖面积的进一步减少。森林的砍伐会通过三种方式提高二氧化碳的排放量:第一,森林可以作为二氧化碳的吸收池，其中二氧化碳可以储存在土壤里；第二，在许多森林材料的分解过程中会产生二氧化碳；第三，木材的燃烧会伴随着大量二氧化碳的排放。

1988年一项评估显示，肯尼亚（CBS，1989）有10.1万立方米的木材用于燃料和制造木炭，而有78万立方米的木材燃料则用于其他用途，如建筑或造纸。这些数据都是由商业部门统计而来的。然而，其中仍有一大部分用于燃烧和建筑的木材未经商业统计。

由此，可估计在肯尼亚实际的木材燃料消耗量大约为每人每年0.6吨。对于在2005年调查的大约3100万肯尼亚人口总数，每年全部的木材燃料消耗量可以达到大约0.186亿吨（每立方米木材燃料大约重0.7吨），然而如若真正满足肯尼亚全国对木材的需求量的话，则大约需要3000万吨。

另一个二氧化碳排放的主要来源则是化石燃料的燃烧。1988年，肯尼亚就进口了大约202.2万吨的原油，这些原油在本国进行提炼，其中国内当年的石油消耗量大约173.04万吨。运输部门（包括公路、海运、铁路以及航空）是石油燃料的主要消费者，每年可以消耗大约116.5万吨的石油，约占该国国内石油消耗总量的67%。此外工业用油可占石油消耗总量的25%。而在交通运输部门，公路运输又是石油燃料的主要消费者，所以为了减少二氧化碳向大气的排放量必须慎重考虑对这一部门的改革。

十分有趣的一点是，尽管在1984~1988年间原油的进口量始终保持不变，但用于交通运输业的石油比例却从1984年的102.9万吨平稳增长至1988年的116.5万吨。这主要是由于每年登记的交通工具数量也从1984年的15694辆增长至1988年的18764辆。于是就好似由工业及其他政府的运作系统实现的能源节约成就就这样被交通运输部门增加的活动所冲减了。最近这些数字一定会比本书列出的数据还要高。

尽管关于木材燃料和化石燃料使用情况的信息具有一定的可用性，但如果想要对每年由这些燃料排放的二氧化碳量进行精确的评估却是不太可能的，由此关于它们对环境的影响程度也只能进行粗略的估计。然而有一件事情十分清楚：关于二氧化碳向大气的排放量必须限制到可控制且对环境安全的水平上。这在肯尼亚尤其重要，因为在那里，森林的覆盖面积仅占所有土地面积的5%。

利用文献中推荐的换算因子，对1988年这一年消耗的173.04万吨石油中，由化石燃料制造的碳排放量可达 1.5×10^6 吨，这相当于大气中二氧化碳的排放量又增长了 1.3×10^{-10}。

水泥的生产是产生二氧化碳的另一个来源。1988 年，由肯尼亚两个工厂生产的水泥年产量就达 1.5×10^6 吨，由此可以估计有大约 2×10^5 吨的碳排放量，而大气中二氧化碳的排放量又增长了 5×10^{-11}。而最近投入使用的第三个水泥厂将会将 1988 年有关水泥生产量的数字提高不止一倍。由此可以估计，通过水泥生产这一活动，碳的排放量到 2005 年为止可以提高两倍。

由于森林砍伐、其他类型的植被或湿地污染而导致的二氧化碳陆地排放量是不能从现有数据中预估的，因为它主要取决于植被的类型、对湿地污染的破坏或分解水平。森林及其他类型的植被同样可以充当碳池的功能，因为其中有机物的生产率会远高于其分解率；大量的地表水也会吸收并储存二氧化碳。但目前关于由于对生物圈及对肯尼亚情况的不了解而造成的对二氧化碳吸收及排放评估的不确定性，致使要确定生物圈内二氧化碳的循环数量也变得十分困难。结果导致，在提供肯尼亚二氧化碳排放量的数据时，所有无法估计的二氧化碳量，如生物质的分解、海洋生产力、木炭生产和土地使用上的改变，二氧化碳吸收池的数量，如大量地表水、森林和草地以及两者之间的平衡状况，都没能在分析中进行考虑。这些推测也因此变得十分不确定。由此，为了实现此分析的目的，由肯尼亚贡献的大气中二氧化碳的增加量可以与石油或木材燃料（包括木炭）的燃烧，以及每年大约可以制造 6.87×10^6 吨碳产量的水泥生产联系在一起。这些加起来，可以将大气中每年二氧化碳的排放量提高 1.8×10^{-9}。从全球角度看，这仅仅占全球每年大气中二氧化碳排放量提高 1.5×10^{-6} 中的 1%——这一数字实在太小了，以至于都无法引起全国的努力，除非它可以组成国际或全世界相关事业的一部分。由此所计算出的肯尼亚每年向全球二氧化碳浓度增长的贡献量与全世界或发达国家的贡献量相比还是相当小的。关于肯尼亚的估计以及其他国家的估计都只是基于化石燃料、木材燃料以及水泥生产的贡献上，而忽略了无法计算的二氧化碳来源和吸收量。以上讨论的三种主要的二氧化碳排放源同时与人口的增长密切相关，因此这些情况在将来可能会发生变化。

为了预测未来的具体情况，我们有必要对肯尼亚人口中平均每人对大气中二氧化碳的增加量进行定义，由此我们曾预估在 1989 年该增加量约为 0.286 吨。这约占全球平均每人大约 1.16 吨的二氧化碳排放量的 25%。但是如果肯尼亚每年人口的增长率保持目前的3%的水平不变的话,那么到2020年肯尼亚的人口数将翻倍。

根据以上推测,即使保持目前的二氧化碳排放趋势不变的话,肯尼亚全部的二氧化碳生产量也会翻倍。这一推测仍然表明肯尼亚二氧化碳排放总量确实很低。尽管它是在不考虑由于新一批人类定居、造房以及将牧草地转化成农田而造成的工业生产扩张和森林砍伐的情况下完成的,但即使考虑了这些因素,这一数字仍然会很低。这里需要特别注意的一个事实是,尽管来自某些国家的二氧化碳排放量可以忽略不计,但是如果不采取措施改变这一趋势的话,二氧化碳向大气的净排放量将会继续增加,而且其至会以超出预想的速度增加。许多工业大国在过去已经向大气排放了大量的二氧化碳,而且在将来还会继续如此,尽管它们已经签订了一系列国际二氧化碳控制协议。例如在密歇根州,尽管其人口数还不到肯尼亚人口总数的一半,但1987年其二氧化碳的排放量就可达4.26×10^7吨,这大约是肯尼亚二氧化碳排放量的6.2倍。但另一方面,在肯尼亚由于木材燃料的使用而造成的二氧化碳排放量却是密歇根州(854.05万吨)的1.7倍,这一事实足以强调木材燃料作为二氧化碳的排放源在肯尼亚以及其他发展中国家的主导地位。

全球二氧化碳的浓度在过去的100年已经在不停地增长了,这主要是由于人类的各种活动,尤其是工业发展活动、森林及其他生物质能源的燃烧行为以及对各种能源的使用。这导致了全球温度平均增长了0.5℃,而且事实上,由于现在已经排放到大气中的温室气体的积累,地球必定还会继续变暖。

同样还需意识到的是,这些气体在大气中的浓度将很有可能会继续增长,并导致对气候与全球生态系统造成一种巨大的破坏性的影响。在最近的几年里,包括肯尼亚在内的世界上的许多国家已经频繁地经历了许多"自然"变故,其中包括生态变化和气候不规律,而这很可能都只是全球变暖的最初后果。

地球只有一个大气圈,而且它是属于全人类的,那么无论是在加利福尼亚还是在苏格兰对大气造成的污染都是会对肯尼亚或世界上的其他地方带来一定影响的。因此,每一个国家都必须联合世界的力量去保护大气环境,以构建一个适宜居住的地球环境。

热带雨林,这种在发展中国家居多的森林类型,可能产生最高的二氧化碳循环速率,但对于提高它们生产能力保护工作仍要与控制全球二氧化碳排放量的问题齐头并进。正如本书其他地方讨论的一样,生物质能源显然是肯尼亚一项非常重要的能源类型,而且这种现象在大部分发展中国家都很典型。例如,1988~

1989年，世界的能源消耗总量曾估计会达到 3×10^{20} 焦耳，这其中石油的消耗量占39%，而生物质能源（90%都为木材）的消耗量占14%左右。在发达国家，有45%的能源都由煤油提供，26%的能源由水力发电提供，3%的能源由原子能提供，而仅有1%的能源由生物质能源提供。但在发展中国家，则有44%的能源来自生物质能源，而有24%的能源则来自石油。这些比率可能在不同的国家会不同，但在全球范围则有大约20亿的人要完全依赖于生物质能源。因此，我们十分有必要保证这些能源的产量等于甚至大于其消耗量，以此来平衡它们对全球碳循环的贡献比率。为了实现此目的，全人类都需要贡献一份力量制定并推动能源政策的实施，同时通过继续发展可再生能源技术以保证这些能源可以被持久供给。

6.3.2 应对措施

肯尼亚，同东非其他国家一样，已经意识到了控制二氧化碳排放量的必要性，同时也正在为之付出努力。肯尼亚同时认识到了森林作为二氧化碳吸收池的重要作用，而且也正在把强调造林措施的重要性作为促进完善的环境保护政策的首要目标。农村造林及推广服务已经开始了推行造林项目，其目的在于维持生态平衡的同时生产出可用的林产品，以满足不同需求。不仅如此，农林业的发展也备受推崇。

在控制由于燃烧化石燃料在造成的二氧化碳排放上，政府也正在鼓励各种保护活动的开展。然而，目前还没有任何严格的措施可以促进造林和保护活动的展开。国家环境秘书处（NES），一个用来协调各种环境保护活动的部门，已经设立了一些关于环境教育与信息共享的活动，还有一些乡村评估，以及一项全国行动的方案，以对抗沙漠化趋势和控制环境污染。相似的项目同时还出现在了乌干达和坦桑尼亚。

为了减少由于能源使用而导致的二氧化碳排放量，政府部门应该意识到由于化石燃料及木材燃料燃烧而导致的全球变暖对健康的危害以及其本身的危险。严格的能源效率及保护措施必须投入使用以减少由于二氧化碳而导致的大气污染。鉴于运输活动是东非唯一一个最大的二氧化碳源，那么对于二氧化碳排放量的控制可以通过一系列关于汽车、公交和卡车的严格的排放限制，加强的监管条例和维护程序，以及在商业和个人交通工具上使用清洁能源来实现。此外，关于有利于减少交通工具的不必要使用以及提高交通流量的措施也有助于减少二氧化碳的排放量，其中的这些措施包括推广公共交通工具的使用、提高停车场收费和为非机动车（自行车）计划更多运行道路，而且对于在将来实施这些措施的努力也应该经过严肃的考虑。除了以上措施外，关于能源的供给也必须经过仔细的规划与高效的推行。从这方面看，应该加强可再生能源的发展，以减少对化石燃料的大规模使用。许多发展中国家，包括东非的一些国家在内，都位于赤道附近，那里全年都有充足的太阳能资源，因此，对于提供电力和热能的太阳能技术应该是这些国家的最佳能源选择。到目前为止对于太阳能热水器的使用已经在东非国家迅速得到了普及，而光伏电池板（太阳能电池）也同样开始在市面上销售了，但消费者对这一科技的反应却不尽理想。或许政府应该制定法律促进新建建筑物（楼房、工厂等）对太阳能能源的使用。风能则是另一种可再生能源，而且在那些地区也具有相当的潜力，当地也有一些公司开始生产和销售风力设备了。然而总体来说，该地区对可再生能源的使用仍然不足全国能源消耗总量的1%。

非政府组织也正在配合政府的努力，它们积极倡导能源保护以支持可再生能源技术的发展。这些支持仍需要保持，而且如果可能，应该在工业及交通部门鼓励实施最高标准的污染控制，同时提倡生活方式与科技的相融合，这些与所有国家的可持续发展目标都是相一致的。东非准备在它的发展过程中使用更多的能源，这应该得到支持，同时它也应该采取预防措施以避免一些工业国家已经犯过的错误，同时限制大气中温室气体的排放量。

6.4 结语

关于能源的研发、使用和消耗过程都会产生各种类型的废弃物，而且这些废弃物通常还会重新流回环境中。如果这些废弃物不经合适的控制或处理的话，将会对环境产生巨大的不良影响。本章讨论了可再生能源在东非的地位，能源对环境造成的常见影响以及可利用的措施与选择。[1]

---

[1] 支持本章观点的相关信息可以参考书后参考文献 [3, 8, 17, 18, 19, 20, 22, 24, 28, 29, 30, 33, 40, 42, 45, 49, 51, 57, 60, 62, 63]。

第❼章 选择与挑战

作出正确的选择时通常会遇到很多挑战，而这个抉择的主要目的是为了引起能源上更高层次的自足。这时决策者可以考虑技术方面、制度方面、法律方面和社会文化方面的问题，而且对于任何旨在成功的措施，当地资源的可用性必须始终是所有计划制订的基础。经验和技术内容可以从其他地方借鉴，但核心资源必须由当地生产。考虑到此方面，可再生能源，尤其是太阳能、生物质能、风能和小型水力水电能，如果能良好分布于某个地区，它们就会作为能源扮演着十分重要的角色，这不仅适用于东非地区，同样适用于任何不盛产传统能源的国家和地区。如上所述，发展中国家的农村居住环境因没有经过任何精心的规划而分布散乱，且在建立初期也没有考虑到将来可能需要共享某些设备。每个家庭都得自力更生，且需要竭尽所能地充分利用任何可利用能源。这种生活方式对发展任何复杂、高效且需要社区成员的具体努力的技术十分不利，结果就是人们仍然偏向于使用传统的且效率较低的能源方法以满足他们的需求，而且因此人们所付出的努力也仅限于满足他们最基本的需求。正是由于这个原因，农村家庭对能源的要求也仅限于烹饪和照明，因为单个家庭也没有能力习得可以应用于其他方面的合适能源。这些特征明确地表现出可再生且分散的能源系统将会成为农村地区最合适的能源配置方式。即使东非国家可以将国家电网普及农村地区的每个家庭，但其中的电力费用也是远远高于人们在现阶段的生活水平下的偿付能力的。更深一层，这些电网的维护与服务成本费用对于公用事业公司来说也是相当高的，因为它们的技术人员不得不跨越相当大的距离才能到达每一个孤立的网点。由此产生的结果就是此项电力供给的可靠性将非常低，而这也会进一步挫败人们对这项能源的信心，进而开始尝试其他获取能源的形式，而通常他们也只会回归传统方法。当然这样一系列事件不足以概括所有农村地区的情况，因为毕竟不同地方的居住分布情况和生活条件是不一样的。但是关于只有分散的能源系统才可能成为农村供电的主要方式的论断将会成为一个不争的事实。那些唾手可得的能源，如太阳能、小型水电能、风能和生物质能将是农村电力使用的最佳选择，而且它们也将提供最优的分散供给技术。然而最重要的是首先要获得关于这些能源的分布情况和使用潜力的确切数据，这样才能选择实施合适的初期发展，然后建立增长中心，在那里这些能源可以通过家庭、村庄或其他形式的组织结构等小型团体来管理。类似地，这些能源的拥有权和管理权也应该以此为单位，由当地村长和其他领导层承担，以确保这些设备可以操作合理、定期维护。在整个过程中，由于使用者会倍加珍惜设备得到维护的机会，故这些能源系统也可能变得更加持久可用。然而，只有找到一个合适的地点并在那里设立整个能源系统的中心，同时安装本社区的能源设备并提供所需服务，以及保证那些能源的可用性，这才是最重要的。由此，这些服务可以在需求与合理的管理结构的基础上扩展至周边社区。这样一个系统的中心可以设在学校、医院以及有组织的社区服务中心，社区的参与也由此成为整个分散式能源系统成功的前提条件。但另一方面，由于人口的增长以及人们对能源需求的日益增加，通过这些设备来提供所需能源的战略应该每隔几年就进行一次评估，以预测它们的可用性并根据环境的改变而做相应的调整。如果在某个区域，它的人口密度已增长至相当水平可以保证集中式设备具有更高的使用效率，那么此时分散式能源系统即可以通过引进更加合适的能源系统，如将国家电网扩展至该地区的形式被替代。正是在这种背景下才可以断定农村电力化的工作已经成功了，而且不会再有比太阳能、风能、小型水电能、以农作物为基础的热点联产和生物质能更适合的分散式能源了。所有这些可再生能源都既有社会经济优势又有环境优势，它们都可以推动农村地区向更尽人意和更可持续的方向发展。当然社会上不乏反对此类能源使用的言论，但无论如何，事实都是在当今农村条件下，这些能源确实可以被发展，而且可以很好地用在人们所居住的地方，同时关于社区人民参与并保证这些能源成功利用与持久发展的可能性都极大。为了给这些能源的成功创造条件，当地必须树立正确的社会—政治环境并将整个过程规范化，只有这样一些合理的质量控制与使用安全措施才可以被确定。这可能需要制定新的法律与制度框架来专门指导农村地区能源的发展。

所有新规划都必须与当今能源发展的方向一致，如独立能源制造监管措施。除此之外，当今形势还要求我们必须同时满足国家工业的能源需求与农村的能源需求。这两种能源供给目标的实现绝不可顾此失彼，而且那种只重视一方的发展途径已经严重抑制了农村能源发展策略的制定与实施。不可否认，关于主要城镇高度集中的工业系统以及它们对设备公司支付相当规律的情况对能源生产商十分具有吸引力，以至于它们再也不愿考虑那些烦琐的农村能源网络的管理。由此，为了实现两种情况的双赢局面，相关部门必须考虑使用不同的但又相互协调的发展策略。从这一角度看，热电联产应该成为农村利用可再生能源的发展方向，因为它还可以与国家供电网进行合理的结合；同样地，小型水利水电发电设备也可以考虑投入使用，但它必须仅在有需要的时候才能与国家供电网结合起来。以上所有措施可以根据情况完全分散、设立单独的当地供电网络，但还有一些情况则必须局限于家庭、村庄、小型有组织的社区以及机构。不同于城镇能源供给系统，农村能源的供给需要使用者的大量参与，因为在这里能源的分配更是以个人为中心，而非城镇系统中以"地域"为中心的特点，由此每个能源消费者都必须承担一定的责任。这也是在参与方面不同水平的社区拥有权会对农村能源供给系统的可持续使用十分重要的一个原因。一些小型系统如光伏照明设备和沼气池，仅仅一个家庭就可以拥有并操作它，因此政府应该通过技术援助、经济补贴或税收回扣的形式向使用者提供合理的奖励措施，以促进这些设备的使用，其他激励措施，如包括学费豁免和医疗补助，也可以考虑进行使用。所有的这些战略措施都可以有效刺激农村社区发展清洁能源氛围，这最终将会帮助他们摆脱对原始生物质能源的依赖。这些政策同时有助于人们理解为何能源转化方法可以对减少大气中温室气体的排放量具有重大的意义，相关论述详见第 6 章。

7.1 人力资源开发

大部分可再生能源技术已经发展到一定的水平，可以有效帮助发展中国家实现其相关目标。但不幸的是，对东非来说，同其他发展中国家一样，关于这些技术的研究与发现都是在其他国家完成的，因此也就没有任何在当地有意义的参与。大部分发展中国家都发现使用传统的、低水平的、以生物质为基础的能源技术发展，如炭炉和木柴炉的发展会更加方便、廉价，但同时对能源使用结构没有造成任何有意义的影响。关于覆盖沼气和气化过程的尝试没有取得预期的效果，同时关于来自热电联产设备的能源使用也被能源控制规则所限制，这就意味着必须开展大量的研究来为对能源政策改变以及技术转化过程能够作出合理、有效的回应而创造条件。许多可再生能源技术，尤其是光伏科技和大型风力发电技术，不得不由外部向该地区引进，但另外一些并非十分复杂的技术，如太阳能热水器技术、太阳能炉灶技术（包括家庭式的和机构式的）、小型水利水电技术以及风力机技术，则应该由当地人员利用当地可利用资源来发展。当地应该发展相应技术，用于可再生能源技术设备的一系列安装与维护。为了实现此目的，有必要向当地灌输一些关于能源的文化，这样当地居民才可能更加有意识如何使用并保护不同的能源；与此同时，当地相关部门也有必要发展大量的相关人力资源，在目前背景下，这主要包括从手工艺者到高技能的、可以根据当地条件进一步发展并调整相关技术的应用科学家的各水平的人才，他们可能具备体力、技能、知识或处理各方面可再生能源问题的经验等方面的素质。这些人必须被安置在与他们专业领域相关的位置，将高技能人才安排在有利于他们有效利用专业知识的位置对任何一个发展过程都十分重要。这可能是其中一个东非国家的领导人否决可再生能源发展方向的领域，因为他们在考虑任命合格人才到有影响力的位置时，经常受到政治利益和名族利益的方面的干扰，由此导致的结果就是许多人被安排在一个根本用不到他们多年来学习的专业技能的位置。在许多实例中，人们的工作斗志和道德就这样被一些任命相对低技能的人员作为众多高技能、有经验人才的领导的现象所侵蚀了。这些相对于其他形式的腐败，对技术发展的阻碍力更为严重，因此任何明智的领导人都会不惜任何代价避免这一现象的出现。这些地区的发展已经受到以上现象的严重影响，尤其是在肯尼亚，在那里此类现象似乎已经成为了政府机关与部门的常态。结果，政府在解决资源优先性上经常收到导致稀缺资源浪费的不合理建议，这在一定程度上甚至导致某些普通的修复工作和日常维护工作变得昂贵且难以实现。这一缺点的其中一个例子就是由殖民定居者引进的一种小型水利水电设备，其中很大数量的这种设备都无法继续工作，因为在这里缺乏所谓的专业维护人员。在当时，在乌干达展开的一个研究再次确定了这一点，因为在当时已有大量乌干达高级人才就职于各种政府办公室的不同职能部门（如机械、电力、土木工程等）。综上所述，在东非发展人力资源并不是意味着重新开始对人们进行可再生能源的培训，相反对已熟知相关知识的人才进行评估以及合理分配，而且这样的人才在这些国家里绝不占少数。自20世纪70年代开始，已有大量的东非居民接受过不同类型的可再生能源科技的培训，因此一个可以促进可再生能源技术高效率发展的任务小组便可很快组建起来。不仅如此，如果能够建立不止一个杰出人才中心来开展可再生能源技术的研究与发展工作则意义重大，这种人才中心可以首先负责开展可再生能源的研究与发展工作，接着还需负责为可再生能源的发展提供数据支持及投资指导。一些关于如何利用有限的常用资源来建立一个这样的人才中心的建议将在第8章进行详细的介绍。

为了将此类中心的能力提升至一个高效生产的水平上，该地区的相关部门有必要对当地的高等教育机构中有关可再生能源技术的课程进行适当的调整。可再生能源技术已经经历了相当程度的发展，因此这类中心不应再将资源浪费在试图重建其发展轨迹上，相反应该把重点放在资源鉴别以及调整技术以更适应当地社会经济以及资源可利用环境上。此项任务意义重大且内容繁重，而且也不可直接留给中心的领导层来单独做决定。这些活动都必须与国家发展规划中所设立的国家能源发展的总目标相一致，因此这就意味着必须存在完整的年度预算分配，其中所有的资金支出都必须基于为了实现设定目标所作出的努力上。从这方面看，有利于测量成就大小的合同研究与科技发展应该成为中心所有活动的基础，而且政府机关和部门应该为这些合同提供主要来源。这些活动在宣传阶段应该与那些个体部门，尤其是非政府组织的活动联系在一起。所以这些都需要建立一种合理的制度框架以保证所有的程序和要求都符合标准，同时也能够确保在人力与设备上有充足的资源用于此方面的发展。许多非政府组织于20世纪80年代和90年代在可再生能源技术发展方面所作出的努力如果在当初能得到更多机构的支持，而非简单的冷淡的不干预态度，那么它将会给当今该地区的发展带来较原本更大的影响。目前在文件中出现的单纯的理论政策的改变，因为没有任何必要的结构做支撑，将不会导致任何农村能源供给问题解决方案的出现，因此相关部门需要在制度规划上做更多的工作，只有这样才可以将需求面与供给战略有效连接，并使用分散的可再生能源项目作为满足所有要求的主要方法。环境保护的条件可以用来指导能源生产的方法和资源的选择，这样独立的个体能源供给商的行动便有了指导。这并不是一个新观念，因为许多发达国家已经使用此观念去鼓励独立的个体能源生产商发展太阳能和风能系统了。例如在德国，这个在世界上风能利用技术领先的国家之一，同样十分有意识地执行环境保护的法律和法规，同时通过合理的立法和制度规划，运用这些原则去鼓励独立的个体能源生产商使用可再生能源。东非国家则需要一种类似的制度，不仅鼓励独立的个体能源生产商开始使用可再生能源，同时将鼓励当地人才更积极地参与这些科技的发展过程。现存的与能源相关的组织应该得到提升，同时充当能源发展的核心力量。在东非，一种关于能源问题的区域性解决方法最好与重新设立的东非社区及新建立的东非能源池协调发展，用于提高该地区的公共能源建设。再一次可以看出，这些机构都需要合适的高技术人才来完成相应目标。这其中的联系以及从非政府组织那里习得的经验都可以作为一种有效的工具，服务于可再生能源网的建立和信息交换。在编制一个可再生能源清单时，能够包含所有与能源发展问题，如培训、宣传、能源技术、能源政策以及它们的潜力和社会文化限制问题相关的机构和部门的具体信息十分重要，这些信息将有助于经验的交流、研究的合作、宣传以及在某个特定区域的培训能力，只有这样，更大的市场才能被开拓，标准化程序才能建立起来。这些都有望吸引当地甚至外来的投资者，安装成本效益好的设备以充分利用当地具体的可再生能源。

　　对于这些可再生能源利用的财政支撑问题已经成为阻碍这些可再生能源在当地发展和利用的主要因素，因此相关部门有必要建立一种专门针对可再生能源问题的简单、弹性的财政机制。要实现此目的，相关途径不胜枚举，但对于此类结构的建立最重要的是要包括建立信贷机制、对化石燃料征收高税费以及对可再生能源实行极具新引力的税收回扣或豁免。在东非国家，目前已经开始征收燃油税了，它主要是在人们购买燃油时向加油站支付的，这部分资金中的很大一部分将会用于当地能源的发展，这样此类税费的征收则可以看作是提高人们爱国意识的途径。具体来说，它可以直接用作再生能源的基金，或将它投入更方便且更有弹性的可再生能源财政项目实施的循环基金内，如可以支持扶贫类信贷机构的运转。管理这项基金的过程包括了对需求和使用环境进行精确的评估，由此它可以更高效地由当地机构所管理，因为这些机构更容易掌握文化及社会因素对贷款偿还能力的影响。对财政的安排是一项十分灵敏的事业，如果不经妥善管理，很可能抹杀最好的想法，因此有关控制此方面的监管机制必须既高效又公平。显然我们有必要建立或重组现存机构，这样才能在一种协调的框架下安排重组的时间与资源，以满足可再生能源的开发者和使用者双方。正是通过这种合理的协调和具体的努力，可再生能源技术才可能在东非地区获得成功。由此看来，我们所面临的挑战主要集中于以下三个方面：①形成合理的可再生能源政策，鼓励可再生能源技术的发展；②建立制度框架，有效监管和协调包括执行质量控制措施在内的可再生能源的活动；③组建易行、弹性的财政机制，提供整个过程中所需的激励措施。以上所有措施都必须以记录完善的、与可再生能源有关的各方面数据为背景，这些数据可能包括国家及地区的分配情况、经济可行性大小、模块化发展的潜力和可能性大小。当地的人力资源也最好在这些领域全面发展，并进行高效、合理的分配。这类问题中还有许多未经解决，因为现在还没有充足的高技能人才可以为农村生活环境制定合理且可实施的政策。人力资源的发展由此必须以整体的形式展开，这样才可能保证每一项发展都得到相关部门的有利支持。

7.2　生物质面临的挑战

尽管东非地区的有关当局还没对生物质能源给予其应得的重视，然而一个不争的事实就是它确实在大部分发展中国家中扮演着重要的角色，而且在贫困的农村社区对它的使用，不是一种自愿选择，而是一种必需的生存方式。它是一种可靠的能源，其使用无须大量积累，相反可以从日常生活中直接取得。尽管它的重要性如此显著，生物质能源却仍然被大部分官方能源规划战略忽略，而且另一方面，它的使用直接引发一系列环境问题，这可能对整个国家都造成一定的影响。不仅如此，如果它的再生问题没有经过仔细规划的话，它迟早会被耗尽的，而这将给环境带来更大的影响，如土壤退化问题的出现，甚至给气候条件带来改变，而这可能对农业造成负面的影响。尽管目前已开展了一系列关于农林间作和植树的活动，但这并不是针对能源问题进行的，而且在很多情况下，当地的能源部门甚至没有积极地参与其中。关于对能源的消耗远远超出其自然再生量的现象已是众所周知，而这恰恰是其随意、无计划使用所带来的不良后果。生物质同样还可以用于建筑，它还可能因为新住房的建立和新农田的开辟而遭到破坏。所有这些活动都会增加它的需求量，但同时削减它的供给量，这显然是一个非常危险的趋势。除此之外，它的使用还可能给用它烹饪的妇女与儿童带来严重的健康问题，因为燃烧生物质能源，尤其是燃烧木柴和木炭，都会产生大量的二氧化碳和有毒的一氧化碳，使用此类能源的人因此会长时间承担着感染呼吸系统疾病的危险。

使用这项能源最常见的方法是在室内进行使用，然后让这些气体自然流出室外，甚至不采取任何措施促使这些气体排出室外。由于烟雾造成的室内空气污染被认为是感染呼吸道疾病的主要原因，而且这种呼吸道疾病已经造成东非大量妇女与儿童的死亡。不仅如此，排放的二氧化碳和一氧化碳还是众所周知的导致全球变暖的温室气体主要来源。另一个关于生物质能源使用的担忧是目前所出现的高水平的森林砍伐率和土地退化率。最近几年疯狂增长的煤油价格和电力价格以及它们在很多地方断断续续的供应情况，开始迫使许多机构重新回到木柴与木炭的使用上。单单在肯尼亚，每年将近消耗超过 200 万吨的木材燃料，而这还只是基于每个家庭每天仅使用 2 千克的木材燃料的保守估计。大型机构，如医院和大学，每月要使用 5~10 吨的木材燃料，而这将将所预估的数据每年提高 100 万吨的消耗量，同时将进一步提高全国每年消耗木材燃料的总量。而对于生物质的再生量则很难进行精确的估计，但很明显它无法与其消耗量所抗衡，因此如果不尽快采取措施降低生物质能源的消耗速率并增加其再生活动的话，整个国家将很快出现木材能源危机。一个普遍接受的事实是为了拿生物质的消耗速率与现存的木材贮备量做比较，10 吨的木材燃料相当于清空了 1 公顷的森林储备量，但这个比率也取决于森立本身的密度，可惜在东非的大部分地区，森林的密度都相当低。但真正不幸的是在该地区已经显而易见的土地退化与森林砍伐却没有在能源角度被给予足够的重视。人们普遍认为这都是农业部门和自然资源部门的责任，而与使用木材燃料相关的健康问题则应该由健康部门负责。在这样一个思维定式下，该地区就很难出现任何预防措施，因为能源消费者将会继续消耗能源，就好像这些都与他们无关。

然而，目前确实存在一些措施可以解决与生物质能源使用的相关问题。营造一种对能源问题相当敏感的文化范围以促进整个社会理解能源保护与应用的风险，这才能为解决一定能源问题奠定一个稳固的基础。伴随着此类文化氛围的营造，相关部门同样应该引进将能源由一种形式转化成另一种形式的有效方法，尤其是在生物质能源转化的过程中和倡导高效炉灶的使用中。改良的炭窑应该得到更有效的推广，并且这种科技一旦得到普遍认可，人们对低效技术的使用就应该被取缔。但首先，生产木炭的组织必须经过改造，以有能力高效利用这些改良的转化技术。几经试验并且研制成功的炭窑，如乌干达的 Katugo 和马克维，以及肯尼亚的油桶，都应该经过仔细的再次审验，并将其改良版本引入东非地区。所有使用木炭和木材的炉灶都应该以开发高效模型为目的进行全方位的再审核，对于那些曾经在一些地区取得成功推广的炉灶，如肯尼亚陶瓷吉高（KCJ）和马迪亚尼木柴炉应该给予特殊的关注，因为它们已经在先前生产中显示出非凡的优势，如对燃料的低消耗率以及比传统的炉灶能够实现燃料的更充分燃烧。同样地，改良的机构式炉灶也应该受到全国范围内的严肃考虑，而且政府也应采取措施，促进这类炉灶的宣传、分配与使用，尤其是在农村政府机构中。与此同时，政府还应该支持可以利用其他形式能源的炉灶和设备发展的努力，尤其是可以利用太阳能和块状燃料的炉灶的发展。在这方面，在将来对生物质燃料的使用应该加以限制，仅用在其他农村能源可能无法实现的高温加热需求上。低温需求，如水加热和空间供暖，则可以通过使用其他能源形式实现，而不只来自生物质燃料。

在较大规模的工业生产上，生物质能是一项重要的热点联产、沼气和发生炉煤气生产能源。在所有这些应用中，只有发生炉煤气需要使用木材，而其他过程仅需要使用动物排泄物和农业废弃物，这样又可以降低供应短缺的危险。关于牛、鸡以及其他动物的排泄物总可以应用于沼气池中，而对于在制糖厂进行热电联产，甘蔗渣作为这里主要的废弃物，总可以为工厂以及周边社区进行大规模的发电。对于甘蔗的整个再生循环过程，其中会产生甘蔗渣，它需要 15~20 个月的时间，同时如果某工厂的生产能力已知，那么就可以计算出能为某个工厂的蔗糖制造和热电联产这两个工程提供持久、充足的原材料的甘蔗农场的规模。制糖企业多为以农业为基础的工厂，具有最低的失败风险率，这在东非许多地区得到了充分的证明，在那里尽管国家内战和直接的政治负面干预已经导致许多工厂不得不倒闭关门，但制糖厂却仍然可以顽强地生存。其中影响最终的国家是乌干达和肯尼亚，在那里它们尽管承受着管理不善和被掠夺的压力，但这些工厂却仍然可以成功战胜这些磨难——这些都足以证明这类工厂十分适合于生存在东非这种政治前景无法预测的环境中。随着热电联产中的额外经济授权的出现以及成为独立的能源生产商，这类工厂必定会给农村地区带来一种强烈的经济冲击，使这些地区可以将它们的能源选择扩展到生物质能以外，至少许多乡村精英会很快从生物质能源过渡到电力能源、液化石油气能源以及煤油能源来进行烹饪。农村居民经济水平的提高同样也有助于提高他们向清洁的现代能源转换的意识，同时增加手工业者的就业率。东非国家的经济水平主要依赖咖啡、甘蔗、茶叶、除虫菊、丁香和谷类等农产品的出口，同时在这些国家这些农产品还可以作为主食来食用。热电联产是一种在经济上可以在以农业为基础的工厂中进行的工业活动，它尤其适用于甘蔗加工厂，因为在这里可以产生大量以甘蔗渣为主的工业废弃物。由此热电联产作为一种以农村环境为基础的工业产业，对于提高农村电力化具有相当大的潜力。它的优势还包括在工厂选址上具有广泛的选择范围，这可以自然导致人类居住场所和繁华的商业中心的同时发展，而这些商业中心同时可以为当地居民提供更多收入来源。这样一种新的地址安排此时则作为整个农村电力化的中心。由于这种企业在整个生产过程中可以同时出现被加工的产品和电力，那么它们即使在产品价格很低时也一定会盈利，而且工厂规模也不必过大。当地投资者则一定由此备受鼓舞，建立中小型农产品加工工厂，并附带商业发电设备。这种利用不同的可再生能源创造的发电多样化现象一定也会为广泛的农村能源生产项目的产生创造更多的机会。

对于发生炉煤气的商业化生产主要可以帮助当地供电系统向村庄进行分散式农村发电，同时贸易中心也可以由此提高农村人口的经济地位，改善他们的生活。独立的电力生产商，尤其是本土的生产团体和公司，应该积极参与这类企业发展和宣传工作。如果想要使发生炉煤气在家庭层面成功使用，那么人们需要投入大量的精力以及专业知识，所以它的中心除了具备其他条件外，还应选择一个有规划的村庄或贸易中心，且那里的经济规模较具活力。那么此类能源使用的中心最好是学校、医院以及其他有规划的农村个体。另外，沼气是一种家用能源技术，它的管理和使用主要集中在家庭层面。人们对其管理不善和不负责任的使用会随着人们共用一个通用单位的数量的增加而增加，因此关于管理和使用沼气技术的责任必须控制在家庭层面上。东非收集的统计数据已表明公共沼气池的使用情况普遍比家庭沼气池的差，机构管理的沼气池也较公共沼气池的表现好。该数据同时表明那些方便本身没有沼气池的家庭使用的沼气可能对人们来说更具吸引力，而且更有利于政府降低当地的液化石油气进口量。对于有利于此项技术实现的科技更应该作为高等教育中能源计划培训项目的一部分，特别是在某些已经可以充分利用动物排泄物的机构，如坦桑尼亚的 Sokoine 农业大学和肯尼亚的埃格顿大学。其他经营动物农场和饲养家禽的政府机构同样应该率先建立沼气池，以起到模范带头作用和树立常规操作标准。自治区、农村工业机构和医院等地的废物处理池如果能加以调整而作为沼气池为附近居民提供能量的话，那么其使用效率一定会大大提高。这样一类沼气生产方法已经成功应用于包括美国在内的世界上许多国家。此种做法的优势之一就是它可以帮助周围居民摆脱这些废物处理池里所释放的强烈的刺激性气味，同时由参与沼气生产的微生物进行的污染物处理行为可以最终导致释放温和气味以及具备良好土质条件的稳定泥浆。

我们应该充分认识到关于人类废弃物使用方面的社会文化的瓶颈，同时也应该制定有效措施克服这些瓶颈。而对于生物质能源的另一方面，同样需要得到人们大量关注的就对使用农业废弃物和其他生物质废弃物进行的成型燃料的生产。尽管生产成型燃料的技术已是众所周知，而且在该地区已经投入使用，但目前仍没有一项有意义的探索可以发展一种特殊的炉灶进行此类能源的高效使用。很多人都使用普通的木柴炉和炭炉燃烧此类成型燃料，但实际上这些炉灶并不适合于此类燃料，看似平庸的表现使人们逐渐丧失了对此类燃料的信心。关于成型燃料的炉灶的开发应该作为一项任务受到能源专家和科研机构更多的关注。此类炉灶的缺乏同时严重妨碍了现存的成型燃料生产机器的大规模使用。这只是其中一个例子可以解释为何成型燃料生产机器本应同相应典型炉灶一同被引入该地区，但似乎只有该生产机器被单独引入，所以致使人们无法意识到其重要性，最终导致了这一地区该可再生能源的表现不尽理想。在某段时期内，曾有一些零散的针对此类炉灶研发的提议，但一直没有相应的科研工作专门针对此方面展开，故这些想法也就悄然消失了。由此，有必要在制定东非可再生能源战略上形成一种综合完整的策略，以发现一种正确的综合方案，可以产生最好的效果。

毋庸置疑，生物质能源作为主要能源的地位在未来几年内都不会动摇，因此关于该类能源的高效使用、转化和再生的方法应该被继续探索，而且应该包括在所有农村能源规划的进程中。同样还有一个不可否认的事实，即仍有一系列的生物质废弃物还没有被用作能源，因此对它们的应用应该被开发到在它们可以被大量使用的农村环境中的一种经济高效型层面上。其中一些废弃物在用于提供所需热能时会造成环境污染，然而在提倡生物质燃料的高效与可利用时，同时应该牢记于心的是生物质燃料的消耗伴随着二氧化碳气体的排放，而它又是其中最主要的温室气体，因此，所有生物质燃料的使用都应该考虑到它作为燃料燃烧给环境带来的影响，同时采取合理的措施解决这一影响。对于现在以及不远的将来，我们所面对的情况是生物质能源还会继续作为主要能源在农村社区使用，所以在规划能源发展时忽略这一能源显然是不太现实的。东非能源政策的制定者和规划者必须正视这一问题，同时致力于实施制度上、经济上和消费上的相关战略，以有效且高效地指导该能源的可持续利用。为了实现这一目标，我们同时有必要发展和号召人们使用其他可再生能源，以降低对生物质能源的使用压力。就这一点而言，值得人们注意的一点是大部分的生物质能源被用于满足热能需求，而非用于电能或光能需求，所以关于减轻生物质能源的使用压力的努力应该首先而且主要放在开发其他农村人口可支付的可再生热能上。如果这些热能可以通过电力获得，那么它必须同生物质能一样廉价，同时支付方式必须简单易行且仅基于消费而非其他可能提高成本的因素。另一种途径则是提高农村人口的经济地位至一定水平，这样他们便可支付得起更加昂贵的能源了。这项任务绝非人们一夜之间就可以完成的，它需要数十年的努力。但无论选择哪一种途径，提高生物质再生率的努力都必须加强，而且通过适当的项目进行实施，以增加类似于重新造林和农林业发展的活动。这就意味着全国植树文化要再次兴起，同时要与其他土地使用形式，尤其那些由于增长的人口压力而产生的土地使用形式相平衡。在以往植树活动中吸取的经验可以用在当下选择合适的树种上，这些树种不得干扰其他主要的土地使用活动，如农作物生产和牲畜的喂养。其他两种可能在不久的将来在交通行业扮演主要角色生物质能源的形式是能量酒精和生物柴油。现在全球石油政策越来越受到世界的关注，同时引发了多起现代国际争端。世界各国已经开始意识到将石油产品作为全球储备的可用性已日趋下降，而对它的需求量却在持续增加。这一情景应该是发展中国家严重关切的事情，因为它们既没有枪支弹药，又没有充足财力，去保证石油供给的安全。这些国家的生存可能最终由它们使用合理的科技将生物质材料转化成液体燃料以满足工业和交通业需求的能力决定。在东非，肯尼亚在能量酒精的生产上已经积累了一定的经验，同时它需要继续努力消除该能源生产的瓶颈，以使它成为一种经济可行的能源形式。对于生物柴油，东非国家却对其生产和使用没有任何经验，但对于生产生物柴油的农作物的潜力却依然存在，然而这需要在相关研究和发展上进行充足的投资，以确定适合农作物特征的和高效的石油提炼方法。

7.3 太阳能应用制约

通常情况下，家庭——对能源的要求，无论是农村还是城镇——都集中在高温和照明上。家用电器以及家用娱乐设备，只不过是那些有能力支付除热能与光能以外的能量的人的消遣设备。然而家庭娱乐设备却较照明和取暖具有更多的能源选择形式（可以以干电池的形式和铅酸蓄电池的形式出现）。所有这两种需求都可以通过将太阳能进行光伏和热转换成电能和热能来实现。这两种科技可以通过不同的技术独立实现，而且正是太阳光的这一特点使它成为农村居住环境下一种重要的能源形式，在那里，通常两种不同的能源（木材和煤油）用于烹饪和照明。事实上一个农村家庭已经可以将太阳能用于照明，甚至在那里还出现了少量的太阳能灶。但使用太阳能最大的限制则是它仅在白天可用，而能源在夜晚的需求量更大。目前已经存在合理的深度放电电池，但人人提高了太阳能光伏系统的价格，因为它必须连接另一个系统部件——如控制器——一同使用，因此对于光伏太阳能系统的使用只能限制在中高收入、可以支付得起这些组件的群体。一个50瓦太阳能电池板可以为居住在四个房间的一家4~6口人供电，通常大概需要300美元，但如果与一些基本组件一起的话，如电池、控制器、电灯泡、电线以及其他必要电路元件，则大概需要600美元。在东非，超过90%的农村人口平均每月的收入不到50美元，因此除非有某些便捷、弹性的支付方式出现，否则他们根本不可能支付得起如此昂贵的系统。这些地区缺乏合理的财政机制，如分期付款购买、贷款和津贴，而正是通过这些财政机制那些低收入群体才可能有能力购买太阳能照明系统。一些金融机构曾经可以提供信用透支服务，但现在面临着各种问题以及追踪拖欠的成本，因而不得不停止这项服务，所以现存的财政机构并不希望卷入长期或短期的这种对于参与者的职业还未明晰的金融安排中。这些问题还掺杂着另一种情况，即大部分农村人口并没有任何受法律约束的信用雇主可以让他们依托去偿还贷款。

另一个令人沮丧的因素则是，由于大部农村人口的工作性质本身就是不固定的，所以收入自然不稳定、不规律。一些农村设施如制糖厂、医院和学校，充分利用农村失业率高的特征，廉价雇用工人参与临时、随意的工作。这种低收入和不稳定就业的情况使得在当地市场很难发现任何流动缓慢的物品，这尤其适用于那些昂贵非必需品。由此，可再生能源设备，如太阳能光伏板在农村市场并不是随处可见。大部分光伏电池的批发商在大城市或城镇交易，因此完全远离了那些典型的农村人口，而且事实上那些已经使用了光伏系统的人群都是些消息十分灵通、或有亲朋好友对这项科技十分熟悉的人。所以，现在有两个因素限制了太阳能光伏系统的使用。一个是价格，因为许多人在一次性支付方式下不可能支付得起此项系统，尽管通过长期使用人们会发现此项能源几乎和其他被认为较便宜的能源的成本相当。二是缺乏如何在其有限的技术范围内正确使用光伏系统的信息。很多人之所以对光伏系统如此失望，主要是因为他们对系统的错误使用使系统过载至一定程度，而导致能量用尽过快，使它在今后的使用中不可能完全充电，由此这个系统不再能满足使用者的需求。由此教育人们明白一个光伏系统的使用无法按照国家电网供电系统的使用方式，变得尤为重要。人们必须明白进行能源储备，尤其是谨慎使用可再生能源的重要性。关于供应点的选址以及无法找到合格的人才对其使用进行正确的指导，同样在一定程度上限制了光伏系统的使用。该地区各种提倡使用可再生能源技术的非政府组织把光伏系统看作是一项纯粹的商业行为，因此并没有针对该系统进行任何有组织的宣传活动，而光伏系统的贸易者本应该对其使用进行宣传的，却并未采取任何行动来让人们了解它。同样巧合的是，甚至连支持当地非政府组织的国际发展机构都一如既往地犹豫是否要支持光伏系统的宣传工作；相反，他们选择了支持木材能源技术，尤其是有利于炭炉和木柴炉发展的技术。实际上本应该存在合理的政策来支持各种缓解生物质和化石燃料使用压力的其他能源类型的发展的，而且太阳能是最好的选择。众所周知，光伏系统在该地区的市场上已经得到了合理的发展，但它们仍然被认为是一种低流动商品，因此而没有大量存货。鉴于对各种能源系统所存在的缺点的以往经验和知识，非政府组织现在对光伏系统进行有效的信息宣传工作已蓄势待发，同时它们还将在其战略中心建立示范单位，如学校、农村杂货商店等。我们并不期望光伏系统的价格可以在不久的将来降低到大部分农村人口可以支付的水平，因此我们必须付出努力来建立基础设施以及方便快捷、弹性的财政系统，以此作为光伏系统广泛应用的基础。这是光伏系统能够在农村地区成功使用的重要前提条件，而且它需要深入社区的基层以直接了解不同使用者的情况。合作社则最适合于提供合理的财政项目，但它们大部分因没能满足其成员的期望而未始已终，不仅如此，合作社的成员资格主要针对那些每月有固定收入而且其雇主又能够定期向社会核对偿还借款系统的人群。而大部分的农村人口没有固定的收入，且通常从事一些设有固定项目且盈利比较差的个体经营——这种情况合作社不提供帮助。在社区层面以外，国家政府同样没有对太阳能给予足够的支持使其能与其他能源形式相抗衡。政府仅仅对煤油和其他大型集中式发电设备给予了充分的关注、巨额的外汇储备和财政拨款，但这些设备只能使不到25%的全国总人口受益，但政府几乎没有对本能使人人受益的可再生能源技术的发展给予丝毫支持。相关实例不仅在东非国家可见，在许多发展中国家也十分普遍。基于某些经济原因，某些措施也许是合理的，但它必须与居民获得能源供给的理想相平衡。这些情况恰恰与发达国家的情形形成鲜明对比，在那里，尽管现在已存在广泛的能源选择范围，但政府仍然对可再生能源给予充分的重视，在这些国家，无论在可再生能源技术的研究还是应用上，都得到了极大的支持。这些支持从以下方面均有体现：税收回扣、来自独立的可再生能源生产商的诱人的能源购买价格，这些均有效地资助了可再生能源，同时也对包括大学在内的科研机构争取了大量的可再生能源研究拨款，不仅如此，这些国家还对想要研究可再生能源技术的硕士生提供了相关的奖学金。这些方法东非国家都应该仔细考虑并接纳，除了必须建立相应机构外。如果当地有能力发展太阳能转换技术，那么就不应该从国外引进该技术。东非的许多国家比那些向它们提供光伏系统的国家每天能接受到更充足的太阳能辐射，因此仅仅通过将国家的注意力集中在可再生能源上，就有可能改变目前这些异常的情况。

  如前所述，太阳能能源还有另一个吸引人的方面，那就是它可以直接转化成热能，而热能又是另一种需求量极大的能源形式。这项应用可以通过两种方式实现：低温利用和高温利用。第一种是低温利用，低温利用包括水加热、空间取暖和为了延长农产品存储寿命而进行的农产品干燥。关于这些应用的技术非常简单，而且已有大量应用在东非被开发并投入使用了。然而，低温应用并非人们的优先需求，因为即使没有此类加热设备，人们也可以在室外直接利用太阳光干燥，而且在当地的气候条件下人们也不需要进行空间取暖或水加热，除非是在高原地带，在那里夜间温度可以低至10℃，但即使在这些地区也有大量的木材生物质能源用于加热。不仅如此，太阳能热水器并不适合于农村使用，因为它们需要气压供水装置推动水源流过放置在建筑物屋顶的热水器,而超过90%的农村房屋没有安装此类加压式自来水设备。人们多从附近的溪流、河流、浅水井或使用便携式水容器的喷泉那里获得水源。这些国家使用的太阳能热水器大多安装在城市或发达城镇,在那里才有可用的加压式自来水设备。因此关于这些科技没能在该地区广泛应用的事实并不是引起人们担心的原因,因为农村的生活环境确实不适合它们的应用。第二种则是高温利用,这主要是指用于煮饭和烧水。大部分水资源在这里都是受过污染的,所以饮用水都必须经过煮沸以防止引发饮水传染的疾病。这两个领域才是在农村地区消耗大量生物质能源的主要领域,所以利用太阳能能源满足这些需求才可能降低对生物质能源的依赖。该地区已经开发了太阳能灶,而且多种设计都已投入使用,然而,大部分人对于此种能源的使用以及现存的利用该能源的技术仍然不够敏感。目前可用的太阳能灶并没有其他太阳能设备那么昂贵,因此经费问题并不会引起太大的关注,因为大部分农村人口还是有能力支付它的,但第一种限制是太阳能灶的生产中心却极为罕见,而且相关的演示活动都是在分散、孤立的地区完成,以至于大部分人到目前为止都没发现这一种用于烹饪的途径。第二种限制则是烹饪这项活动大部分人会在白天、在完成更重要的事情的特定时间内迅速完成,即使在夜间,人们也会在傍晚迅速完成烹饪活动,以为供电节省更多的能量,同时留下充足的时间去休息,由此,一种可以帮助快速烹饪的设备的需求量极大。太阳能灶通常很慢,而且在人们有需要时就存在直接可用的太阳光的情况也不能保证,同时由于高温存储系统的缺乏,夜间利用太阳能热的技术目前仍不可行。以上这些特征以及能量控制的缺乏都大大阻碍了太阳能技术在该地区的广泛传播。不仅如此,使用该设备还需要人们给予大量的关注,因为为了保证这些设备能持续面对太阳以最大程度地获得直接太阳光,它们不得不定期进行移动。其中某些设计,如一些可以利用抛物面发射器将太阳光集中于锅上高效率设备,使用起来并不方便,尤其是在用于烹饪传统食物时。因此,相关部门有必要推出一些相关的教育和宣传活动,同时鼓励研究机构研发更多方便使用的设计和高热转换率的材料。这些改良都必须与帮助当地的炉灶生产商将太阳能灶纳入他们的生产范围的培训项目一同展开。综上所述,在太阳能灶能为农村能源状况造成巨大影响前,仍有大量相关工作需要展开。总体来说,关于将太阳能辐射转化成高温能量的挑战主要集中在可以满足传统的烹饪活动的太阳能灶合理设计上。这项技术本身非常简单,而且这类设备已经证实可以达到足够的高温，所以关于技术本身没有任何问题。另一方面，将太阳能转化成电能的技术则更加复杂，因为它需要可以用来制作太阳能电池的合适的半导体材料的发展。太阳能电池的制作工艺，从原材料加工成真正的电池产品，都需要专业的技能以及高精度的设备。如果可以获得国家政府的大力支持，那么该地区一定能研发出合乎要求的技术技能，并取得能在当地生产太阳能电池的相关设备。

以上所描述的情形明显地表明太阳能技术使用的局限主要体现在以下四个方面：

（1）意识方面：东非的许多人民，甚至包括政策制定者，都没有意识到太阳能系统的潜在效益，所以目前既没有任何努力去尝试提供相关服务，也没有出现任何国营部门的宣传活动。所有这些都委托给了私有部门，而它们又更关心盈利而非唤醒人们意识的活动。

（2）可支付性方面：使用太阳能系统需要大量的资本，这对于大部分农村居民来说都是无力支付的，而且在农村地区也没有任何财政机制可以帮助人们购买此类系统。

（3）太阳能系统组件的标准方面：一些在当地市场上正在销售的太阳能组件由于缺乏强制的标准而十分劣质，这无疑与它们的高水平价格一起打击了潜在使用者的积极性。

（4）技术能力方面：由当地未经培训的技术人员进行的劣质的组装和维护工作只会导致设备出现故障，并由此导致人们产生错觉，大大丧失了对这些系统的信心。

关于当地的太阳能的宣传工作必须考虑采用各种方法突破以上限制。

7.4 风能应用障碍

风能同水力发电一样，并不容易高效地转化成热能，除非它首先通过一个发电器转化成电能，但是它非常适合于进行机械作业，如抽水和谷物研磨。尽管风能在任何地方都可获得，但是它的强度却随着时间和地点的不同而不同。因此，关于能否利用风能的关键在于取址，这样有关某一地点的具体风力条件的研究必须跨越相当长的一段时间，之后才可能安装合适的风力机。除此之外，风力机必须能为特定的功能设计。如果机器是为了进行抽水作业，那么必须设计大转矩的风力机带动叶片，这样水泵才能获得足够的能量来移动所有连杆机构；如果机器是用于发电的，那么它的转速必须足够高。由此，将风力机与特定地区的普遍风况相匹配则变得相当重要，如果没能实现此匹配，则很可能导致风力机的操作失败。风速在某一特定区域，但在不同天气和不同季节所出现的不同，同样意味着风力机不可能持续正常工作。由没有附带任何电力存储设备的风力发电机的所产生的电力因此而变得十分不可靠，但是，风能相对于太阳能仍然是一项更优质的能源选择，因为它既可以在白天使用又可以在夜间使用。而对于抽水，间接操作可能并不是一项重大的缺陷，因为抽出的水通常存储在存储池中，当需要时人们只需从那里抽出使用。然而，关于风况的知识以及对相应的信息进行定期的更新，保证它们对决策制定者和能源专家都能及时可用，是风能发展的前提条件。风力抽水技术较风力发电技术相对简单，而且在东非当地也有大量的专家可以生产并管理它们。但当下问题的关键是人们对风力水泵的需求非常低，由此便导致生产商只会在有定购时才生产该产品，部分原因是由于这些机器的高成本，有限的地下水资源以及由引水点到土地使用点的长距离则是另一个原因。有关风力发电机的使用则更有限，而且目前当地甚至没有资深的生产商，所以十分有必要大力发展当地对可以应用于各个方面的不同尺寸的风力发电机进行设计、构造和安装的能力。

  工艺学校及科研机构应该对发展合理的能源设备，尤其是风能、太阳能和水利水电的转化设备，进行更实际的培训。居住在发展中国家的人民可以通过模仿其他国家的例子很快习得新想法，所以这些机构必须能够引导人们生产和使用这些设备，并帮助他们建立起对这些设备的信心。如果有必要，应该建立一个权威机构以确保这些技术得到发展，而且最重要的是保证相关机构利用这些技术。这只是发展并同时使用新型技术的一种手段，且它在非洲的消费群体中实现了理想的利用效果，因为他们始终相信模范的力量。目前的一些科研机构与工艺学校应该继续得到强化，并且将注意力重新回归到有效实现他们的最初的使命上，这同样包括能源设备的设计和制造。从这一方面讲，提高有关人员配备和车间的硬件条件才是东非所有科研机构的首要任务。为了设立激励机制、鼓励更多有活力的学生参加相关机构的学习，相关部门可能同样有必要为技术发展创造更多的机会，这样精通技术的学员就可以将他们的专业水平提高到单纯的技术水平以上了。此方面的需求早在多年前就被提出了，而且事实上也建立了相关的技术高校，但不幸的是，当地或民族政治家一再要求这些高校重新回到传统的大学课程，并且完全放弃了它们最初的使命。由此，对相关教育及培训系统进行合理的管理以及权利委托将可能帮助这些地区充分解决技术发展的问题，这样，此类简单的能源技术，如风力涡轮机、水力涡轮机、太阳能转化及相关设备，才可以在当地得到发展和传播，所以有关本土技术能力的培养将成为规划东非总体技术发展时首先需要考虑的措施。正是由于可再生能源技术的发展，才可能出现合适的技术人员、技术专家和工程师促进任何所需可再生能源技术项目的发展。许多东非的可再生能源项目主要是由移居国外的专家通过捐赠资助的项目管理，而且一旦这些专家离开，其中很多项目将不再正常运作，但是这种运作方式十分昂贵，所以在将来任何可再生能源的项目中都应该尽量避免。

在农村地区，有一定财产的中高收入群体同样应该被鼓励使用可再生能源技术，尽管他们可能支付得起那些易得但又同样昂贵的能源，但是以上所有构想都必须在保证安全的供给以及制定合理的供给价格以吸引特定消费者的前提下才能实现。就这一点而言，我们十分有必要强调以下处理风能技术传播时所出现的限制因素：

● 相对于煤油发电机来说，建设风能发电机的高昂资本成本削弱了投资者的积极性；

● 缺乏有关该地区风况的数据；

● 缺乏有关风能技术的环境及经济收益的意识；

● 缺乏强制的标准以保证产品的质量；

● 缺乏适合于使用者的信用机制和财政机制；

● 有限的售后服务。

7.5 小型水力发电系统存在的问题

在东非，水力发电的大量潜力都没有被充分发掘出来，这是因为此项技术的发展对该地区的经济发展来说变得越来越昂贵。例如，在 2005 年肯尼亚政府就停止了对 Arror 水电站的发展，因为此项工程连最低的成本开发标准都无法满足。由此项工程产生的电力如果投入使用，其费用一定会比当下其他水力发电设备产生的电力成本还要高。但不幸的是，在决定开展此项工程时，政府已经投入了大量的经费。如果政府能将本国的能源发展政策的重心由大型水力发电发展转向小型水力发电的发展，那么此类对有限的财政资源的浪费则很有可能得到避免。东非有很多常流河，它们的体积流率并不足以支撑大型水力发电设备的运行，但是一些小型水力发电设备却可以借此以一种可支付的成本水平建立。许多适合于此类发展的场所已经被人们所发现，同时当下还存在许多其他类似的地方，它们均匀地分布在整个地区，但还没有任何关于其可用性的研究在那里展开。一些在已知地点做出的相关研究主要是由一些非政府组织、环境学家和某些个人研究者展开的，而政府这一本该有责任对相关情况进行细致调查以为有意愿的投资者提供相关信息的部门，却没有采取过任何相关行动。关于大中型水力发电站能够为该地区提供大量所需电力的事实并不假，而且它们所提供的电力无疑都是清洁能源，然而时过境迁，在更充足的发展此类技术的同时我们也不得不面对新问题。

　　水力发电的潜力目前依旧存在，但正如之前在肯尼亚事例和乌干达的布加哥利斗争中所证实的，大型水力发电大坝的建立实在过于昂贵，而且还会引发一系列环境问题，其中一些环境研究还需考虑到生态、文化和生物多样化的原因，我们需要保护其中的一些河流。显然，关于大型水力发电技术的方法有很多种，但其中大部分却存在环境方面的缺陷，因此一些可以通过合理规划而有效避免这些对环境可能造成负面影响的能源技术应该考虑投入使用。所以关于完全停止对水力发电技术发展的论断显然是错误的，因为确实存在一些水力发电技术可以在合理的环境和生态指导下投入使用，而小型的水力发电系统则是最好的选择。尽管对大型的、由国家掌控的水力规划的管理由于不合理政策的实施在一定程度上抑制了人们对电力的真正需求，但它们同时也由于糟糕的表现所导致的巨大损失被再次证实绝非一类可行的商业选择。最近的改革旨在纠正以上做法，同时它也反映出将这些设备完全私有化似乎不太现实，因为毕竟有关于国家安全的问题需要考虑。综上所述，在东非国家，电力供给方面个体部门的权力不大可能再超出当下的限制范围了，除非在这一情形下选择发展小型水力发电计划，这样才可能把握住一线希望。同时，令人欣慰的是，目前已有大量的小型水力发电技术方法可供选择，以用于配合不同的河道水流状况，其中的一些水力发电设备包括低压头、高压头以及自由流动的小型水力发电机，其使用几乎不对环境造成任何影响。它们同样提供了大量优势，如灵活性高、维持低水平电力成本的潜力大和社会文化的可接受性水平高，不仅如此，同时它们安装与管理成本低，且在仅使用一种简单的分配下就可以完全满足当地的需求。但目前首先要进行的工作是为这些小型水力发电设备进行选址，以促进它们接近于交易频繁的以农业为基础的农村商业企业，如咖啡和茶加工点、谷物和牛奶收集点以及卸鱼码头。学校、保健中心以及农村财务中心都会从此类小型水力发电设备中获益。此类小型发电设备的主要成本就在设备本身上，尤其当该设备由国外进口时，所以必须尽最大努力降低设备本身的成本，而这只有在该设备是在本国生产的前提下才可能完成。当地的工程机构、科研机构都应该被鼓励去生产这些设备，这可以通过制定一定的激励机制，如税收回扣、对设计及发展费用给予财政支持以及保证当地市场等形式来实现。除了考虑技术因素外，通常还有必要考虑其他多种问题以实现成功宣传和管理这些水力发电系统。其中一些可能对形成的这些考虑因素提供一定参考的信息包括：该地区对能源的需求；为满足这些需求可行的办法；根据居民生活环境所产生的合理的能源混合；当下及将来的能源供给对环境造成的影响；所有可能能源选择的经济原理；科技与资源发展的先后顺序。以上所有信息都需要进行合理的规划和有效的实施战略，而非当下东非当局对农村能源供给部门所持有的"自生自灭"的态度。越南由最初依靠从中国进口水力发电设备到之后在本国生产出类似的微小水力发电机的经历应该能为东非提供一个很好的借鉴。在乌干达，同样不乏好机会，如在那里仅有不到5%的小型水能的发展潜力被开发出来，而导致这些"机会"出现的主要因素包括由于燃料价格水平较高而导致的来自柴油及汽油发电机产生的电力的成本极高；小型水力发电计划已经得到了当地环境学家的支持；当地设备公司可以保证基本的劳动力；低压小型水力发电计划非常适合于农村条件以及当地快速增长的需求水平。关于乌干达奈比医院的案例同样可以作为一个不当的能源政策是怎样影响一个地处交通便利地点的小型水力发电厂的发展的典型范例。医院及城镇需要可靠的电力用于抽水、冷藏、剧院工作及照明，而在奈比医院附近有一座合适的小型水力发电厂有能力供给4万瓦的电力，这对于该医院和城镇已经足够了，但是当地没有任何以社区为基础的发展计划和任何合理的政策以鼓励此类设备在当地制度下进行合理的使用。几年来，奈比医院已经耗费了大量财力来维持这台发电机的正常工作，尽管如此，为了降低成本，这台唾手可得的、既廉价又可靠的发电机也只能每天工作几小时。类似于奈比医院的例子并不罕见，这主要是因为在东非地区有太多类似的未经充分利用的机会了。

7.6　城市废弃物

出于某些原因，城市中心的居民对清洁能源的需求量远远大于农村居民，而且通常远远超过了现存设备可以满足的范围。由于城市地区人口密度高、商业和工业活动频繁的原因，这里产生的废弃物数量也不小，如何管理这些废弃物已成为该地区城市当局不得不面对的一个主要问题。废弃物的回收与处理显然已成为该地区投资巨大的一项工程，但如果它们可以经过合理管理，那么这些废弃物还可能为这些大城市创造一定的收入。这样有利于产生一些方法和需求来改善卫生设施，而这些设施同时也将降低由于肮脏的生活环境而造成的疾病的发生率。通过对大城市固体废弃物合理的管理，人们还有可能利用在一些发达国家已经出现的某些技术进行发电。这样国家可以向国际发展机构寻求帮助，以发展利用城市废弃物进行供电的设备，而非学习如何利用大型水力发电设备来供电，如此一来，既可以提高城市的供电量，也有利于改善城市贫困人口的卫生条件。关于使用废弃物进行供电是同时解决废弃物管理和收入问题的唯一途径，然而其中的挑战则是提高废弃物回收和分类效率，以将可用于能源转换的废弃物与其他废弃物进行区分，同时还需选择合理的发电技术，可以将城市废弃物作为供电原料。另一种利用城市废弃物生产能量的途径则是设计废水处理池以产生沼气。此类方法不同于利用固体废弃物产生电力，但其中仍然可以获得能量链，这样，尽管两个看似独立的个体，但如有必要，它们确实可以相互配合使用。当地政府必须认真考虑利用新科技将废弃物转化成有用资源的方法，这将对改善拥挤的城市居住环境具有长远的帮助。

7.7 政策问题

肯尼亚、坦桑尼亚和乌干达这三个东非国家的政府首先关心的都是有关商品能源的发展和管理，即电力和石油燃料的发展和管理。然而，如果谈到能源的可用性问题，该地区仅有不到10%的总人口会直接从这些能源中获益，其他人口大部分居住在农村地区，不得不寻找并管理他们自己的能源问题，而其中的原因当然不只是可用性问题，这其中还包括贫困、临时和低劣的居住环境以及烹饪当地传统食物所需的时间长等问题。由于与这些条件相关的一系列限制条件，人们除了选择他们在自己的区域内易得且可支付的可用能源外已经没有其他选择了，这样只有以木柴为代表的、以生物质为基础的燃料才可以满足这类燃料的要求，于是它自然成了大多数人的首要选择。这类燃料同样被归为非商品燃料，这是由于人们大多是从自己的居住环境周围免费获得的。所以，东非三国应该都有广泛的能源政策可以指导人们如何使用正确商品燃料和非商品燃料，以确保每个人都有机会使用能源，同时政府还应作出合理规划，以保证所有核心能源的可持续利用问题。而关于可用性问题，相关政策不仅在寻求如何有效提高更多居民对能源的可用性问题，同时也试图提高相关能源技术的服务与效率，做到在保护环境的同时减少与使用能源有关的疾病的发生。这就意味着尽管人们的收入水平具有很大差别，但是每个人都应该有机会享受先进的能源服务和高效的能源技术。这些政策的出发点很好，但不幸的是它们在付诸实践时为了实现预期的目标时会产生一定的费用需要人们自己承担。由此，大多数人没有对这些政策给予任何关注，而且只要没有任何人反对，他们仍然继续生产、开发和合理使用他们自己的能源。当局似乎也赞同大多数人的立场，因而他们消极地实施相关能源政策，而且几乎没有采取措施去提高能源的多样化，进而为居民提供更多的能源选择。

这些政策除了在考虑健康和环境问题外，同样还覆盖了性别以及公益林的使用问题。这些政策明确指出了妇女在家庭能源管理中的角色，而且也尝试提高她们在能源发展项目中的参与程度，为她们在某些能源的需求或供给端提供一定的拥有权。由此，相关部门应该作出一定的努力以确保妇女能真正参与到与能源相关的教育、培训、策划、决策和实施战略的制定中,尽管在实际中这些都还未出现在能源管理的战略中。在森林资源方面,政策主要考虑的是森林在不对生态系统造成负面影响或减少生物多样性的前提下能进行的可持续发展。所有这些政策的条款都可以表明这些地区的国家能源问题主要体现在以下四个方面:①提高能源的可用性;②居民健康;③森林保护;④消除能源问题中的性别歧视。

所有这些政策都旨在告诉人们对于各种能源的利用都不得危害人类的生命与健康,同时保证环境、生态系统以及生物多样性不受任何形式的损害。那些忙碌于获取生物质能源工作的妇女的权利应该得到认可,同时也应该通过对她们授予相关资源的拥有权,以保护她们的合法权益。

为了充分理解政府为何对可再生能源如此冷漠,我们有必要回顾这些政策的背景知识。在1979年以前,整个地区没有任何政府部门可以全权负责能源问题,所以有关能源的问题经常分布于国家不同的政府机关,所以结果导致整个国家完全缺乏任何有关能源发展问题的政策指导。当相关部门或机关最终建立后,国家对它们的财政拨款依然相当的低,而且这种情况即使在完整的能源部建立后也没有得到改善。正是由于这个原因,许多非政府组织和个体部门通常会积极地参与可再生能源技术的发展以及在东非地区的宣传活动,由此带来的结果是有关可再生能源的活动通常是在非政府参与的情况下进行的。一旦有政府参与可再生能源的活动,那也只是因为捐赠者或国际组织出于对环境方面的考虑,对可再生能源的应用产生了兴趣。如果可再生能源能够出现在政策文件上,那也主要是关于石油产业和发电产业的,这是因为在国家论坛中可再生能源非常受欢迎,但在国家层面,却没有任何措施用来吸引投资者参与可再生能源的投资。在某种程度上,由政府控制能源使用的垄断行为以及跨国公司的出现恰恰都扼杀了政府关于可再生能源的任何兴趣。为了证明这一点,我们可以看一下《电力法》,它主要是在一些国家公用事业公司的密切监管下形成的,所以它自然赋予了这类公司权力来解决一系列有关能源的问题。这些法案阻止了商业发电以及向消费者直接售电的行为,但同时授权了以上公共事业公司为商业发电行为颁发执照的权力。在有执照的情况下产生的电力将会低于其本身的价格销售给同一个公共事业公司。这种安排使公共事业公司(乌干达电力委员会、肯尼电力照明公司及坦桑尼亚电力公司)成为了《电力法》的监管人,这同时也是可再生能源的发展缺乏足够支持的原因。此系统使获得发电执照以及从发电行为中谋取利润变得十分困难,尽管这些法案已经经过了一定的调整，但现在仍然通过定价和在个体部门对发电进行投资时需要进行的繁文缛节的手续上，设定了大量的阻碍和限制。由此，政策的改变以及将可再生能源纳入政策文件的措施都不足以改善当下能源的总体情况，相关部门必须彻底转变这种情况，并为发电，尤其是利用包括太阳能、风能和小型水能等可再生能源进行发电的行为设定一定的激励机制。国家公共事业公司应该享受和其他服务部门受同等的待遇，在法案条款的指导下运行，而非监管该法案，做一个促进者的同时也做一个竞争者。坦桑尼亚政府已经制定了许多大胆的政策措施，通过为潜在的投资提供有利的财政措施来吸引广大的投资者参与可再生能源的发展。它已经简化了有关投资太阳能、风能和小型水能计划的相关程序，其中包括运行首年的100%折旧提成，同时政府还提供了一些消费税和营业税的豁免，以及第一次进口可再生能源设备材料的关税优惠政策，除此之外，由投资促进中心颁发的合格证还可以保证投资者的一系列权利。同时，在收入汇回本国、所有权保障以及资产分配上也设立了其他吸引人的条款。这些都是促进当地可用的可再生能源发展的有效措施，非常值得其他国家借鉴。

然而，为了消除国家公共事业公司在发电、分配电力和销售电力上的控制地位，营造一种政策可以自由、高效投入实施的氛围，政府仍然还有很多工作要做。如上所述，这些政策除了具有一定的首创精神外，大部分只存在于官方的相关记录上，但很少有将这些政策付诸实践的，一些政策有时还被用来打击新手的积极性。同时关于这些政策都是最近才出台的事实也反映了政府是如何消极对待能源部门的发展的。但问题的关键是政府是否能真正理解当下盛行的全球能源政治背后的情况，以及它们是否能足够聪明地使用当下的可用资源来为即将到来的能源短缺问题做好充足的准备。一项出色的政策如果能投入实施的话，一定可以有效缓解许多由于能源短缺而带来的负面影响。对发展中国家来说，这需要通过为可再生能源技术的发展特意创造有利的商业环境，有效地调动国内外的资源，以提高对当地能源发展的相关投资。这可能也需要来自稳固的制度规划的有效支持，在那里，有关能源的想法可以得到及时的关注，无须经过繁文缛节的不必要程序。为了提供能源的大量可用性，政府必须为能源生产商和消费者同时提供正确的微观经济因素，这可以通过提供能够满足双方需求及环境的平衡的能源定价来实现。一些可以促进人们快速适应有效的能源生产和清洁能源的使用的合理监管措施应该在不同层面加以制定并进行实施。有关当地能源和财政激励措施的发展应该作为这些能源发展想法的基础。这可以保证商业能源公司，尤其是发电和电力分配公司，将积极追求电网扩展政策作为增加收入的唯一途径，而非对某些消费者过度收税。然而值得注意的是，在过去，某些由政府部分控股的公共事业公司尽管会接受来自公共基金的财政资助，但也没能如愿提高其工作业绩和服务覆盖率。关于人们尽管已经支付了增加电网建设的费用，但仍需要等上数年才能保证这些建设完成的情况实在太常见了，以至于消费者无法理解这些电力公司究竟是如何运行的，而且虽然这类公司再次为消费者许下更多承诺，且政府也出台了大量能源政策，但此类拖延在今天仍然随处可见。同时这也是现在完全有必要将更多的精力放在政策实施上，而非浪费时间制定更多的政策的另一个原因，因为这些政策终究还是为了实施。当然也十分有必要提高现存政策的实施，这也就是说，实施效率是首先必须解决的事情，而且它必须在充满竞争的环境下由整个行业独立操作完成，不得指望来自政府的特殊"应急救生袋"。另一方面，必须将消费者作为相关制度和激励机制的终极受益者，这可以通过合理高效地推行政策来实现。考虑到政府过去对公共事业公司的兴趣及资助，它们当时所采取的措施都是为了保护公司而非消费者，结果导致电力化进程只能以一种非常缓慢的速度前行。

　　政府部门及负责人的管理不完善同样影响了其他资源的利用。关于生物质能的发展，尽管它存在所有可以成功推广的先天条件，但却由于某些人急于推行有关保护森林和生物多样性的政策而极力攻击它，最终没能得到持久的发展。例如在肯尼亚，政府极力保护托管地的所有森林，它们在所有森林区域安插了由政府任命的森林管理员，以确保周围社区不会因为需要获得森林资源而破坏相关法律程序。但这些森林管理员却为图一己私利，反过来不负责任地兜售森林资源，这样尽管某些政策达到了预想的效果，但大量森林资源却不见了。当下虽然存在许多政策讨论了关于能源与性别、能源与健康以及能源可用性的问题，但它们并没有在实际中发挥真正的作用。在这里需要指出的是，制定一种先进的政策固然重要，但能有效实施这些政策以实现预期的目的同样十分重要。一些个体部门和许多政策分析者在过去已经提出了激励性的先进政策，这有助于显示以可再生能源为代表的能源方面的经济优势与环境优势，它指出了创造职位与产生收入的问题，但至今还未实现。这好似此类政策大部分和它们的许多"前辈"一样，死于实施缺陷。

一些促进能源多样化的好处，包括降低长期以来进口石油的费用，似乎对这些农村的农民来说似乎毫无意义，因为他们对能源的需求主要集中在对热能的需求上，这些通过使用生物质能和基本的燃烧设备就可以实现。他们对有关消耗石油燃料的服务的需求少之又少，所以让他们将自己的生活方式同电能或煤油联系起来确实不是件容易的事情。因此期待他们参与这些不可能为他们提供其他能源选择的政策的实施是不现实的。由此，这些可以拓宽能源选择范围的能源政策必须选准消费群体，同时倡导那些可以提供激励以及社会经济授权的能源使用政策。由此，关于消除贫困、增加能源可用性、合理定价以及设立激励机制的相关措施必须同时融入政策制定的框架中，并进行有效实施。其中一种方法则是制定和实施一种清晰的战略项目与管理，可以鼓励包括教堂组织、机构、社区组织和非政府组织等各类消费群体在内的一大批主要利益相关方积极参与。所有涉及能源使用可能会造成影响的领域，如健康、住房供给和森林，以及那些可以影响能源发展和使用的能源技术、财政和社区能源使用文化都必须考虑在这个项目内。同样还有必要认识到不同纬度居民对能源的需求和可用性的不同，并由此根据不同地区独特的能源分布为该地区创造合理的能源使用条件。由于贫困也是能源多样化进程中的一大阻碍，所以同时有必要将创造收入和健康与性别问题一起，加入进所有能源项目中。在这一方面，教育、能力培养以及大众意识的唤醒同样也将作为此类项目的重要组成部分。一项完备的政策应该包括所有重要领域，而不仅限于健康、财政、安全、教育、可用性、激励措施、合理的能源混合以及同独立的能源生产商的买卖安排上。但最重要的是，这些政策能够利用一系列规划完善的能源发展战略在不同层面上持续开展。

一种需要严肃对待的非常危险的趋势就是人们对木柴和木炭难以割舍的依赖性。随着人口的增长，由食物和居住带来的对土地的需求也开始持续增长，这样不可避免地会造成人们对木柴燃料需求的增加。这样可能会引发很多后果，其中之一就是木材燃料价格的上升，尽管它本身可能还会出现一些反弹。对木材燃料需求的增加同样还意味着人们贫困水平的增加，以及相伴而来的许多包括缺乏安全感在内的可怕的社会后果与经济后果。在食物生产与能源生产争夺仅有的少量可用土地时，木材燃料的危机同样也会给食物供给带来负面影响，因此，如若通过试图提高生物质能源的生产量以满足人们对它的需求来解决问题的话，是十分不明智的。这一措施可以解决短期问题，但如果作为长久之计，则可能引发绝对难以想象的严重问题。试图利用一定的可用土地来提供充足的生物质能源显然会十分受限制，因此有必要付出大量努力来避免遭遇这些限制所带来的后果，而唯一的途径则是考虑发展其他取之不尽或更有弹性的能源来提供热能，以降低人们对木材燃料的需求。由此，尽管计划生产大量生物质燃料十分必要，但寻找不同的方式来降低生物质作为能源的压力也同等重要。使用未经加工的生物质燃料来提供热能，不仅数量上不充足，而且还无法发挥其作为能源所存在的多功能性。从这一方面来讲，同样也有必要考虑相关技术，以将生物质能转化成更具多功能性的能源形式，如液体燃料或气体燃料，这样既可以产生取暖和照明的能量，同时也可以为机器运行提供能量。这样一来注意力则需转向某些能源技术，如生物柴油和热电联产技术，它们都可以有效拓宽能源选择基础。关于利用城市废弃物进行发电的想法同样应该严肃对待，此类技术的发展将会鼓励清洁能源的使用，同时引发城市居住人口的增加，这样可能会有利于减缓农村土地的使用压力。鉴于存在大量问题需要通过一种先进的能源政策来解决，因此有必要针对这些问题来树立广泛的能源政策目标以帮助这些问题的解决。当然，此类广泛的能源政策目标同样应该确保在可支付的价格水平上提供充足的、高质量的能源供给，这样在充分满足发展需求的同时也可以保护环境。同时可以根据定期需要实现的可测量成果，结合以上广泛的目标，设定具体的可实现目标，这些可以包括：

● 提高对可支付能源服务的使用权；
● 保证能源供给的安全性；
● 发展本土可再生能源；
● 发展并实施提高能源效率和保护的方案，同时实施谨慎的有关环境、健康和安全的措施；
● 发展广泛的当地能源选择范围，这样在不同应用中使用最优的能源混合。

任何有规划的能源发展战略都必须首先意识到能源在社会经济发展和工业发展中扮演的关键角色，这样能源分析才可能作为各类能源规划的一部分。这样在实施能源政策时还可能面对各类挑战，这些挑战可以总结如下，当然这还只是其中一部分：

● 建立高效合法的监管措施及制度框架，为消费者和投资者创造有利的环境；
● 扩大并提高能源基础设施的水平；

● 提高并实现经济可竞争性，以及在能源生产、供给和传递上的效率；

● 调动不同资源，满足不同能源部门的发展需求。

除了这些广泛政策的应用和挑战外，还存在一些与具体能源形式和资源相关的问题，如有关电力、汽油和可再生能源方面的问题。这些问题同样需要在为中长期能源发展战略制定的总体目标的指导下实现。

当然会存在一些制度和管理上的挑战，可能影响该地区能源部门的扩张，但唯一一个最重要的挑战则是长期无力建立发展非水利水电能源的管理和技术框架。正如本书中其他地方所讨论的，在20世纪90年代进行的能源部门的改革并没有实现预期结果，这些改革主要考虑的是消除国家能源公司的垄断局面，这些能源公司包括肯尼亚的电力照明公司、坦桑尼亚的电力公司以及乌干达的电力委员会，它们曾经控制着本国电力的产生、传输以及分配工作。显然通过增设其他能源公司而消除这些公司的垄断行为既不可能促进能源的多样化发展，也不可能帮助提高发电的能力，然而它确实有希望能降低这一部门曾经猖獗的不善管理所造成的影响，但这一期望最终也没能实现，而且人们开始越来越担心这些能源公司在接受政治干预后的管理机构了。坦桑尼亚政府曾经试图通过与一家东非公司签订合约，请对方经营坦桑尼亚电力公司，但新的管理层受到了公司内部当地工人的抵制，于是在合同签订后的两年，一些高层的政府官员却不再相信这些新的管理者有能力提高能源服务。尽管存在这一疑虑，这一合同还是续签了两年。肯尼亚同样考虑过效仿坦桑尼亚的政策，因为它们也曾经严肃考虑请一家欧洲的公司来管理肯尼亚电力照明公司，并以两年作为试用期。我们有充分的理由相信这一公司在管理非洲和东欧的许多国家的能源公司上的经验一定丰富，但如今面对的挑战是这些肯尼亚电力照明公司的工人们是否完全接受这些管理精英，同时这些精英是否有能力改变那些多年来已经深入人心的公司文化。

对于公共事业公司在运行中可能存在大量的管理问题，其解决方案可能不在管理风格上，而在与将发电行为进行多样化的能力上。事实上，许多工厂已经做出了巨大努力来说服政府能更加严肃地支持这一问题。例如坦桑尼亚的几家工厂已经积极推动了当地政府在鼓励使用非水力发电能源的发电方面建立激励机制，以减少由于水电站内水位降低而导致频繁的电源制限现象；另一方面，乌干达政府通过获取大约100兆瓦的热能供给来应对由于干旱引起的低功率输出。这里需要指出的是，乌干达的水利水电输出主要依赖于维多利亚湖的水位，但其水位已经由于 2005 年及 2006 年的干旱而大幅度下降了,结果导致乌干达的发电量发生了大幅度的下降,并由此出现了该地区严重的拉闸限电情况。坦桑尼亚由于干旱所带来的影响则更加严重,截止到 2006 年 2 月,那里的水能的发电水平已经从大约全天 560 兆瓦急剧下降到了全天大约 50 兆瓦,因此,该地区普遍出现的功率输出下降现象已经迫使许多工厂不得不停工倒闭了。

7.8 结语

本章主要概括了不同的能源选择,以及关于不同能源的发展和商业化问题所面临的可能挑战。[1]

---

[1] 支持本章观点的相关信息可以参考书后参考文献 [1,17,18,22,23,24,28,29,32,37,39,41,43,44,45,49,51,52,60]。

第8章 未来之路

在这一章，笔者将呈现一些建议作为东非能源发展的指导方针。当然这些建议不能作为提高该地区能源情况的唯一路线，不同的地域环境可能需要完全不同的方法做指导。关于本书中不同章节所呈现的各种建议应该与这些指导方针结合使用。我们现在很清楚在能源的发展中会牵涉到大量的相关方，所以惯有此类方针的制定与实施也必定需要各个相关方的参与，而不仅仅只有国家相关部门。事实上，谈到能源问题，我们每个人都可以是一个利益相关方，这里尤其指消费者，那么之所以会出现各种不同的方法及各种类型能源的应用，其唯一的原因就是某些利益相关方过于富裕，而其他方则十分贫困，而且这也是引起终端混合能源使用类型上出现显著差异的主要原因。这里有很多因素会影响到能源的可用性与使用方法，而且相关亟待解决的问题同样千奇百怪，涉及社会问题、经济问题、环境问题和技术问题等各个领域，不仅如此，各种问题纵横交错，这使我们几乎不可能通过一次解决一个的方式解决所有问题。它们需要一种综合的、多部门共同合作的方法，而且这种方法需要经过精心设计，在遵循为个体部门参与以及与国家政府进行多方面合作而制定的标准下能够充分利用当地和国际的相关资源，同时也可以向国家发展伙伴清晰地展示当下最需要得到支持的领域。但在这之前，首先要做的是当地多个部门的能源需求必须能与农村的能源供给进行合理且精确的评估，作为一种特殊的比较。事实上，之所以说此评估比较特殊，主要是因为当地家庭简陋且贫困的居住条件以及非常分散的居住特征。关于涉及不同能源的潜能、精确定位和合适的发展策略以及所要求的投资水平的各类文件都值得所有利益相关方积极遵循，同时它们也应该设计得使所有相关方都可以理解。那么现在就很清楚了，这三个东非的国家存在农村能源计划，但只是缺少合理的制度框架促进这些计划可以有效地实施。例如，在乌干达存在农村能源转换（EER）项目，其目标在于提高农村电力的可用性水平，坦桑尼亚和肯尼亚同样存在一些项目，为实现相关目标，但所有这些项目都没有精确指出一些包括非政府组织在内的个体部门内的相关资源和经验将应该如何加以利用或相互协调，以支持政府部门在技术转换、财政、津贴、投资先后性以及激励机制等领域的努力。同时，在国际层面上，目前还没有任何指导方针可以赢得捐赠者的支持，指导如何利用来自 GEE 等团体的资源，或利用由其他与环境相关的、为支持减少温室气体的排放量而起草的某些国际文件。因此，在国际方面有必要开展具体的项目，为相关工程争取可利用的资金。对于农村能源项目，能源的可支付性及可利用性是所有计划中绝不可省去的重要因素。为将来的能源发展夯实基础，当下所进行的能源方面的改革应该进行重新审视，因为曾经已经有一些改革对于消除贫困的计划会造成负面影响，而还有一些可能曾经与国家政府的能源发展目标出现了冲突，这其中的实例包括与日俱增的关税，以及为吸引对离网能源生产的投资而错失的许多机会。如果这些改革都不经审核的话，那么只能造成越来越多的人坚持使用生物质能源，尽管他们十分渴望使用清洁能源。这将会产生长期的问题，因为即使在坚持使用生物质能源的情况下，政府目前也还没有制定出任何有效的政策和预算干预可以实现生物质能源的可持续利用。国家能源政策应该集中在受益人的利益上，其中最重要的是能源的可支付性、供给的可保障性以及使用的安全性。但是在所有的考虑因素内，贫穷仍然是任何旨在为居民提供清洁能源的所有计划中的一个主要缺陷，所以有关贫穷和能源问题的解决是相互依存、密不可分的。对以上所有问题的细致考虑以及处理这些问题的制度框架的建立都应该能为能源政策的实施奠定牢固的基础。综上所述，我们同时有必要意识到每个东非政府已经付出的大量努力。以乌干达政府为例，它已经作出了大量努力来保证个体部门能被能源部门所吸引，这在农村电力化项目中尤其明显，在这些项目中可再生能源有望在可再生能源委员会的管理下扮演重要的角色。同时，政府还与个体部门合作来向社会提供某些财政措施和补贴，这样，贫穷的农村地区就可以通过简单的支付方式获得某些可再生能源的应用设备了，如太阳能电池板以及它们的附件。其他的东非国家同样应该调整它们的可再生能源政策和计划。

考虑到国家的能源问题，很显然它们更主要地集中在工业操作上，而非农村或一般家用设备上。除此之外，能源也没有纳入消除贫困战略的考虑范围之内。然而正是这种态度才造成能源地位的大程度下降，因此它才几乎得不到国家政府任何的预算支持，尽管真正的事实是能源为所有部门在发展过程中必不可少的驱动力量。以东非维多利亚湖区的情况为例，鱼是一种非常珍贵的产品，这不仅对居住在湖域附近的居民如此，对于国家政府下普遍的经济来说也如此。同时从全球角度看，活水鱼乃是一种十分受欢迎的美味佳肴，所以由维多利亚湖生产的鱼出口到了欧洲、中非，甚至远销日本。每年维多利亚湖的鱼类生产量可达大约500万吨，其本地值可达7500万美元，而出口值则至少是本地值的10倍。然而，尽管鱼类出口量如此乐观，当地的渔民还是因为各种各样的原因处于贫困状态。这其中有两个与能源相关的原因。第一，捕鱼通常是在夜晚驾驶着小船完成的，因此渔民就不得不使用煤油和柴油（或汽油）照明和带动小船的发动机。为了捕捉到受欢迎的维多利亚沙丁鱼，渔民不得不将这些鱼引到某一区域，然后投一次网捞出大量的鱼，因为这些鱼的尺寸实在太小，一个个捕捉它们实在太少——成熟的沙丁鱼长度还不到3厘米。将这些沙丁鱼吸引到某一特定区域只能在夜晚、使用放置在漂浮结构上的明亮的煤油灯来完成，而渔民则静静地坐在独木舟上，直到等到大量的沙丁鱼集中到煤油灯下，然后迅速用渔网围住它们，把它们捞进船里。这主要适宜于一种原理，渔民相信沙丁鱼会吃某些在夜间飞行但由于灯光的原因而掉进水里的昆虫。但是这种方法非常耗费劳动力，而且需要昂贵的投入，这主要体现在平稳的独木舟、舷外发动机、煤油和煤油灯以及渔网的投资上。单单在维多利亚湖的肯尼亚岸边就需要超过5万艘小船投入这种捕鱼方式上，而且据估计，他们每月总共要花费大约100万美元在这些渔船上，当然这就引发大约每年1200万美元的花销，而且除此之外必定还有其他花销没有包含在这一估算中。其中一部分捕获的鱼（大约30%）并没有直接用于出口，它们通过烟熏或在太阳下晒干来延长保质期，这样才可能经过长距离运输后以高价出售给当地市场。这同样需要额外的能源输入，其中对维多利亚湖区的肯尼亚国家来说，每月就可达到大约20吨木柴的消耗量。如果把所有的机会成本都考虑在内，那么捕鱼业的总成本可以高达当地市场总价值的50%。第二，渔民无法使用电力来储存捕获的鱼，因此不得不以买家所定的价格销售所有的鱼，以避免在炎热的赤道气候下鱼类大量腐烂而造成的完全损失。尽管鱼类出口可以为国家增加大量的外汇储备，但东非多国的政府并没有充分解决渔业内的能源问题，同时这严重加重了渔民们的贫困状况。当然，这只是由能源缺乏所直接导致的贫困与人民绝望状态的其中一个实例。

生物质能源无疑是东非能源的重要组成部分，而且大多数政策的目标也是为了保证木材可持续供给的同时避免环境恶化，而这不得不通过倡导在场内农业活动中种植速生树来实现。与此同时，他们还寄希望于各种非政府组织可以支持高效的炉灶和木炭生产方法的宣传活动。事实上，这类活动曾经在以肯尼亚为代表的一些国家中几乎取得了圆满的成功，在那里，兴旺的植树活动与新型炉灶生产活动同时如火如荼地开展着。然而，随着人口的增长、家庭用地面积的降低、变幻莫测的气候类型以及与日俱增的贫困范围，生物质能源的再生开始急剧下降，同时，环境恶化状态也在农村地区迅速增长，并给食品安全带来了消极的影响。这一系列事件的严重程度在整个东非地区也因国家的不同而不同。以肯尼亚为例，这里曾经经历了一段与乌干达和坦桑尼亚完全相反的有趣的发展过程。尽管它的工业发展状况似乎比乌干达和坦桑尼亚乐观得多，但该国居民的普遍贫困水平却在持续上升，目前在肯尼亚，生活在贫困线以下的居民大约占全国总人口的56%，而在乌干达和坦桑尼亚，其贫困人数也大约占总人数的40%，同时他们的人均能源消耗水平也比肯尼亚的低，这一情形似乎否定了有关能源消耗水平可以作为衡量发展水平的指标这一说法。越是发达的国家，其贫困水平应该越低。尽管这意味着乌干达和坦桑尼亚会发现自己更容易从传统的基本生物质能源使用过渡到更清洁的商业能源，如电力和液化石油气，如果支付水平是唯一的考虑因素的话，但是正如之前章节所述，实际中必然会有一系列因素集中决定了人们的能源选择。由此能源政策必须整合各种方面的因素以及社会经济发展的水平，同时对每种能源进行有针对性的处理。

东非地区并不盛产石油，然而它完全依赖于进口石油，所以有关石油采购、分配以及相关产品定价自由化的政策也无法确保其持续稳定的供给，任何石油生产国家的不稳定因素或由于各种全球经济因素而导致的国际石油市场的波动，都可能严重影响当地石油的供给以及价格水平，此类影响在过去已经反复出现过了。不仅如此，有关石油燃料的分配偏向于城市地区的状况同样可以理解，在那里设立了很多方便消费者使用的石油供给点；但在农村地区，居民对石油的可用性却无法得到保障，因为在这里销售石油的商家一度少之又少，而且在政府政策的影响下，这些交易也并不容易实现。然而，政府却可以通过长期的规划，开始向交通部门——这个对进口石油消耗量最高的部门——进行投资，支持有关非机动车和太阳能汽车开发的研究。关于太阳能汽车工程的发展已经出现在某些工业大国了，如日本、美国和几个欧洲国家。2005年9月，在澳大利亚举行的第八届世界太阳能挑战赛上已经出现了22台太阳能汽车，这22台太阳能汽车以大约90公里/小时的平均速度，由达尔文港市纵穿澳大利亚大陆到达了阿德莱德港市，历经3000公里。此赛事不仅是针对汽车生产商的一项挑战赛，同时使地处赤道附近、享受大量太阳光的发展中国家备受鼓舞。东非恰好地处赤道附近，而且一定能从此类发展中获益，所以应该从一开始就积极参加此类项目的发展。

另外，电能主要是通过由国家政府控制、大型的集中式设备产生的。在过去，电力的产生、传送和分配是不可能为电网扩展提供所需条件的，有关以上方面的多项政策似乎被故意制定成打击电力网扩张的需求的。这种观点同样通过有关有限的发电能力的增长不得不导致有限的需求增长的事实得到了证实。这可能也是为何许多电力公司在挣扎着维持本公司利润的同时，还掌管所有与电力相关的事件，包括农村电力化项目在内的原因，正是这些责任才可以保证公共事业公司在抑制需求的同时也可以将电网的扩展维持在现存的发电水平的范围内。由此，如若期望它们可以在农村电力化项目中起带头作用，同时实现任何目标，而不对现存发电能力进行扩展，是极其不现实的。所以，正如本书其他地方所述，尽管国家政府给予了大量的财政支持，但它们几乎没有做出任何贡献。电力定价本身对许多消费者来说就是一个抑制因素，因为他们能够清楚地意识到自己所支付的高于所消耗功率的额外费用。以肯尼亚为例，消费者的电力账单中只有约30%的财力会用于支付所消耗的功率，而其他费用则主要由一般税费和课税组成，但这些课税也几乎不会用于子部门的再投资来提高供给。对于小型消费者，此现象尤为典型，他们每月平均的电力账单约为6美元以下，如表8.1所示，此电力账单中有52%用于支付消耗功率，而其余48%则由一般税费和课税组成。

有关支付所消耗功率的费用比例会随着消费的下降而下降，而且甚至可低至30%。作为例证，我们可以这样思考，如果以上例子中消费量跌至50单位，那么此时需支付的账单合计将降低为大约3.50美元，而此时消耗功率的总费用将仅占向电力公司支付的所有费用的30%；但如果使用70千瓦时的电量，那么支付所消耗功率的实际费用将跌至所有费用的48%；同时更高的电力消耗量对应的

表 8.1　典型的肯尼亚低收入家庭的月家庭用电账单（2000 年）

项　目	肯尼亚先令
每月固定支出	75.00
消费（80 千瓦时）	277.00
燃料成本调整（164 分/单位）	131.20
机器调整（41 分/单位）	32.80
电力监管委员会（ERR）征税（3 分/千瓦时）	2.40
农村电力化项目（REP）征税（5%）	13.85
增值税（18%）（以 200 单位起征）	—
应付账单合计	532.25

费用也会占据账单总费用的更高水平，甚至可高达 70%。从账单的组成项目来看，对于一个贫困家庭，他们虽然消耗较低的电力，但却要支付相对消耗更多电量的富裕家庭更高比例的税费。此类差异只适用于在同等关税管理水平下消耗不同电力的情况，因为每月的固定支出主要取决于关税的大小，而它则由所估计的消费水平而定。通常情况下，每月的固定支出分布在从对小收入家庭消费者的 1 美元到对商业和工业消费者的 100 美元不等。显然，尽管这些税费过高，但只要它们能用于提高电力供给至所需水平，人们也是不会介意的，这样有关政府向进口燃料征收税费的行为也就可以理解了，因为其目的在于发展本国能源。坦桑尼亚——这个似乎对自己本国贫困人口更有同情心的国家，于 1995 年引入了预付电费表（LUKE）的措施，帮助人们决定他们大约要在电力上花费多少费用，这样就帮助了人们自主决定能源消耗量，同时保证他们可以调整相应的能源混合形式，以确保家庭能源消费达到可支付水平，而结果则可以导致许多消费者直接从不合理利用电力所带来的不良后果中立即意识到能源转换的重要性，于是便开始使用更加高效的照明设备（节能灯）了。此类积极的政策不仅可以带动消费者使用电力，同时还可以唤醒他们保护能源的意识，因为就连贫困的农村社区居民也有使用电力的愿望，前提是他们有能力支付电力消费。考虑到以上两种不同的电力收费的方法，我们可以明显地看出肯尼亚的收费方法比较落后，而且会对农村电力化带来消极的影响。然而如果这类政策真的有其有利的一面的话，希望政府可以向它们的民众说明这些，以防他们感觉自己正在被政策所歧视和剥削。

为了发现一种对农村社区来说优良的能源混合方法，可能更合理的方法是首先观察能源的终端使用，然后努力发现一种可以供给此类能源的合理途径，同时思考如何制定完善的政策推动该途径的推行。例如，除了考虑与生物质能源相关的问题外，人们最好同时考虑使用"热"作为能量进行烹饪，同时制定政策可以检查各种产生热量的途径。类似地，相关方法也可以用在"交通运输"、"照明"以及"机器运行"。尽管这对于能源问题来说并不是一种熟悉的途径，但是在这种贫困和居住条件可能限制居民能源选择的复杂环境中，它却是一种必要途径。由此东非地区的领导人们必须首先意识到能源在任何国家的发展进程中的重要性，同时估测在提倡当地可用能源，尤其是可再生能源的使用时，所遇到的困难大小，以及在试图克服这些困难时所需的努力。因此，政府所面临的挑战主要集中在财政资源和人力资源的调动以及为个体部门投资科技创新的激励机制的建立上，因为只有通过这些创新才可能促进能源供给和机制的多样化，并以此拓宽市场。实现以上所有目标的潜力和可能性是存在的，但责任主要集中在国家政府上，它们需要建立一种有利的环境，促进积极的、可协调发展的可再生能源的投资。鉴于此，我们试图将一些相关建议呈现出来。

8.1 指导方针

为了有效解决发展中国家的能源问题，首先最重要的是要意识到商业能源使用与家庭能源需求之间存在的巨大差异，因为这也是不同的资源需要用于满足不同的需求的原因。有关家庭能源对生物质能源的严重依赖性是一根软肋，因为此形式的能源无法用于提高居民的收入水平，由此也就很难提高生活水平了。其他现代能源形式，如核能、地热能、大型水能以及以化石为基础的燃料等，不仅对农村贫困人口以及整个发展中国家的居民来说昂贵，同样不适合于大部分人口的生活条件。很多年以来，太阳能和生物质能一直为大部分发展中国家的农村居民提供着舒适的生活环境，同时为动物及一些靠石油运作的机器提供了机械动力。煤油为烹饪和照明提供了能源，但受到分配问题和高操作成本的限制。尽管在不久的将来，当下的情况不大可能发生巨大的变化，但我们十分有必要发现可替代逐日剧减的木柴供给的能源形式，以巩固能源基础。然而，在制定其他可再生能源的项目中，我们必须足够的现实。考虑到本国能源生产的能力大小与独特的特征、农村人口的分布与终端使用要求,这里所列出的指导方针主要集中于家庭使用所需的各类能源形式及其混合,这样有助于促进最终现代清洁能源的使用。因此关于本节所提出的建议主要基于农村能源问题的基本原理,而这些基本能源问题又主要集中于照明和高温热能的利用。

无论是在农村还是城市,热能是所有家庭共同需要的最基本的能源形式,它主要用于烹饪,但同样服务于其他不太基础的能源要求,如空间加热。基本上所有的能源都能提供热量,但其中很多能源如果不使用复杂的转换设备进行转换的话,则不可能达到烹饪所需的高温水平,例如太阳热能,如果仅使用简单的技术进行管理的话,是无法达到烹饪所需的高温的,而且也无法实现持续供热,此类能源因此而变得既不充裕又不可靠,而且无法达到预期目的,所以几乎没有人会想要依赖于此类能源。另外,来自发电设备的高压发电可以为家用设备提供充足的热能,但通过此类方法提供的热能实在过于昂贵,而且使用此类热能的家用电器也价格不菲。其他能源以及它们的转换技术可以提供热能,但首先仍要将它们用于发电,所以会继续面临以上的使用局限。风力机对于大多数人来说同样昂贵得无力承担,而且使用它的时候同样需要附带能源存储设备,因为风能同太阳能一样,都只是间歇发生的。类似地,其他热能,如煤油和木炭,如果单单将它们用于产热的话也实在过于昂贵,而且它们并不是在全球均匀分布的,所以来自发展中国家的贫困居民,他们每月的平均收入还不足 50 美元,是无力支付此类能源供热的。通过直接燃烧生物质燃料则可以获得充足的热量实现烹饪和普通的取暖目的,而且这只需要使用最简单、最原始的设备。由此可见,只要东非的经济发展不稳定,无法将国家的贫困率降低至总人口的一小部分,那么大量的生物质能源将继续作为大部分家庭的主要供热能源来被消耗掉。消除贫困的过程将会非常缓慢,所以目前更多的精力应该放在将生物质能源作为热能源的问题上。为了深化这一论证,让我们假设政府希望以木炭的价格帮助大部分人使用高压电力,然而,在当下拥挤的城市贫民窟和农村贫困的居住条件下,尤其是在那些用茅草覆盖的泥土房子里,高压电力也可能给人们带来极大的危险。这也是为何消除贫困至一定水平如此的重要的一个原因,这样人们就有能力购置适合于现代清洁能源使用的房屋了。综上所述,为了保护农田,防止土地进一步恶化,必须全面解决贫困问题。

在东非,只有乌干达政府建立了完善的《扶贫行动计划》(PEAP),这同时为电力在提高农村贫困人口的福利及生活水平的进程中扮演重要的角色提供了一个良好的佐证。对于将会在电力生产中受益的人们来说，他们必须有能力支付其成本，同时拥有合适的安装环境。由此，无论是扶贫行动还是供电行动都必须同时进行，因为电力的出现有助于人们降低贫苦水平，而贫困的状态则相反会减弱人们从电力中获益的能力。正是在这种背景下，乌干达的《扶贫行动计划》承诺在2017年将保证将国家的贫困率由大约36%降低到10%以下，同时政府将会提供有利的环境和激励机制，促进个体部门投资电力生产，尤其是对农村电力化的投资。一些特殊的项目，如农村能源转换项目（ERR）已经开始展开了，以有效配合《农村电力化战略》的实施工作。在这一进程中需要强调的领域包括能源部门改革，以及支持电力生产和农村电力化发展的国家政策。只有通过有效实施这些规划，才可能帮助贫困人口提高收入水平和生活质量。乌干达目前已经意识到了分散式发电设备在整个进程所做出的贡献以及它的合理性，并为此制定了详细的实施方案，但其他两个东非国家，尽管在能源发展和扶贫方面制定了相似的政策，却仍没有开展详细的项目方案来实现这些目标，由此产生的结果是许多独立的电力生产商只对乌干达产生了较高的投资兴趣，而非肯尼亚或坦桑尼亚（同时注意乌干达的面积与人口数均不及肯尼亚和坦桑尼亚）。乌干达的此种做法是值得赞赏的。然而同时，密集的生物质能源再生活动也应该得到支持，这样才能最大程度地减少人们对土地的破坏。由此，当下相关的措施必须落实到位以确保生物质能源的生产目标得以实现，因为人们还将继续使用生物质能源来烹饪，而食物烹饪对人类来说太重要了，以至于他们愿意倾其所能来为此获得能源。由此，任何可以在可支付价格水平上保证能源持续供给的混合能源，以及适合于农村环境使用的相关技术，都会得到更多的偏爱。现在让我们来看一下当下由不同阶层的人所使用的能源类型。富裕的家庭（大约占总人口的5%）通常将电力和液化石油气适当地联合起来使用，而中低收入家庭则分别会选择液化石油气、煤油和木炭以及煤油、木炭和木柴来混合使用。在东非则大约有80%的人口会选择最后一种混合能源，而这才是我们需要集中精力关注的。只要人们还需要继续生产木柴生物质能源，那么就有必要通过进一步过渡到更清洁的混合能源来降低对它的消耗了，这可以通过经济授权以及在质量、可用性和使用效率方面扩大能源的选择来实现。关于这一方面可以利用的具体方法，首先是逐渐促进居民从原始的生物质能源使用过渡到经过加工的生物质能源使用，如对木炭的使用，可以从一系列例如咖啡豆荚、米糠、锯末、玉米芯和由其他生物质废弃物制成的坯块中获得。如果这些废弃物以原始的形态进行利用的话，那它们很多不适合为烹饪提供热能。然而如果将它们转换成经过加工的生物质能源，那么还需要一套完善的商业燃料生产系统，同时杜绝随意、低效的手工系统的出现。如果有关能源发展方面的专门制度可以建立起来的话，那么它应该主要集中在热能的转换和应用技术上，同时必须考虑到能在保证供给的前提下提供更高效的生物质材料。只有在以上制度建立后，并且可以成为公共能源领域重要的一部分之后，有关能源需求和供给管理的计划才可能得到改善。与此同时，如上所建议的，利用不同生物质废弃物所进行的木炭生产都应该发展到一种商业或工业生产的层面，这样使用设计精美的烧窑进行高效生产的目标才可能实现，同时这样也一定会生产出高质量的生物质燃料。但是在当下个体以手工生产为基础的体系中，提高由木材到木炭的转换效率也并非一件易事。目前，大部分的木炭生产是在居民发现足够的木材可以生产所需数量的木炭时，就挖一个浅的穴窑，然后开始进行生产。在这种背景下，培训居民建立并使用高效的烧窑可能不会取得任何效果，因为这类烧窑即使生产出来用处也不会太大，潜在的煤炭生产商很可能认为他们所付出的不值得，因此便放弃了对这些烧窑的投资。在另一方面，巨大的成就可以通过联合生产来实现，这其中可能会包括合作社或已经制订了相对长期的木炭生产计划的大公司之间的合作，其中东非制造与提取公司（EATEN）以及坦桑尼亚编制公司（TANWAT）则是成功利用改良的高效烧窑的典型范例，它们所制造的烧窑效率可以比传统烧窑的效率高出 30%。然而此类项目都需要得到比他们目前得到的更多的支持。培训个体木炭生产商使用高效的烧窑可能不会出现预期的效果，因为这类人经常职业不固定，会从一种行业转向另一种行业。

另一个需要我们给予关注的领域则是对炭炉和木柴炉灶效率的提高。先前的一些努力，尤其是在肯尼亚，已经生产出了高效的炉灶，如肯尼亚陶瓷吉高、库尼木材炉、Maendeleo 以及一系列改良的大型机构式炉灶。这些炉灶之所以能出现并取得成功，主要应归功于个体部门可以为整个过程的发展与宣传投入大量资源，而国家政府应该站出来积极鼓励这些炉灶的宣传，同时也必须保证高质量的炉灶可以进行生产并投入市场。在一些农民不放养牲畜或饲养家禽的地域则应该提倡家用沼气的生产。如果可能，国家兽医部门应该设立一定的激励机制，鼓励农民加强对沼气池的投资。沼气技术及其应用无法指望自然产生及生长，因为其中需要的成本投资实在过高,由此在考虑到为农村地区扩大混合热能的选择范围时,必须配合某些激励机制作出慎重的努力。除了以生物质为基础的燃料可以用作热能外,另一种居于能源梯底层的混合热能则是煤油,它在热量供给上的应用显然不如它在照明上的应用,但已经有越来越多的农村家庭开始利用煤油准备仅需要简单加热就可以完成的快餐了。学校老师、政府推广官员以及农村的商业区尤其对煤油的使用感兴趣,特别是在早上当他们不得不迅速离开家去工作的时候。当地也应该开展研究来发展一类更安全、高效且大多数居民可支付的煤油炉,对于木炭和煤油使用设备的提高以及有效的宣传战略,同样都会鼓励一种新型混合能源的出现,它可能集煤油、木炭以及液化石油气为一体。

下一个需要考虑的能源使用方面的问题则是照明,它主要由煤油提供。当然也存在其他的能源形式可以用于照明,这其中包括生物质燃料、干电池、铅蓄电池以及液化石油气,但如果与煤油相比,它们的使用量实在太小了。当然干电池仅用于短暂的手电筒照明;而利用木柴进行烹饪时也会为火周围提供少量的光照,但通常这不会特地用于照明的。表 8.2 分析了当不同能源每天至多使用 4 个小时时所产生的照明成本。为了计算方便,电网的使用寿命规定为 50 年,而它的初期投资大约为 600 美元(即联网费用),这不包括房屋内部接线及精密的交换系统的费用,但实际中供电公司却是会收取这部分费用的。显然,出现在此分析中的所有燃料,包括使用广泛的煤油在内,都会比电网和太阳能光伏系统发电的费用昂贵。然而贫困的居民之所以仍然选择这些昂贵的燃料,如煤油和干电池,仅仅是因为这些设备的初期投资很低,而且可以仅使用较少的数量。表 8.2 中的报价主要是在家庭使用节能灯,且全部的使用功率只有大约 90 瓦的基础上计算的。

表 8.2　不同能源进行照明的日成本

单位:美元

时　长	煤　油	液化石油气	干电池	铅蓄电池	太阳能光伏系统	电网发电
1	0.06	0.15	0.80	0.06	—	0.04
2	0.12	0.30	1.40	0.12	—	0.05
3	0.18	0.45	2.01	0.18	—	0.06
对设备的一次性投资	6.50	21.00	1.14	71.4	300	600
设备的平均寿命(年)	10	5	2	4	20	50
寿命期内设备的日成本	0.18	0.46	2.10	0.23	0.07	0.10

关于太阳能照明系统及电网的成本几乎是相当的，且两者均需要大量的初期投资。对太阳能光伏系统日成本的计算包括它在寿命范围内需要至少三次更换电池的费用，同时假设关于家用电器以及电网的关税在规定时间内保持不变。在以上假设条件下，我们可以发现太阳能照明相对于电网照明会在农村家庭使用的背景下具有更大的优势，因为它属于低压供电，这样尤其是在贫困以及临时的农村住房环境下，比电网进行的高压供电更安全。由此，在农村地区用于照明的最佳混合能源应该是煤油和太阳能光伏系统。所以，考虑到煤油灯已经在农村地区使用广泛的事实，将提高农村照明的注意力主要放在太阳能光伏系统上则变得非常重要。然而，同样也有必要提高煤油灯的效率问题，或研发更廉价的煤油灯使用方式问题。目前正在开发的防风灯，可以使用比传统玻璃护屏更廉价的挡风玻璃，因此应该得到支持；同时也应该鼓励不同类型及尺寸的防风灯的生产。在太阳能照明系统上，也存在一系列低成本的创新设计可以专门解决农村照明问题，其中最适合农村家庭使用的类型应该是一种可以将充电电池和照明点连接在同一单元的类型，而当投入使用时，它又可以轻便地从一个房间移到另一个房间——如同目前在农村家庭使用的煤油灯一般，白天则将此设备放在方便、安全的地方进行充电。此类低成本的太阳能灯应该立即投入当地市场，而且如果有可能，应该方便顾客通过简单的支付方式购买。同时，同等重要的一件事则是让目标消费群了解此类电池的局限性，尤其是在扩大每日使用时间和缩小每日充电时间上所存在的局限。这样做很有必要，如此一来，使用者对太阳能灯的信心就不会在无控制的使用后，发现其所出现的后果而遭到打击了。此类太阳能灯还可以用于维多利亚湖沙丁鱼的垂钓上，因为这些鱼通常是在夜晚通过使用煤油灯来进行捕捞的，这种方法必定会消除渔民在煤油上的大量消费，同时增加他们的收益。但同时在某些情况下需要鼓励煤油作为一种热能源的使用，在这些情况下木柴燃料的使用压力将会减少，进而产生一种包括煤油、生物质能和太阳能在内的平衡的农村能源混合状态。一项合理的农村能源政策应该试图通过提高煤油和太阳能灯以及相关的高效且可支付的家用电器的供给保障，来建立此类能源的混合方式。关于太阳能灯的大型使用将有助于逐渐灌输给人们有关能源转换的文化，并由此帮助他们为适应清洁且万能的现代能源——电网做好准备。这种方法同样刺激居民对电网的需求，因为它可以帮助刺激乡村工业的发展，同时促进农村经济的增长。然而，对于更多的乡村工业来说，包括小型水能系统、太阳能光伏系统、风能系统以及热电联产系统在内的分散式能源供给设备，同样应该被提倡用作农村电力化项目中的中心环节。在有条件的国家，如坦桑尼亚，天然气和有限的煤矿资源应该用于建立独立的发电设备，专门为农村供电。一些不同的能源部门在建立咨询和制定政策时所使用的资源本应该也用于支持国家能源发展机构的建立的，以此才可能有效解决能源供给问题，在该地区建立一个地区或国家能源发展协会就是一项迟迟未兑现的承诺。

在促进这些发展的同时，掌管农业、自然资源以及林业的政府部门也应该与个体部门齐心协力，系统地开展木材生物质能源的再生工作，并将其作为农业生产中一项密不可分的组成部分，同时也作为一项尤其在国有土地上发生的、特殊的商业生物质能源的生产。这有助于鼓励商业木炭生产系统的出现，而它同时也会从改良的烧窑工程中受益。发展生物质燃料的气体及液体形式同样也应该得到充足的支持，因为这样可以用来与进口液体和气体燃料混合使用，减少国家对进口此类燃料的开销。从此方面看，我们同样应该将注意力放在生物柴油和酒精能源的开发上。目前已经存在很多技术上可行的生物质能源转换方法可以通过调整和发展用于东非地区，以上所提及的特殊的能源机构同样有责任研究和开发此类能源，但同时关于汽油和国家电网管理的主要利益相关方则需要回顾定价机制以及有关向消费者提供合理能源包的相关介绍。

如前所述，一项优良的能源政策如果不投入使用，那么相当于毫无价值，所以也有必要为具体的政策实施制定合理的制度框架。由此，除了现存的高等教育机构外，政府还应该建立相关部门专门负责能源研究和开发工作，在不以忽略其他能源形式为代价的前提下，为如何解决家庭及工业能源需求问题提供指导方针。这在农村电力化项目中尤为重要，而它也是在过去最先在能源部门有限的时候一再遭受终止的领域。此类项目应该由一个独立的机构专门负责，而且这一机构应该与工业能源管理毫无瓜葛。与此同时，为了支持能源的研究和开发活动，还应该建立一种机构不仅可以协调各种活动，同时可以为相关活动筹集资金。能源研究理事会的建立就可以充当这一角色。在任何可能的情况下，从商业燃料使用中征收的税款就应该用于支持当地能源的研究和开发工作。此类机构的总体目标在于开展新能源的研究、开发和测试工作，证实能源设备的功效，然后在合适的选址上运行设备。当以上所有工作步入正轨后，该部门的注意力就应该转向以石油为基础的燃料上了。意识到东非的石油供给量及价格与国际的供求因素密切相关的事实后，那么就应该采取措施保证在任何时间段内，该地区的能源供给量可以持续数月，而不仅仅是当前的一两个月。这就意味着当下不仅需要改进提纯设备，也需要提高存储能力，并将其应用于该地区，保证供给安全以及分配方便。扩展管道网将有利于实现此目标，同时有利于降低道路网络的磨损。所有这些措施都需要谨慎利用国家资源，因为石油的进口需要大量的资本投入，而这并非随时就拥有的，因此为了防止由于当地能源限制或关于某种资源的潜在动荡而导致意外破坏的情况出现，提高能源的存储能力则变得十分有必要。

现在重新回到政策问题上，我们十分有必要意识到，尽管石油勘探工作在东非已经进行了几十年，但目前仍然没有发现任何石油储备可以在当下的经济条件下进行开采。同时，到现在为止，尽管已经有大量的精力与资源用于此项活动，却几乎没有任何财力与物力用于发展目前已经可用的能源的潜力，这些能源包括太阳能、风能、小型水能以及生物质能。该地区甚至在明知东非没有任何石油资源储备的情况下还建立了东非石油研究所。另外，东非确实存在大量可再生能源，如太阳能、风能、小型水能和生物质能，因此我们十分有兴趣知道为何这里没有建立东非可再生能源研究所。国家政府十分有必要从实现能源长远的进步出发，根据能源的优先顺序来发展各种能源，同时当地可利用能源的高效利用也决不能作为所有活动的中心。

可再生能源在东非具有极大的潜能，所以应该在该地区的能源项目中占据重要的位置。来自小型集中式设备的生物质能、太阳能、水能和风能都有能力满足无论传统部门还是现代部门的一系列能源需求。从这一方面讲，以下提议，尽管不够详尽，但十分值得每个国家深思。除此之外，独特的文化和社会经济因素以及不同国家可再生能源的储量都应该予以考虑：

● 该地区不同国家政府应该为本国制定一项涉及能源生产、供给、利用和转换的综合的国家能源政策，并投入实施。

● 每个国家应该在当地有关可再生能源技术的能力建设上，发展不同的项目。

● 政府必须对所有能源的小规模、分散式发电设备的发展，尤其在农村电力化项目中的发展，给予特殊的关注。

● 相关研究与开发应该集中在管理可再生能源的设备的生产上，而非进口设备的扩建工作上。

● 相关部门应该继续加强对生物质材料作为能源的生产工作。

● 政府应该引进从农作物中提取燃油的研究项目，以直接代替化石燃料。

这些提议如果能被采纳，必定有助于加快该地区可再生能源技术的开发工作。每个国家都应该首先建立一种有利环境，合理定义可再生能源的角色，对不同的能源技术进行排序，同时相应分配充足的资源。除此之外，制定具体的政策和预算委托，促进不同项目间必要的合作以及成本效益良好的实施工作。同时这也应该包括扩展系统与宣传系统的建立，这样才有能力同时接触城市人口和农村人口，尤其是那些需要技术、社会援助以及信贷机制的贫困人口。

尽管一些国家已经开始面临严重的、根深蒂固的能源问题，并且所面临的这些问题似乎只能通过发展可再生能源来缓解，但是在东非地区投入的许多研究仍然十分不情愿推荐在该地区发展一定的可再生能源。

8.2　结语

有关上述政策的观点饶有不同，但为了成功发展适合于普通农村贫困地区的能源供给战略，以上观点都必须加以严肃对待，当然，这其中也存在一些观点讨论到对家庭与工业能源给予的支持或津贴的平衡问题。本章所列出的提议也只是有望在某一地区取得良好的效果的提议中的某一种，但为了满足其他地区的需求，这些建议必然需要进行适当的调整。[1]

---

[1] 以上提议和指导方针可详见书后参考文献 [9, 10, 12, 17, 18, 23, 28, 29, 32, 37, 41, 46, 49, 51, 52, 60, 61, 64]。

附　录

能量单位及转换因数

1 卡路里（cal.）= 4.19 焦耳

1 英国热量单位（Btu）= 1060 焦耳

1 电子伏（eV）= 1.602×10^{-19} 焦耳

能量等式：

1 油当量（TOE）相当于：

42.2 千兆焦耳

0.93 吨汽油

0.99 吨柴油

0.96 吨煤油

1.04 吨燃油

0.93 吨液化石油气

1.61 吨煤炭

1.35 吨木炭

1.63 吨木柴

6.25 吨甘蔗渣

一桶石油是 0.159 立方米，重约 136.4 千克（石油的密度为 857.9 千克/立方米）

能量单位：

1 焦耳/秒 = 1 瓦特（W）

1 马力（hp）= 764 瓦特

1 英国热量单位/秒 = 1060 瓦特

电力消耗单位是千瓦时（kWh）。一千瓦时是以千瓦为单位，一小时内消耗的总电量。举例说，如果一个功率为 50 瓦的电灯泡持续使用 20 小时，那么总共消耗的电量为 1000 瓦时，相当于 1 千瓦时。以此类推，使用功率为 1000 瓦的电熨斗 1 小时，将消耗 1 千瓦时的电力。

参考文献

1. Anderson D. (1986) Declining Tree Stocks in African Countries. World Development, Vol.14, No.7.

2. Anselm A. (1981) Introduction to Semiconductor Theory. Mir Publishers, Moscow, Russia.

3. Arunga R. O., Nzomo M. D. (1988) Commerce and Industry. In Kenya: An Official Handbook. Government Printers, Nairobi, Kenya.

4. Aseto O., Ong'ang'a O. (2003) Lake Victoria (Kenya) and Its Environs: Resource, Opportunites and Challenges. Africa Herald Publishing House, Kendu Bay, Kenya.

5. Aseto O., Ong'ang'a O., Awange J. L. (2003) Poverty. A challenge for the Lake Victoria Basin. OSIENALA Series 5, Printed by Africa Herald Publishing House, Kendu Bay, Kenya.

6. Ashworth J. H., Neuendorffer J. W. (1980) Matching Renewable Energy Systems to Village Level Energy Needs. SERI/TR 744-514, Solar Energy Research Institute, Colorado.

7. Awange J. L., Ong'ang'a O. (2006) Lake Victoria: Ecology, Resources and Environment. Springer, Berlin Heidelberg.

8. Bahati G. (2003) Geothermal Energy in Uganda: Country Update. International Geothermal Conference, Reykjavik.

9. Bhagavan M. R., Karekezi S. (1992) Energy for Rural Development. Zed Books Ltd., London, U.K.

10. Bosley K. (1980) Large and Small Electric Wind Turbines for Isolated Application. In Twidell J. (Ed.), Energy for Rural and Island Communities. Pergam Press, Oxford, U.K.

11. Central Bureau of Statistics (2001) Economic Survey. Republic of Kenya.

12. Curran S. C., Curran J. S. (1979) Energy and Human Needs. Scottish Academic Press, Edinburgh, U.K.

13. De Renzo D. J. (1979) Wind Power: Recent Developments. Noyes Data Corporation.

14. East African Community (EAC) (1997) East African Cooperation Development Strategy, 1997-2000. Arusha Secretariate for the Permanent Tripartite Commission for the East African Cooperation.

15. East African Community (EAC) (2004) Protocol for Sustainable Development of Lake Victoria Basin. Published by the East African Community Secretariat.

16. Economic Survey (2003) Economic Survey, 2003. Republic of Kenya, Central Bureau of Statistics, Ministry of Regional Planning and National Development, Nairobi, KENYA.

17. Flauret P. (1978) Fuelwood Use in a Peasant Community: Tanzania Case Study. Journal of Development Areas.

18. Goreau T. J., De Mello W. Z. (1988) Tropical Deforestation: Some Effects on Atmospheric Chemistry. Ambio 17: 4, pp.275-181.

19. Hall D. O. (1989) Carbon Flows in the Biosphere: Present and Future. Journal of Geological Society,Vol. 146, pp. 175-181, London, U. K.

20. Hankins M. (1989) Renewable Energy in Kenya. Motif Creative Arts Ltd., Nairobi Kenya.

21. Hickman G. M., Dickins W. H. G., Woods E. (1973) The Lands and Poeple of East Africa: Longman, Essex, U. K.

22. Karekezi S., Ranja T. (1997) Renewable Energy Technology in Africa. Zed Books Ltd, London, U.K.

23. Karekezi S., Kimani J. (2004) Have Power Sector Reforms Increased Access to Electricity Among the Poor in East Africa? The Journal of International Energy Initiatives, "Energy for Sustainable Development" Vol. VIII, No. 4.

24. Kimani M. J., Naumann E., (1993) Recent Experiences in Research, Development and Dissemination of Renewable Energy Technologies in Sub-Saharan Africa. KENGO International Outreach Department, Nairobi, Kenya.

25. Kittel C. (1996) Introduction to Solid Physics. John Wiley and Sons, New York, USA.

26. Leaver K. D., Chapman B. N. (1971) Thin Film. The Wykeham Science Series, London, U. K.

27. Levy R. A. (1972) Principles of Solid State Physics. Academic Press, New York, USA.

28. Manibog F. R. (1984) Improved Cooking Stoves in Development Countries: Problems and Opportunities. Annual Review of Energy, No. 9.

29. Mapako M., Mbewe A., (2004) Renewable and Energy for Rural Development in Sub-Saharan Africa. Zed Books Ltd., London, U.K.

30. Monteith J. L., Unsworth M.N. (1990) Principles of Environmental Physics, Edward Arnold, London, U.K.

31. McNitt J. R., (1982) The Geothermal Potential in East Africa. Proceeding of the Regional Seminar on Geothermal Energy in Eastern and Southern Africa, Nairobi, Kenya.

32. O'keefe P., Raskin F., (1985) Fuelwood in Kenya. Ambio 14: 4-5, pp 221-224.

33. Okken P. A., Swart R. J., Swerver S. (1989) Climate and Energy. Kluwer Academic Publishers, Dordreeht, The Netherlands.

34. Oludhe C. Ph.D Thesis. Department of Meteorology, University of Nairobi.

35. Ong'ang'a O. (2002) Poverty and Wealth of fisherfolks in the Lake Victoria Basin of Kenya. Africa Herald Publishing House, Kendu Bay, Kenya.

36. Ong'ang'a O., Othieno H., Munyirwa K. (2001) Lake Victoria 2000 and Beyond. Challenges and Opportunities OSIENALA, Kisumu.

37. Onyebuehi E. I. (1989) Alternative Energy Strategies for Developing World's Domestic Use: A Ease Study of Nigerian Household's Fuel Use Patterns and Preferences. Energy Journal, Vol. 10, No. 3, pp.121-138.

38. Othieno H. (1985) Optimization of Solar Heating Collectors Used for drop Drying. In Renewable Energy Development in Africa, Vol.2, pp.17-31 Commonwealth Science Council, London, U.K.

39. Othieno H. (1988) Problems and Prospects of Technology Transfer. In Othieno H (Ed) Applications of Appropriate Technologies, pp. 20-23.

40. Othieno H., Franz E. (1989) Report on the NGO Conference and Workshop on Prevention of Climate Change. Stichting Natuur en Milieu. Rotterdam, The Netherlands.

41. Othieno H., Kapiyo R. J. A. (1989) Processes of Technology Transfer: Some Critical Issues in Developing Countries. International Journal of Energy Exploration, 7, 2: 93-102.

42. Othieno H. (1990) Emerging Global Environmental Concerns. Proceedings of Environment 2000 Conference. UNEP, Nairobi, Kenya.

43. Othieno H. (1991) Alternative Energy Resources: the Kenya Perspective. Energy and the Environment pp.413-415 ASHRAE, Atlanta, USA.

44. Othieno H. (1992) Alternative Energy Resources. Journal of Energy Sources Vol. 14: 4, pp.405-410.

45. Othieno H. (1993) Research and Development in Renewable Energy Technology in Sub-Saharan Africa. Renewable Energy Technologies in Sub-Saharan Africa. KENGO, Nairobi, Kenya.

46. Othieno H. (2000) Photovoltaic Technology: Most Appropriate Electricity Source for Rural Tropical Africa. In Sayigh A.A.M (Ed) World Renewable Energy Congress VI (WREC 2000). Elsevier Science Ltd., U. K.

47. Othieno H. (2003). Principles of Applied Physics: Matter, Energy and Environment, One Touch Computers, Kisumu Kenya.

48. Priest J. (1984) Energy: Principles, Problems, Alternatives. Addison-Wesley, London, U. K.

49. Schipper L., Meyers (1992) Energy and Human Activity. Cambridge University Press, London, U. K.

50. Sexon B., Slack G., Musgrove P., Lipman N., Dunn P. (1980), Aspects of Wind Energy Conversion System. In Twidell J (Ed.) "Energy for Rural and Island Communities". Pergam Press, Oxford, U. K.

51. Slesser M. (1980) Energy for Remote Communities: the Strategy. In Twidell J (Ed.) "Energy for Rural and Island Communities". Pergam Press, Oxford, U. K.

52. Smale T. H. (1980) Cogeneration of Heat and Power: a market opportunity. In Twidell J. (Ed)."Energy for Rural and Island Communities". Pergam Press, Oxford, U. K.

53. Sparknet (2004) Uganda Country Overview.

54. Sparknet (2004) Tanzania Country Overview.

55. Sparknet (2004) Kenya Country Overview.

56. Swift D. G. (1983) Physics for Rural Development. John Wiley & Sons, Chichester, U. K.

57. Thielheim N. O. (1982) Primary Energy: Present Status and Future Perspectives. Springer-Verlag, New York, USA.

58. Twidell J., Weir A. D. (1986) Renewable Energy Resources. E & F.N. Spon Ltd, London, U.K.

59. Uganda Bureau of Statistics (2001) Statistical Abstract.

60. UNDP/World Bank (1984) Energy Issues and Options in Thirty Developing Countries. Report, No.5230.

61. UNDP (2002) Energy for Sustainable Development: a Policy Agenda. UNDP, New York, USA.

62. UNEP (1979) The Environmental Impact of Production and Use of Energy Part I, Fossil Fuels. Energy Report Series 1979.

63. UNEP (1986) The State of the Environment. Environment and Health. UNEP Report 1986.

64. Van Lierop and Van Voldhuizen L. R. (1982) Wind Energy Development in Kenya.

65. Wilson J. I. B. (1979) Solar Energy. The Wykeham Science Series, U. K.

66. Yu P. Y., Cardona M. (1996) Fundamentals of Semiconductors. Springer, Berlin, Germany.